EVENOR HITIÉ

HISTOIRE

DE MAURICE

(ANCIENNE ILE DE FRANCE)

Le premier livre d'une nation c'est
son histoire.

TOME PREMIER

PORT-LOUIS

IMPRIMERIE ENGELBRECHT & Cie

3, RUE DE LA CORDERIE

1897

DÉDICACE

A Son Excellence Sir HUBERT JERNINGHAM, K. C. M. C.

GOUVERNEUR ET COMMANDANT EN CHEF
DE L'ILE MAURICE ET DE SES DÉPENDANCES, ETC., ETC.

EXCELLENCE,

C'est sous votre administration que j'ai cru devoir entreprendre d'écrire l'histoire de Maurice, d'une colonie qui a éprouvé, depuis quatre ans, de si grandes calamités, provenant, d'abord, d'un ouragan qui a mis en poussière une grande partie de la ville de Port-Louis, et d'un incendie qui a détruit les immeubles de la ville où se trouvaient les plus riches magasins de la capitale.

Comme les habitants de Maurice vous doivent le relèvement de leur fortune et de leur exis-

tence même, Vous, Excellence, le petit fils d'un de ces hommes qui n'ont cessé de travailler au soulagement des classes souffrantes et à la liberté des esclaves, soyez assez bon et assez indulgent pour recevoir, de la reconnaissance de votre humble serviteur, la dédicace de cette histoire, que vous attendiez vainement jusqu'ici.

C'est le tribut d'hommage et de respect que vous offre

Celui qui a l'honneur d'être,
de Votre Excellence,
le très humble et très obéissant serviteur,

EVENOR HITIÉ.

Port-Louis,
1er Décembre 1895.

PRÉFACE

Nous avons vu et lu beaucoup d'ouvrages sur Maurice, notre colonie ; et, franchement, nous n'avons rien vu qui approchât d'une histoire.

Aujourd'hui, que tous les hommes qui auraient pu écrire cette histoire sont morts, nous nous sommes dit que, quoique âgé de 90 ans, nous étions assez heureusement doué, physiquement parlant, pour doter notre colonie d'une histoire qui lui fait entièrement défaut.

Tout ce que nous avons lu, jusqu'ici, ressemble à des annales ou à de certains épisodes se rattachant à Maurice, mais qui sont loin d'être une histoire où tous les évènements de notre colonie sont mis en relief.

C'est là le seul motif qui nous a porté à écrire cette histoire, sachant que beaucoup de nos compatriotes nous reprocheront, sans preuve aucune de leur part, de n'avoir pas dit la vérité.

Quel est celui, parmi nous, qui pourrait entrer, aujourd'hui, dans toutes les considérations qui sont l'essence même de l'histoire, c'est-à-dire la philosophie de cette partie de la littérature, qui ne vit pas de fictions, mais bien de faits positifs et dûment constatés ?

Nous avons assisté de visu à tous les évènements qui ont eu lieu depuis 1810, à nos jours ; et, bien plus, dans tout ce qui regarde la population blanche et celle de couleur, dans leurs rapports sociaux : nous avons été un des principaux acteurs dans tous les démélés qui ont eu lieu, soit isolément, soit dans la co-opération de toutes les pétitions, qui ont été présentées à la métropole pour la liberté des hommes de couleur, liberté qui était entièrement neutralisée, annihilée par le Code Crépin, ordonné par le Ministre Decrès sous le consulat, en 1803.

Avons-nous un seul ouvrage qui fasse connaître la situation des hommes de couleur sous le Général Decaen ? De quelle manière ils étaient considérés et traités ? Quelle était leur situation de 1810 à 1830, 20 ans ? Les efforts qu'ils ont faits pendant ce laps de temps pour jouir des bienfaits de la liberté, cette manne de la civilisation à laquelle tous les hommes indistinctement aspirent si ardemment, et ce qu'ils ont fait de cette liberté achetée si chèrement ?...

Si nous avons été dans l'obligation de mettre au grand jour et à nu tous les faits constatés par les actes probants que nous avons entre les mains, c'est que nous ne pouvions sacrifier des vérités de grande valeur, puisqu'elles servent à faire connaître les principaux évènements de notre colonie, relativement à ceux qui poussaient les membres de la population blanche à revendiquer toutes les immunités, et tous les privilèges dont ils jouissaient, et qu'ils ne voulaient pas partager avec les intrus qu'ils considéraient comme des hommes d'une intelligence bornée bien inférieure à la leur. L'historien qui se respecte, ne fait jamais de ces concessions qui sont la honte de certains écrivains à la plume vénale : LIBERTÉ ET VÉRITÉ — c'est là notre devise.

L'histoire de Maurice que nous donnons ici, n'est pas seulement pour faire connaître à nos enfants et petits-enfants tout ce qui s'est passé au dix-neuvième siècle ; mais aussi les pas prodigieux qu'ils ont faits, depuis cinquante ans environ, par l'étude.

Et aussi pour constater l'ineptie de nos politiciens de 1830 qui disaient avec emphase :

" L'Angleterre aura beau faire et user tous ses moyens pour émanciper les classes secondaires, Maurice conservera, envers et contre tous, ses mœurs, ses usages, ses coutumes, ses lois, sa langue, sa religion."

De valets qu'ils étaient, ils sont devenus professeurs d'anglais, de français, de grec, de latin, de mathématiques, de chimie, de littérature, enfin de toutes les sciences qui sont la gloire de l'humanité et de l'homme policé.

Après avoir lu notre histoire, ils pourront bien se demander, où sont les neiges d'Antan !...

INTRODUCTION

A

L'HISTOIRE DE MAURICE

L'Œuvre que nous entreprenons ici, est grave et sérieuse : nous reconnaissons qu'il faut pour réussir dans un pareil ouvrage, surtout en présence d'opinions et de sentiments si opposés, deux qualités bien grandes dans l'écrivain : l'indépendance et le talent. La première ne nous manquera pas ; la seconde, la patience nous l'accordera tout juste, probablement, pour atteindre le but que nous nous proposons ; du reste, nous livrons notre œuvre au public.

Nous ne nous dissimulons pas la tâche rude et pénible que nous avons à remplir ; nous ne pouvons nous abuser sur les difficultés que nous rencontrerons ; sur les passions mauvaises qui se réveilleront à l'égard des faits que nous allons révéler.

Notre réponse sera celle-ci :

Tous les faits historiques qui sont venus se grouper sous notre plume, et d'où ressortent les enseignments les plus utiles à la situation présente de Maurice (1895) et à son administration, sont basés sur la vérité. Ainsi, notre devise est, dès à présent :

" Fais ce que dois advienne que pourra. "

C'est notre dernier mot de justification. Cependant,
que les hommes sérieux qui nous liront ne nous jugent pas
à notre première page, ce ne serait pas là de la critique
judicieuse, ce serait de la prévention ; et l'on sait que ce
sentiment est le plus grand ennemi du bien et du vrai.
Nous demandons à être écouté jusqu'à la fin, puis, que le
jugement le plus sévère ressorte du tout.

C'est la justice que nous ambitionnons.

Les Colonies sont, en général, des Iles où les nations
européennes ont été s'établir. Les unes ont été trouvées
désertes comme La Martinique, la Guadeloupe, Bourbon,
l'Ile de France ou Maurice, etc. Les autres peuplées, mais
dont les habitants primitifs ou naturels du pays ont été
détruits par le fer des européens ou par l'asservissement
complet de leur liberté, comme St Domingue, Cuba, le
Mexique, etc. Il y a encore d'autres Colonies qui sont fondées sur des Continents Africains, Asiatiques ou Américains,
comme le Cap de Bonne Espérance, Pondichéry, Batavia,
le Canada, etc., etc.

Dans presque toutes ces Colonies, les Européens, c'est-
à-dire, les Portugais, les Espagnols, les Anglais, les Français, les Hollandais n'auraient pu rien faire sans l'aide des
Africains et des Indiens qu'ils avaient été prendre dans
l'Inde, à Madagascar, ou à Mozambique ; pauvres hommes
que l'on achetait à vil prix, ou que l'on arrachait par force
de leur pays, du sein de leur famille, pour les rendre
esclaves, et qu'on tenait sous un joug de fer.

Les colonies, à l'aide de ces nouveaux habitants qui
arrosaient de leurs sueurs les terres luxuriantes de ces pays
nouvellement défrichés, enrichirent non seulement les
maîtres et les propriétaires qui se trouvaient à Londres, à
Paris, à Madrid ou à Cadix, mais encore les agents tyranni-

ques qui faisaient peser d'autant plus leur puissance sur les malheureux esclaves, qu'ils voulaient, au plus tôt, secouer un joug lointain, mais fatiguant, espèce de contrôle qu'exerçait sur eux, nouveaux parvenus, le véritable maître qui trônait à Paris, à Londres, à Madrid, à Cadix.

Dans l'enfance de toutes ces colonies, il fallait des lois sévères pour maintenir, non seulement la subordination entre le maître et l'esclave, mais pour conserver un prestige, tel qu'il fallait, le système tyrannique étant admis, pour contenir par la puissance morale seule, la puissance du nombre. Aussi ces lois iniques font-elles frémir par le raffinement de cruautés avec lequel elles ont été conçues. Elles donnaient aux despotes inhumains d'alors, le droit de vie et de mort sur des hommes malheureux qui étaient considérés comme faisant partie d'un vil troupeau de brutes, n'ayant aucun sentiment de la famille, insensibles à toutes les affections du cœur et de l'âme, n'ayant, en un mot, que des instincts brutaux, encore les seuls qui fussent contre le bien et le juste. Que les hommes de la population blanche ne se récrient pas sur ces faits flétrissants de leurs ancêtres, les hommes de couleur n'ont pas à s'en réjouir non plus, réclamant comme leurs frères blancs, la même paternité.

Ces nouveaux seigneurs, jaloux de leur puissance, exerçaient, sans contrôle judiciaire, une autorité qui allait jusqu'à la licence et la tyrannie la plus effrénée ; ces hommes, ces chefs d'esclaves, qui, hier encore, étaient les serviteurs insoumis des véritables propriétaires résidant à Londres, à Paris, allaient partager forcément, par toutes les rapines qui les avaient enrichis, la fortune coloniale avec leurs anciens patrons.

Voilà l'origine de la plupart des colonies ; assurément celle de Maurice.

Eloignés de la mère patrie, mais gorgés d'or et de richesses, jouissant, dans l'opulence, de tous les plaisirs enivrants de la table, il ne manquait à ces nouveaux Lucullus que les plaisirs voluptueux et désordonnés des Sardanapales. Les jeunes indiennes et les jeunes filles malgaches, les Ovas particulièrement, partagèrent la couche licencieuse de ces hommes qui ne mirent plus de bornes à leurs scandales et à leur immoralité. Nous ne dirons pas le nombre des jeunes filles, à peine dans l'âge de puberté, arrachées des bras de leurs mères ; les femmes enlevées du lit de leur mari, et tous les crimes commis, par l'insubordination des esclaves et par la tyrannie des maîtres.

Jetons un voile épais sur ces atrocités, que les hommes de toutes les nations et de toutes les castes répudient aujourd'hui. Ce n'est pas de l'histoire contemporaine que nous faisons, c'est de l'histoire d'un siècle qui n'est plus, et qui ne reviendra jamais plus, nous en avons la conviction. De ces rapports intimes entre les maîtres et les esclaves, sortit une caste mixte, dite de sang mêlé. Ce serait une chose extraordinaire, même pour les hommes qui ne réfléchissent pas, si on leur mettait sous les yeux les nouveaux sentiments que ces nouveaux enfants inspiraient à leur père. A cette époque, cela devait être un phénomène aux yeux des observateurs consciencieux. L'un mettait tous ses enfants à la pioche, sans pitié, et les faisait fouetter sur une échelle, mode d'alors, quand les esclaves manquaient au plus léger des devoirs qu'ils avaient à remplir. L'autre choisissait celui qui tenait de lui par la couleur et répandait quelque bonheur sur son enfance. Il fallait que cet enfant, devenu grand, se conduisît de la manière la plus exemplaire, car à la plus petite faute, il était replongé dans la servitude, lui qui n'avait jamais cessé d'être esclave.

Un autre paraissait aimer ses enfants, quels qu'ils

fussent, basanés ou blancs ; semblait avoir de véritables
entrailles de père pour eux, tout en les laissant croupir dans
l'ignorance ; mais, chose curieuse, détestait cordialement
les enfants de couleur de ses meilleurs amis, et répudiait la
classe parmi laquelle se trouvaient ses fils et ses filles comme
vile, misérable, et digne du plus profond mépris, sentiments
qui ne pouvaient appartenir qu'à des hommes méchants, immoraux, sans principes de justice, sans religion, dépourvus,
en un mot, de tous les sentiments généreux qui relèvent
l'homme, cette noble créature de Dieu...

Quelques uns, cependant, avaient cette véritable affection paternelle qu'un père doit avoir pour ses enfants ;
c'étaient des hommes sinon lettrés, mais instruits par l'étude
de bons livres, guidés par la douceur de leurs mœurs, par
la droiture de leurs sentiments, et par la justice qui dirigeait
toutes leurs actions. Nous donnerons leurs noms à bénir,
ces généreux Français qui restèrent incorruptibles en présence des atrocités que d'autres commettaient sur leurs
enfants. Chérissant leurs fils, leur nouvelle famille, ils donnaient à leurs enfants l'éducation libérale qu'ils avaient
reçue eux-mêmes, et qui avait fructifié dans leur noble cœur.
C'était reconnaître bien dignement la grandeur morale de
l'homme, que les écrivains français du dix-huitième siècle
avaient célébrée avec tant d'amour et tant d'enthousiasme ;
aussi le cœur se repose avec une satisfaction bien vive, en
voyant de pareilles actions, surtout à cette époque de notre
histoire dont les pages sanglantes devraient être arrachées
et brulées... Ces excellents pères de famille, ces hommes
sensibles, bons, généreux, c'étaient des militaires ; mais le
plus grand nombre se trouvait dans le corps des ouvriers
envoyés par le gouvernement si licencieux, cependant, de
Louis XV.

Ces hommes laborieux, qui firent de si bons et de si

utiles travaux, travaux qui existent encore aujourd'hui, ourent pour fils, les Augustin Desgranges, les Lislet Geffroy, les Morel, les Maingard, les Marlet, les Poitevin Demay, les Zamudio, les Raphaël, les J. J. Rohan, les Tabardin, les Bonneau, les Labonté, les Panon, les Buttié, les Anglade, les Touche, les Pigeot, enfin tous les aïeux des hommes dits de couleur d'aujourd'hui.

Les hommes de talents et scientifiques parmi ces hommes de couleur étaient Lislet Geffroy, Morel, J. F. Houat: Les hommes lettrés étaient Zamudio ainé, Marlet, Maingard, Raphaël, Lacoste, Frédéric Mouna, l'oncle maternel du Rédacteur du *Cernéen* actuel, (1891) Clare Bernard. A cet époque d'oppression, il fallait que ces hommes de couleur eussent un bien grand courage pour conserver, et le transmettre à leurs enfants, le feu sacré qui brûlait dans leur poitrine. Cette première génération de la population de couleur à Maurice, date d'un siècle et demi, et dès cette époque, bon nombre d'hommes se faisaient remarquer.

Si nous n'écrivions pas pour Maurice particulièrement, afin de mettre sous les yeux de tous nos hommes politiques du jour, les fautes du passé, et aussi pour relever le moral des classes secondaires, nous n'eussions rien dit des choses qui se passent sous nos yeux depuis quinze à vingt ans. Mais manquant d'aide et d'appui, et voyant que la puissance passera entre des mains étrangères, la classe tout-à-fait secondaire, comptant plus de cinquante mille personnes dans ses rangs, pourrait mésuser de la puissance du nombre, pour susciter des troubles sérieux dans nos populations si divisées. Qu'on réfléchisse sur ce peu de mots : il y a là tout un chapître de considérations politiques. Nous aurions pu faire connaître les aspirations humanitaires et généreuses des écrivains du dix-huitième siècle et de leurs disciples ;

nous aurions fait voir la haute bourgeoisie française préparant ses enfants par des études graves et sérieuses, afin de démolir pièce à pièce tous les privilèges de castes, que l'absolutisme et la tyrannie du puissant soutenaient par des principes en opposition avec les libertés des peuples. Nous eussions fait connaître aussi, dès cette époque, 1784, que déjà la plus terrible révolution qui soit jamais arrivée chez aucun peuple, était pressentie, et, chose curieuse, presque dédaignée par la généralité des français, et caressée par ceux-là même qui devaient en être les premières victimes.

Nous eussions fait toucher au doigt et à l'œil, ces plébéiens de la veille, inconnus de tous et d'eux mêmes, sans autorité, devenir le lendemain les plus grands orateurs du siècle, et tenant avec vigueur les rènes de l'Etat ainsi que les plus grands intérêts du monde entre leurs mains puissantes. Nous eussions fait ressortir, enfin, les contradictions de ce peuple français qui combattît contre tous les peuples pour conquérir ses libertés, sanctionner, presqu'en même temps, l'esclavage des colonies, en apportant des restrictions et des entraves inouies aux libertés des hommes de couleur, leurs frères.

Ce ne sont pas là les considérations que nous avons à offrir à nos concitoyens blancs et aux hommes de couleur, pour le moment. Nous avons besoin de la révolution de 89, pour constater que beaucoup de français, forcés par les événements imprévus qui les dominaient, ou ayant la prévision de toutes les actions sanglantes qui allaient dévorer les enfants de la France, arrivaient à Maurice en apportant leur esprit, leurs talents ; quelques uns arrivèrent avec de la fortune. Eh bien, croira-t-on que ces hommes qui se faisaient une guerre d'extermination en France, en mettant pied aux colonies, et nobles et vilains, et bourgeois et manants se donnèrent la main : ils étaient devenus tous frères !...   Il y avait un ennemi à combattre, c'étaient les hommes de couleur, qui, eux aussi, réclamaient la liberté politique pour laquelle un peuple généreux luttait contre vingt nations coalisées, mais qu'une portion de ce peuple généreux, poussée par l'intérêt, par l'ambition, par ses instincts méchants, refusait aux hommes de couleur, ses fils et ses frères.

Cependant, il y eut un moment, (1792), aussi long que dure un orage, où l'homme de couleur jouit de toutes les libertés civiles et politiques qu'il avait obtenues par ses réclamations.— Hélas ! on les replongea, quelques années après, pendant trente ans, dans les ténèbres les plus épaisses !... Et si le gouvernement anglais, par une justice tardive, octroya aux hommes de couleur la liberté civile et politique en 1830, la situation qu'on leur avait faite était devenue plus intolérable et plus horrible, par cela seul que, relevés de toutes les incapacités politiques sous la pression desquelles on les avait tenus depuis si longtemps, sans protection du Gouvernement local, qui tenait une conduite insidieuse à leur égard, ils étaient repoussés et chassés de partout avec le mépris le plus impitoyable.

L'opinion, cette Reine de la civilisation, mais capricieuse, mais tyrannique, dirigée par les autorités coloniales qui bâillonnaient les hommes de couleur par la terreur qu'ils leur inspiraient, restait muette ; on pouvait courir sur l'homme de couleur sans danger, la loi avait été faite contre eux et non pour eux.

Les hommes qui dirigeaient l'opinion d'alors, et qui se sont succédé pendant l'espace de plus de soixante ans, étaient des hommes de talents, des esprits supérieurs ; mais asservis par les préjugés de castes. La passion les dominait

avec tant d'empire, que ces hommes cessaient d'être eux-
mêmes, et devenaient les jouets ou les instruments de toute
une population jalouse d'un droit exceptionnel, exhorbitant,
population qui voulait, à tous prix, maintenir les privilèges
et les prérogatives dont elle voulait jouir sans partage et
pour toujours. Nous comprenons qu'il est fort difficile de
faire taire l'intérêt et l'ambition ; qu'il est peut-être plus
difficile encore de faire partager à une population, en
jouissance de toutes les faveurs du gouvernement local, un
sentiment juste, logique, des nécessités de certaines époques :
Mais à quoi serviraient le talent, la supériorité des
lumières, si ce n'est pour diriger les masses, pour leur faire
comprendre que des principes modérés, justes et sages sont
indispensables dans toutes les questions politiques, qui ont
pour but et pour fin la paix et le bonheur des familles dans
toute société civilisée...

Le rôle que ces hommes supérieurs, dans leurs hauts
emplois, avaient à remplir, était si beau, que nous sommes
étonné du système honteux qu'ils ont suivi. La justice
rendait les arrêts dans un temple profané où le veau d'or
seul était adoré ; nos preuves le montreront surabondamment ;
l'autorité de la loi, ces hommes, gardiens de la morale publique, ne s'en servaient que pour tenir dans l'asservissement
le plus complet une population nombreuse, intelligente,
éclairée, pour laquelle on eût dû avoir la plus grande
considération. L'autorité de la loi servait aussi entre leurs
mains sacrilèges à protéger la ligue puissante dont ils
étaient, eux, magistrats, les premiers soutiens, — ligue
d'autant plus formidable, qu'elle s'étendait de la boutique
du dernier savetier blanc au Parquet du Procureur Général,
et à la Chambre du Président de la Cour d'Appel.

Nous ne ferons connaître, pour le moment, que les

hommes les plus marquants pendant cette longue époque de soixante ans.

Crépin, commissaire de justice, homme méchant, sous des dehors froids, ayant attaché son nom à un code de lois inspirées par tout ce qu'un esprit infernal peut inventer de plus horrible. Méchant et cruel par nature, il dût rester sourd à cette voix intérieure qui criait grâce pour les infortunés qu'il avait accablés par les injustices et les lois iniques et spéciales qu'il avait faites expressément contre leurs libertés.

Ce méchant est mort sans postérité.

Avant d'aller plus loin, nous devons faire connaître que l'opinion que nous émettons sur chacun de ces hommes que nous allons mettre sur la sellette, et au nom duquel nous attacherons quelques épithètes pour caractériser leurs sentiments, leurs opinions, leurs principes, leur nature, est seulement pour faire pressentir à ceux qui nous liront le jugement que nous porterons sur leurs actes odieux, dans leur notice biographique. Nous faisons connaître que la vie de ces hommes, portera en elle-même de profonds enseignements qui ne seront pas perdus pour nos derniers neveux, blancs et hommes de couleur.

Barbé Marbois, autre président de la Cour d'Appel, passait pour un savant jurisconsulte. Ce magistrat avait l'esprit étroit, des vues peu étendues ; l'opinion ridicule que ce juge optimiste avait de l'homme de couleur, était tellement contraire au sens commun, qu'il trouvait que la constitution de la société coloniale, telle qu'elle était établie alors, ne serait jamais changée, altérée, constitution rationnelle, pleine de justice et qui doit être éternelle pour le bonheur de tous, ajoutait-il. Il faut que l'esprit de parti soit une bien triste chose, pour aveugler un homme au point de lui donner à penser que l'univers finissait là, à l'horizon, où ses yeux affaiblis par l'âge pouvaient atteindre.

Dans les jugements qu'il rendait, aidé de ses collègues, dans les affaires entre blancs et hommes de sang-mêlé, ce judicieux magistrat, pour asseoir ses jugements, invoquait le préjugé des Indous qui considéraient leur terre sépulcrale comme souillée, si un homme d'une autre croyance que la leur y était inhumé. Par ces motifs et par des considérants de la même force, ce magistrat chrétien et ses collègues autorisaient l'exhumation du corps d'un chrétien blanc dont la dernière volonté était d'être inhumé avec un fils chéri, chrétien mulâtre.

Quand on pense que la magistrature coloniale était entre les mains de pareils hommes, on est étonné de la tranquillité qui régnait à Maurice. Les tribunaux avilis étaient méprisés de ceux-là mêmes en faveur desquels les arrêts étaient rendus...

Ce vieillard malingre s'irritait tellement à la vue du mulâtre, qu'il suffoquait ; il répudiait de la manière la plus formelle le sentiment de modération dont son frère ainé était animé à St. Domingue pour les sang-mêlés. Les faits seuls feront connaître, plus tard, dans le cours de l'histoire, jusqu'où peut aller la haine d'un méchant vieillard. Il est aussi mort sans postérité.

Les autres juges de la cour d'appel, Barabès, Morin, Pigeot de St. Valery, Lachenardière, Bestel ainé, étaient des hommes médiocres comme jurisconsultes. Faibles, ils se laissaient dominer par le président Barbé Marbois ; sans initiative pour le bien, sans indépendance, instruments des préjugés, toujours guidés par l'esprit du mal et par l'injustice, ils ont laissé des héritiers qui pouvaient être d'excellents pères do famille, mais qui étaient d'une médiocrité désespérante dans les arts, les sciences et les lettres.

Louis Delsuc était aussi un juge inférieur à la cour d'appel — c'était un homme bon, doux, bienveillant, de caractère sensible, mais faible, sans énergie, voyant faire le mal et n'ayant ni la force, ni le pouvoir de l'arrêter, encore moins de le combattre. Mort sans postérité.

Le procureur général Foisy passait, ici, pour un savant jurisconsulte, d'une profonde érudition ; mais il avait la réputation d'être un homme méchant, sans entraille pour autrui ; et, cependant, se laissait dominer par des enfants mal élevés et insensés dans leurs passions désordonnées.   Il fut, pendant dix ans, le conseil légal du gouvernement qu'il dirigeait sans dignité.   Cet homme n'avait que de vulgaires affections, était d'une grande immoralité dans sa vie publique comme dans sa vie privée.   Cet homme érudit, redevenu avocat et exerçant une grande influence, a poussé un homme de bas aloi de la population blanche au mal, rien que pour manger la fortune de cet homme en procès ruineux et honteux, et pour mettre dans l'esclavage un des hommes les plus riches d'alors, parce que cet homme de couleur n'avait pas voulu lui verser les milliers de piastres dont le besoin impérieux se faisait sentir à son ambition et à son immoralité.

Il est aussi mort sans postérité.

Le procureur général Virieux, bien qu'il se laissât entraîner par les préjugés de couleur du temps, bien qu'il partageât les graves erreurs de ses prédécesseurs, en adoptant des opinions où l'iniquité dominait, avait plus de décorum ; sa tenue était moins hostile, sa parole moins acerbe. Nous avons entendu dire que, quoiqu'il fût incertain dans sa marche, faible par nature, bon et doux par réflexion, il n'atteignait pas moins le pestiféré qu'on chassait de partout avec le mépris le plus accablant. Mais, impitoyable, il refusait son aumône aux malheureux, mais il les renvoyait avec douceur, en murmurant tout-bas : Espérez...

Ce Procureur Général a laissé de la famille : un seul de ses fils a suivi la carrière de son père. Ce fils, Jules Virieux, homme du monde, esprit facile et tolérant, n'était pas toujours guidé par le favoritisme : il se tenait souvent à la hauteur du mandat dont il était revêtu. A sa louange, nous dirons que dans la magistrature de district, où il y a tant de petits intérêts à concilier, il sut rester honnête homme et sut se faire estimer et respecter de tous les partis. Famille presque éteinte pour les lettres et dans la magistrature.

Le procureur général Rudelle était un magistrat vain, dur, orgueilleux, ayant acquis par l'étude et le talent, comme presque tous ses confrères, les premières places dans l'administration de la colonie. Il semblait que tous ces honnêtes bourgeois, parce qu'ils étaient les interprètes des lois ici, à Maurice, voulussent oublier le peuple d'où ils sortaient, en affectant une antipathie invincible à la vue des hommes de couleur qui, seuls, étaient considérés comme peuple à Maurice, tous les hommes de la population dite blanche formant l'aristocratie, fussent-ils des charabiats et des auvergnats. Temps fort malheureux pour tous, nobles et vilains, riches et pauvres, ne revenez jamais plus pour le bonheur d'une colonie, quelle qu'elle soit.

Ce Procureur Général était inabordable, sans pitié pour les malheureux. Les souffrances, les tortures morales qu'il leur faisait éprouver en les terrorisant n'influaient en rien sur ce caractère froid, indifférent, qui se contentait de dire : vous êtes trop heureux d'être libres..

Un des chefs révolutionnaires, ici, en 1794, ce Procureur

Général était d'une sévérité inflexible sur des opinions
libérales qu'émettaient quelques hommes de couleur instruits, qui gémissaient de voir leurs malheureux frères
écrasés sous le poids du despotisme le plus horrible ; triste
anomalie ! cet homme intelligent, plein de libéralisme, de
1794, à 1803, époque de l'arrivée du Général Decaen, où la
constitution de la colonie a été entièrement changée, devint
un tout autre homme, car il avait combattu pour la cause
de la liberté ; il avait dirigé les masses dans la colonie, afin
qu'elles ne sortissent pas des bornes limitées par les lois, et
qu'elles vécussent dans les principes raisonnables, logiques
en faveur desquels la révolution française avait été faite.
On s'étonnait du changement qui s'était opéré dans l'esprit
de cet homme politique ; il s'irritait, devenait aveugle,
punissait avec la dernière sévérité des hommes qui réclamaient, eux aussi, la liberté civile et politique dont on les
avait privés, liberté à laquelle ils avaient des droits incontestables, sans aucun doute.

Ce Procureur Général a eu un fils, nommé, par faveur
gouvernementale, Magistrat de District. Puisse-t-il se souvenir que les hommes sont frères, quel que soit l'épiderme
des populations et des peuples. Nous sommes arrivés, nous,
enfants des colonies, à enregistrer, presque jour par jour,
toutes les actions de ceux qui disposent de la fortune
publique, de l'honneur des familles et qui distribuent la
justice, ce nectar énivrant dont tous les hommes ont une
soif inextinguible. Nous faisons des vœux qu'arrivés à
notre époque de libéralisme, 1856, nous puissions dire et
constater de la manière la plus authentique, que la justice
distributive du magistrat de District de la Rivière Noire est
modérée, sage, intelligente, amie du peuple, qu'elle couvre
de sa protection. Dans notre indépendance, nous lui faisons

connaître que notre plume sera à la hauteur de sa justice.
Que ce magistrat de District le sache bien !

M. le Procureur Général Mallac était un homme ins-
truit ; plus homme de lettres que légiste. Ce n'est pas qu'il
fût sans talent comme juge ; d'un caractère doux, paisible,
porté même à l'indulgence. Suivant les uns il était d'origine
de couleur, né à la Martinique, colonie française ; suivant
d'autres il était d'origine européenne pure. Quoi qu'il en
soit, il portait toutes les marques distinctives des sang-
mêlés, du péché originel : basané de teint et des cheveux
noirs dans son jeune âge, car il perdit de bonne heure ses
cheveux, lesquels étaient frisés et oulés comme ceux de
quelques uns de ses fils.

Il nous est impossible de comprendre que des hommes
si heureusement doués pour faire écho, à cette époque, aux
hommes immortels qui proclamaient en France et en
Angleterre la justice pour tous les hommes indistinctement,
la liberté sans restriction que celle proscrite par la loi, ainsi
que les droits imprescriptibles de l'homme, philosoph que-
ment parlant, aient pu se rendre esclaves d'opinions aussi
absurdes et aussi flétrissantes pour l'humanité. Ces hommes
instruits qui auraient dû être des hommes de progrès,
eussent dû devancer leur siècle : ils n'eussent pas été flétris
aujourd'hui aux yeux même de leurs enthousiastes partisans,
par un de ces hommes d'origine africaine, petit-fils de ceux
qui ont été les martyrs de la liberté.

La postérité de cet homme remarquable à plus d'un
titre, est nombreuse ; si quelques-uns de ses fils sont comme
le commun des mortels et ressemblent aux autres hommes ;
il y en a d'autres qui portent avec honneur le nom de leur
père. Ce sont des penseurs, des littérateurs. Puissent-ils
déplorer avec amertume des erreurs qui n'étaient pas seule-

ment l'expression de l'époque, mais des hommes ambitieux et aveuglés par l'intérêt qui les faisait agir. La vie de ce Procureur Général sera plus détaillée en raison de l'importance des héritiers de son nom, (quelques uns occupent un certain rang dans la société coloniale), puis, aussi, en raison de son intimité avec Thomi Pitot, l'homme d'alors, (de 1810 à 1820) qui dirigeait la population blanche dans l'asservissement complet qu'elle méditait contre la population de couleur.

On verra notre indépendance dans le bien que nous en dirons et dans les reproches amers que nous adresserons à ce Procureur Général. Le jugement sera sévère, croyons-nous, mais il sera juste et mérité : la vérité sera notre guide.

Au Tribunal de Première Instance, tous les esprits médiocres qui ont siégé, soit comme Présidents, soit comme Substituts, se sont trompés en expliquant des lois qu'ils ne comprenaient pas bien et dont l'appréciation, devenant par conséquent difficile, était faite injustement souvent. Mais, à leurs louanges, ils ont été bien plus modérés dans leurs jugements. Par exemple, le juge anglais Christi, dans plusieurs affaires, où le blanc et l'homme de couleur se trouvaient en collision, a tenu d'une main ferme le glaive de Thémis.

Nous exceptons du nombre de ces juges le Président du Tribunal de Première Instance Lefèvre. C'était un homme de talent. Comme juge, il n'avait aucune des qualités qui le font aimer et respecter. Il avait les qualités d'un savant disert, c'est-à-dire qu'il se servait de tous les raisonnements captieux de son esprit pour arriver à des fins détestables.

Dans ses considérants, qui paraissaient être, au premier abord, l'œuvre d'un juge droit, sincère, il se faisait l'avocat de la partie qu'il voulait protéger, et il batissait là au gré de ses caprices. Ce vieillard grave et austère par nature, perdait toute retenue et devenait ridicule et absurde, quand il s'agissait de l'homme de couleur.

Il n'a pas craint, dix fois, en séance publique, de se conduire avec la dernière inconséquence.

De quelle population êtes vous, dit-il, en s'adressant à un témoin qu'il voulait intimider ?

Je suis appelé ici, répondit le témoin, pour répondre dans une affaire et non pour faire connaître la population à laquelle j'appartiens. Ce témoin a été condamné à l'instant à six mois de prison pour avoir manqué de respect à la Cour, *Contempt of Court*...

Que la qualité de Monsieur ne leur soit jamais donnée, disait ce président, en s'adressant à tout son auditoire ; ce sont des affranchis dont les noms doivent être précédés seulement du mot de nommé... Je n'ai jamais été esclave, lui a répondu avec douceur et dignité le témoin, homme de couleur ; mon père est un européen, un français, et ma mère, une femme de couleur qui n'a pas connu la servitude non plus.

Comment t'appelles-tu, répliqua le juge en fureur ? Tes papiers pour constater ton prétendu nom... Que ces gens ne soient jamais entendus, ici, à mon tribunal, comme témoins et encore moins comme parties civiles, s'ils ne viennent pas avec leurs papiers de liberté...

Pauvre vieillard, que la terre te soit légère. Il a laissé un fils d'une nullité complète...

Si le talent et la supériorité des lumières,—on a dit que le président Lefèvre et le procureur général Foisy en avaient prodigieusement—ne servent qu'à égarer l'esprit d'hommes déjà trop prédisposés à l'injustice et à torturer une classe d'hommes laborieux dont la paix et la tranquillité étaient nécessaires pour maintenir le bonheur dans la famille et

pour y répandre l'aisance, l'homme ignorant, mais simple
de cœur, mais droit, qui aide ses frères à supporter la
malheureuse fortune, a une toute autre importance aux
yeux de Dieu, et doit être prisé par les pauvres humains
bien au-dessus de ces hommes supérieurs, mais irascibles
dans leurs méchancetés.

Qu'est-ce que le talent qui ne sert à l'homme que pour
asservir d'autres hommes, ses frères, et rien que pour river
les fers de l'esclavage sur ses bras amaigris par la souffrance ? Le talent, c'est à dire les hautes facultés de
l'homme, quand elles sont développées, ne doivent avoir
qu'un seul but, comme les nobles aspirations de ce savant
jurisconsulte ne doivent avoir qu'un objet : la justice et la
vérité, la paix et le bonheur parmi les hommes ; maudit
celui qui règne en divisant.

Le gouvernemt anglais, celui de la colonie, dormait à
cette époque, ou d'un sommeil léthargique, ou d'un sommeil qu'on peut appeler machiavélique.

Il était impossible aussi que le gouvernement métropolitain ne connût pas toutes les injustices qui se commettaient
au nom du souverain. Le gouvernement anglais était trop
éclairé pour n'avoir pas eu un but secret qu'il cachait aux
yeux mêmes des plus rusés magistrats coloniaux.

Cette conduite d'un gouvernement aussi fort et aussi
libre est honteuse et inqualifiable. Nous ferons connaître
toute notre pensée sur ce gouvernement local, lorsque nous
arriverons en 1830, quoique nous soyons obligé d'y toucher
un peu en glissant sur les évènements antérieurs à cette
époque.

Les juges qui ont passé sous nos yeux, et que nous
n'avons fait que caractériser par quelques mots seulement,
disposaient de l'autorité judiciaire la plus entière et la plus

complète. L'autorité française se croyait si fermement établie que, si elle avait voulu, elle eût allégé, à l'heure même, les hommes de couleur de toutes les entraves qui aggravaient, chaque jour, leur situation déjà fort pénible ; l'homme de couleur, surtout, qui s'était montré si courageux, si dévoué, si fidèle au drapeau de la France, à bord des corsaires qui ont fait tant de mal au commerce des anglais dans l'Inde, et à la prise de l'Ile en 1810.

Contrairement à la conduite que les autorités françaises eussent dû tenir à l'égard des hommes de couleur, toutes les restrictions furent apportées dans l'exercice de leurs droits de citoyens libres : l'autorité française, aveuglée qu'elle était par la prépondérance morale que le gouvernement local lui laissait, ne mit plus de bornes dans les exigences et les rigueurs qu'elle imposait à cette population. Les vexations sans nombre dont cette population était l'objet, provenant du fait de la caste privilégiée, restaient toujours impunies... Quel est l'homme de couleur qui eût osé porter plainte contre un blanc ? Il fallait dévorer en silence toutes les avanies que des hommes sans générosité leur faisaient endurer — autrement, ils eussent été punis devant les tribunaux, et plus encore, mis sous la surveillance de la police, inquisition de cette époque.

Les faits seront mis sous les yeux de nos lecteurs, quand il s'agira de Félix Jacmin et autres. Ce que nous avançons est trop grave pour que nous ne donnions pas toutes les preuves sur les faits que nous citerons. Un seul juge, le juge anglais Christi a renvoyé dos à dos le blanc Bataille et le mulâtre J. B. Labonté. Le blanc, après les injures les plus grossières, voulant marquer la figure du mulâtre, avec un fer rougi qu'il avait à la main, fut arrêté par la crainte, qu'il avait, que le mulâtre ne le jetât dans un grande chaudière de goudron bouillant. Irrité de l'audace du mulâtre, le blanc porta plainte, ce que le mulâtre fut obligé de faire également. Heureux que le tribunal de Première Instance fut présidé par le juge anglais Christi : le mulâtre eût ressenti tout le poids de la justice coloniale. La police eut les yeux sur Labonté, et le mit sous la surveillance la plus vexatoire.

Nous nous répétons encore, afin que l'on sache bien le but de cette œuvre. Nous sommes dans l'obligation de révéler tous les faits de notre histoire sans nous appesantir, le moins du monde, sur ces jours néfastes qui pèsent encore sur notre colonie. Notre but est d'arriver à notre époque, magnifique époque de rénovation politique, où les blancs et les hommes de couleur ne sont séparés seulement que par un trait-d'union que le blanc devra franchir, l'initiative devant être prise par lui. Lecteurs, n'oubliez jamais cela dans les pages qui passeront sous vos yeux : c'est la seule pensée de l'auteur de cet ouvrage...

Mais avant d'arriver là, à la fin de l'œuvre, nous mettrons au creuset de notre appréciation toutes les autorités de l'époque, tous ceux qui ont creusé l'abîme, obstacle à notre bonheur présent. Notre pierre de touche servira à faire connaître la valeur intrinsèque de l'or pur et de l'alliage qui s'y trouvait, et notre trébuchet en fixera la valeur extrinsèque suivant la qualité et le poids réunis.

Ceci posé bien simplement, procédons.

Le gouvernement local ne pouvait certainement pas prétexter cause d'ignorance sur tout ce qui se passait ; car des doléances lui furent présentées, dès cette époque, pour demander l'abrogation de toutes les lois iniques qui pesaient sur la population de couleur. Sait-on ce que l'autorité supérieure répondait à ces quelques hommes de couleur porteurs de ces doléances ?

Le gouvernement punit les hommes de couleur, non seulement pour leurs sentiments imbus de la nationalité française, mais encore pour avoir combattu les anglais en 1810, sous l'étendard tricolore. Vous l'avez fait bravement, noblement, peut-être, nous n'en disconvenons pas ; mais c'était une grande faute de votre part, surtout vous qui aviez tant souffert sous cette administration ; vous avez été le seul obstacle à notre but : celui de prendre Maurice sans capitulation.

Et les Français que vous, gouvernement, récompensez avec tant d'éclat, a répondu un homme de couleur à l'autorité anglaise, M. Viret, à qui il s'adressait ? Ils sont nécessaires à nos vues, a répondu le préposé du gouvernement ; ce sont des hommes qui nous sont indispensables. Du reste, ils ont montré qu'ils ne nous étaient pas opposés, puisque ce sont eux qui nous ont appelés dans cette colonie. Le gouvernement doit de la reconnaissance à ces hommes contre lesquels votre voix ne sera pas écoutée......

Ces paroles fallacieuses que l'autorité exprima plusieurs fois aux hommes de couleur porteurs de doléances, ne seraient pas répétées par nous, si nous n'avions pas entre les mains des preuves vivantes de cette conduite machiavélique. Politiciens d'aujourd'hui, réfléchissez ; surtout comparez, sous le point de vue des préjugés de castes, et de nos libertés, ce que vous étiez et ce que vous êtes aujourd'hui, (1832).

La seconde génération de la population de couleur avait succédé à la première. Les hommes instruits qui s'occupaient de toutes les réclamations, ayant pour but l'affranchissement de leurs concitoyens furent pour un moment atterrés. Les Labonté, les Jacmin, les Bruils, les Tabardin, les Laval, les Bounaud ne se dissimulèrent pas la situation pénible que le gouvernement local leur faisait. Aussi, furent-ils unanimes dans l'arrêté qu'ils prirent de pétitionner le gouvernement de la Métropole.   C'est ce qu'ils firent.   Combien difficile était cette partie de leur tâche qui consistait à faire signer sur des parchemins détachés les hommes de couleur des campagnes.   Nous n'entrerons pas dans tous les détails, quelques uns de ces hommes existent encore, qu'ils racontent les tribulations de toutes sortes qu'ils ont éprouvées dans leur mission !

Toutes les pétitions qui ont été faites de 1817 à 1824, ont été rédigées par Jacmin et Labonté : ces hommes ont des droits éternels aux souvenirs des hommes de couleur, car ils ont bien souffert du fait de la police générale d'alors.

Il semblait que cette première juridiction avait su ce qui s'était passé entre certaines autorités et les hommes de couleur qui s'occupaient à faire anéantir les lois d'exception qui tenaient une grande partie de la population coloniale dans un état d'esclavage abrutissant : ses rigueurs devinrent extrêmes, et cette police inquisitoriale répandit la terreur chez ces pauvres hommes de couleur qu'elle traquait partout.

Cette misérable police était composée de tout ce qu'il y avait de plus méchants, de plus sots et, chose déplorable, d'hommes immoraux.

Le commissaire ou l'agent général de police, Journel, était un homme grave et sérieux, dur, vain, plus royaliste que le roi Louis XVIII, qu'il considérait comme son souverain légitime, bien qu'il fût chef de la police générale dans une colonie anglaise.   Tout le monde sait que cette place lui a été donnée à cause de la haine implacable, nous devons dire ridicule, absurde, qu'il portait à Napoléon. Peu s'en fallut qu'il ne fît fustiger, sur une échelle, publiquement au bazar, place de la salle de spectacle maintenant, les pauvres filles de couleur, qu'il plaçait indistinctement, avec ces malheureuses filles esclaves domestiques, contre lesquelles on sevissait presque tous les matins à six heures, et dont quelques unes étaient aussi jolies et aussi blanches qu'aucune femme de l'époque. Ce commissaire de police avait en sa possession un serail composé de femmes de couleur.

Le député commissaire ou le substitut de l'agent général de police, était un homme vulgaire et ignorant. Il avait obtenu cette place, en raison de la haute position de son frère aîné, dans la magistrature du pays ; mais pourquoi n'attribuerions-nous pas cette faveur à la haine qu'il avait vouée aux hommes de couleur ? Denis Virieux avait une police secrète qui l'instruisait de tout ce qui se passait et... de tout ce qui ne se passait pas dans les familles des hommes de couleur. Inquisition qui était d'autant plus déplorable qu'elle poussait des frères malheureux et dégradés par la misère, à dénoncer d'autres frères pour de prétendues fautes qui n'existaient que dans la tête de ce chef subordonné que l'on craignait plus que le chef lui-même. L'un vous renvoyait en montrant la porte avec un geste impérieux et un regard qui vous écrasait, c'était le chef, M. Journel ; l'autre, c'était le valet, Denis Virieux, qui conduisait les malheureux à la porte, à coups de pieds !...

Les officiers de Police, recrutés dans les nécessiteux de la population blanche, et qui, avant leur nomination, n'avaient vécu que par la générosité de quelques hommes de couleur, furent les plus violents contre ceux-là mêmes qui avaient soulagé leurs misères.

Sur le sol des bienfaits, germe l'ingratitude......

Les hommes de couleur, emprisonnés sur des soupçons qui n'avaient pas le sens commun, ne pouvaient pas connaître leurs dénonciateurs. La plus légère punition qu'on leur infligeait était de les condamner à huit jours de prison, et les obliger à venir tous les matins, à huit heures, pour faire acte de présence à la police.

Quant au suisse anglomanisé, M. Duchaillet, qui a eu la police pendant plus de dix ans sous son contrôle et sous sa volonté tyrannique, que ceux qui veulent être édifiés questionnent les pauvres mères de famille sur cet homme qui ne s'occupait que du déshonneur des filles que la misère dévorait : c'était son seul amusement. L'agent général Duchaillet avait échoué auprès d'un pauvre père de famille qui n'avait qu'une fille unique. Ne sachant comment s'y prendre pour arriver à ses détestables fins, le père cachant sa fille chérie à chaque fois que Duchaillet paraissait chez lui, ce chef, irrité des obstacles qui alimentaient encore sa passion brutale, fit arrêter le père, le fit mettre en prison, et, prétextant cause d'ignorance, avait été chez le pauvre père incarcéré pour s'informer de ses nouvelles et de celles de sa fille dont les pleurs, croyait-il, devaient être séchés par lui, Duchaillet. Cruelle déception pour ce chef : on avait déjoué ses projets abominables, la jeune fille avait été se réfugier chez une amie où elle était en parfaite sécurité... Bien joué, disait cet agent général de police à ses pourvoyeurs, qui vivent encore, et en riant comme un démon, la partie est différée, mais elle n'est pas encore perdue.

En lisant de pareils faits, l'on se demandera, si l'on raconte des évènements passés dans une colonie anglaise au dix-neuvième siècle, ou si ces évènements ont eu lieu en Espagne, au seizième siècle dans un tribunal d'inquisition.

À cette même époque, les nécessiteux officiers de police avaient un pouvoir bien supérieur à celui du chef de police de nos jours. La liberté individuelle, ils ne la respectaient pas plus que les maîtres de 1830 respectaient leurs esclaves ; ils faisaient emprisonner les hommes de couleur sans motif aucun, si ce n'était pour quelques observations faites bien respectueusement dans leur intérêt individuel.

Ainsi le pestiféré d'alors, chassé de partout, et repoussé du pied n'osait se montrer nulle part. Depuis sa naissance jusqu'à sa mort, banni de la société, il était relégué dans des lieux particuliers, spéciaux, ne pouvant avoir aucun contact avec les hommes de la classe privilégiée.

A sa naissance, l'homme de couleur était enregistré dans un livre particulier. A l'âge où l'esprit s'ouvre à toutes les impressions de la nature, ces malheureux enfants n'avaient devant les yeux que leurs maîtres d'écoles ; c'é- taient des soldats français réformés, ignorants, qui savaient à peine lire couramment, et d'une immoralité, vice comme attaché à la profession de soldats déserteurs.

Lorsque les jeunes gens de cette population s'unissaient par les liens du mariage, il fallait bien des prières de la part des grands parents, pour que les prêtres voulussent accorder la bénédiction nuptiale aux enfants de certaines familles de couleur ; car les prêtres catholiques, eux aussi, avaient plus de préjugés que les autres habitants de Maurice ; ils ne craignaient pas, ces bons prêtres, que Jésus Christ, ce Dieu des affligés, puisque ce sont les hommes malheureux pour lesquels Il a souffert lui, Christ, qui repoussait les riches pour leur endurcissement, ne les permît d'avoir deux poids, deux mesures ; de séparer l'Eglise en deux parties : les chrétiens blancs devant, et les chrétiens noirs derrière ; car à ces époques néfastes, l'homme de couleur était pour le clergé catholique de Maurice, plus nègre que les noirs eux-mêmes.

Ils ne craignaient pas, ces bons prêtres, de consacrer

des monstruosités morales, eux qui, pleins d'hypocrisie, montraient le ciel, ayant pour Seigneur et maître, le fils de Joseph le Charpentier, Christ, l'humble et divin prolétaire enfin.

Quand, après des souffrances inouïes sur cette terre arrosée de ses larmes, l'homme de couleur payait son tribut à la nature, son dernier asyle était un cimetière séparé, où il n'était pas permis à un père blanc, qui n'avait eu pour toute famille que ses enfants de couleur, auxquels il avait accordé tout son amour, toutes ses affections, de se faire inhumer, afin que ses cendres fussent mêlées à celles de ses enfants chéris.

En voyant tout ce qui se passe de nos jours, quels magnifiques développements la population de couleur n'aurait-elle pas eus, si le blanc eût tendu la main à l'homme de couleur, en lui disant : lève toi, mon frère, je te soutiendrai ; et si le gouvernement de plomb qui pesait sur cette population se fût montré juste et libéral.

En effet, comment grandir sans fortune, et surtout avec les entraves qui existaient ? Le père blanc ne pouvait laisser sa succession à ses enfants de couleur, qu'en passant par les mains des fidéï-commis qui trouvaient plus simple de tout garder, et, quelquefois, ô sacrilège ! ils rendaient ces malheureux enfants, de riches qu'ils devaient être par la fortune que leur père avait laissée, esclaves pour toujours...

Quelques honorables exceptions viennent à notre aide, à notre mémoire pour confirmer ce que nous avançons ici.

Cependant, l'homme de couleur allait toujours en avant, quoiqu'il marchât lentement ; mais plus il grandissait, plus le gouvernement local se montrait embarrassé dans ses mesures pleines d'hésitations. Le gouvernement sacrifiait à la peur, en protestant au parti français que rien ne serait changé dans les lois, les usages, les coutumes des anciens habitants ; en même temps que, revenant sur ce qu'il avait déjà fait entrevoir aux hommes de couleur qui, eux aussi, croissant en nombre, en orgueil, devenaient plus exigeants, il faisait entrevoir un horizon lumineux, une réforme radicale dans toute l'administration judiciaire, lois, juges, coutumes, usages, enfin tout ce qu'on pouvait attendre d'un gouvernement aussi libre et aussi libéral que celui de l'Empire Britannique...

Arrêtons-nous, ici, un instant, et jetons un regard sur ce qui se passait en Europe de 1823 à 1830.

Le retard apporté à l'émancipation politique des hommes de couleur fût causé, du reste par la mort du premier ministre anglais Canning. Cela entre tellement dans notre sujet que ce retard a été préjudiciable aux progrès de toutes les colonies. Ainsi tous nos petits évènements coloniaux se rattachent de la manière la plus étroite à tous ces grands faits historiques de 1822 à 1829.

Le grand ministre Canning, qui voulait attacher son nom à l'émancipation des esclaves, cette grande mesure politique et humanitaire, mourut trop tôt pour la cause de la liberté. Le ministère du Duc de Wellington et celui de Lord Goderich, conservateur tous deux, marchèrent d'un pas lent vers l'émancipation générale, occupés qu'ils étaient par tous les évènements qui se déroulaient en Europe. Cependant, bien que l'Angleterre s'occupât d'une manière bien active de la politique du monde entier, la pensée libérale qui l'occupe toujours dans les moments les plus critiques où elle s'est trouvée, n'a jamais cessé de faire battre le cœur de ses hommes illustres.

Quant à la France, quelques années suffirent pour qu'elle redevint la grande nation : son intervention en

Espagne, en Grèce, en Turquie ; la conquête d'Alger,
malgré le désir contraire manifesté par la puissante
Angleterre ; toutes ces actions d'éclats montrèrent aux yeux
étonnés, qu'elle ne voulait nullement abdiquer ni son passé
glorieux, ni le présent, quoiqu'elle fût en révolution permanente sous Charles X.

Le Portugal, déchiré par les mains de ses propres fils,
se partagea entre deux parties, celui de Don Pedro et celui
de Don Miguel. L'Angleterre intervint dans ce conflit, à
main armée.

L'Espagne était tombée si bas, qu'elle ne montra presqu'aucun courage lors de l'expédition française. La France
ne voulut pas de l'Angleterre dans cette grande expédition,
et elle repoussa également la Russie qui voulait, elle aussi,
intervenir dans les affaires de la Peninsule.

La Turquie subit la plus grande réforme qu'elle eût
encore vue depuis des siècles, l'anéantissement complet des
jannissaires.   Grande révolution intérieure, perte d'une
grande partie de la Grèce, guerre avec toutes les nations,
(surtout contre la Russie.)

La Grèce, se débattant dans sa faiblesse contre ses
tyrans, les Turcs, jeta un cri de détresse qui fut entendu de
toute l'Europe. La France intervint avec beaucoup de
gloire.   Elle résista à l'Angleterre avec une énergie et une
audace qui étonna celle-ci. Du reste, ces deux grandes
puissances ne voulaient qu'une seule chose : la liberté de la
Grèce.

L'Allemagne embarrassée dans sa marche lente, sans
initiative, envoya, malgré ses troubles intérieurs, une armée
sur les frontières de la Turquie, comme armée d'observation.

La France était en révolution permanente : elle était
fatiguée de Charles X, roi cagot, dont les ministres, de

pauvres esprits, anéantissaient toutes les libertés françaises,—et qui ne pouvait, comme Napoléon Ier, répondre à
chaque cri des liberaux français, par une victoire, la gloire
des armes pouvant seule faire oublier pour un instant aux
français leur liberté perdue, anéantie. Le peuple fut indigné
que leur belle patrie se trouvât presque abandonnée aux
ré-actionnaires, et au parti-prêtres.

Ce pays, fournaise toujours en ébullition, répandit cette
fois une flamme si vive et si pure qu'elle éclaira le monde
entier. La flamme divine s'éteignit, hélas ! trop tôt par les
mains parcimonieuses de D'Orléans et remonta au ciel. A-
t-elle reparu en France depuis quelques années ? C'est un
doute pour beaucoup. Pour les hommes qui réfléchissent et
jugent sainement et sans passion, la grandeur de la France
de Napoléon III, répond aux vœux des nations..... C'était
le seul sentiment que nous pussions avoir, 1854. La liberté
se montrera, non pas dans sa nudité, compagne de la
licence éffrénée, mais parée de ses plus beaux habits de
fêtes, Espérons !...

Nous le répétons, la noble Angleterre, à cette époque
où toutes les nations en souffrance succombaient, aidait
celle-ci de son argent, celle-là de son armée et de sa flotte ;
elle se trouvait partout, cependant. Un travail intérieur,
difficile, mais prodigieux, s'accomplissait ; son commerce
s'étendait, bienfait de la paix ; ses innombrables vaisseaux
sillonnaient toutes les mers... Une pensée, la plus grande et
la plus noble que jamais peuple ait eue, fut la liberté des
esclaves, votée par son Parlement. Cette pensée, le triomphe de la philosophie, est l'éternelle gloire du peuple
anglais. Cette magnanime nation qui possédait à elle seule
plus de colonies que toutes les autres nations ensemble,
vota plus de cent millions de piastres pour libérer tous les

esclaves de ses colonies. Aussi le cri de reconnaissance que
poussèrent toutes les populations souffrantes de l'Univers
doit suffire à sa gloire et à son bonheur......

Cette grande pensée, jetée à la face du monde entier,
devenant une réalité, donna un nouvel essort, essort immense
à l'activité humaine...

La population de couleur à Maurice, comprit, dès cet
instant, que le gouvernement de la Métropole n'aurait rien
à lui refuser ; mais que le gouvernement local, par sa marche
tortueuse, et par les faveurs qu'il accordait à la classe privilégiée, arrêterait pour longtemps encore, par les restrictions
des préjugés locaux, le mouvement qui s'opérait déjà parmi
les hommes de couleur.

A cette époque, la population de couleur avait dans
son sein quelques hommes hors ligne qui conduisaient toutes
ses affaires politiques, comme dans la population blanche,
deux hommes se sont occupés successivement de la politique
française et de la question des préjugés. Pour les hommes
de couleur, c'étaient J. Labonté et F. Jacmin, un peu plus
tard, Henry Bruils. Pour la population blanche c'était
Thomi Pitot, jusqu'à 1820 ; puis Adrien D'Epinay, jusqu'à
1835-36, où les choses commencèrent à se dessiner dans
notre petite colonie, mais n'anticipons pas.

La notice biographique ou la vie politique des deux
chefs de parti de la population blanche sera donnée lorsque
nous parlerons des évènements de 1832. Mais comme nous
ne sommes qu'en 1820 et 1828, nous donnerons la vie
malheureuse, mais pleine de gloire et d'honneur de F.
Jacmin et de H. Bruils, morts tous deux à la peine ; mais
tranquilles, mais assurés de l'avenir de leur pays, convaincus
qu'ils étaient, que la liberté qui parcourait le monde,
viendrait se reposer sur leur belle colonie;.. C'est un devoir

pour nous qui avons assisté à tous ces évènements politiques auxquels nous avons pris une part active, jouissant de toutes les libertés civiles et politiques d'un sujet britannique, de leur rendre le tribut d'hommages que nous leur devons, et de répandre, de nos deux mains, des fleurs sur leurs cendres, en célébrant leur mémoire si chère à tous ceux qui portent le nom d'hommes de couleur avec noblesse et dignité.

Après cinquante années d'oubli, que le concert de louanges qui doit s'élever à leur souvenir tienne lieu de la pierre d'un tombeau. Cet abandon dessèche l'âme et flétrit le cœur ; il accuse de notre ingratitude pour ceux dont la dernière pensée, émanation de leur grande âme, était une prière pour le bonheur de leurs frères. Il est temps que l'hommage le plus pur leur soit rendu.

Eh quoi ! serions-nous les seuls qui ne rendrions pas souvenir pour souvenir ; serions-nous les seuls dont les cœurs n'auraient pas d'écho pour ces mots magiques de liberté et de patrie que, les premiers, ils nous ont fait connaître ! Que le sentiment de l'ingratitude soit étouffé dans nos cœurs, surtout pour ces quelques hommes de talent, les seuls que nous eussions alors.

F. Jacmin appartenait au siècle précédent. Né à une époque où toutes les colonies étaient sous le joug le plus arbitraire, mais où le libéralisme commençait à tout égaliser en Europe, Jacmin ne put rester sourd à cette voix intérieure qui lui disait que le temps n'était pas éloigné où le nivellement général s'opérerait, même dans les colonies, par la marche progressive du temps. Mais jetant un regard en arrière sur ceux qui, comme lui, seraient appelés à jouir de tous les droits attachés à l'homme qui, par sa nature, est libre, il ne pouvait que gémir de l'ignorance dans laquelle ils étaient, pour ainsi dire, enchaînés; c'est qu'alors ils subissaient tous la puissance des lois écrites et de conventions d'après lesquelles toutes les colonies gémissaient, c'est qu'alors la servitude était l'état habituel de l'homme de couleur, non seulement par rapport aux principes des colonies françaises surtout, mais encore par l'ignorance et par l'apathie dans lesquelles il se trouvait plongé. Ces deux vices honteux qui auraient dû lui être étrangers dans sa situation secondaire, se cramponnaient avec une opiniâtreté invincible sur lui, lui qui devait à force de veilles, de travail et de soins conquérir une place qui n'aurait été que misérable encore dans la hiérarchie de la société coloniale. Mais habitué qu'il était dans cet état passif de vasselage, sans horreur du passé, sans souci du lendemain, il se complaisait dans le présent, heureux de sa nullité. Quelques honorables exceptions se montraient, cependant; c'étaient de ces hommes au cœur droit et à l'âme énergique, mais dont l'éducation fut si négligée, qu'elle neutralisait leurs élans patriotiques.

Jacmin, né avec la mémoire la plus heureuse, ne tarda pas à occuper la première place parmi ses concitoyens de couleur. Doné de l'élocution la plus facile et la plus brillante, il attirait par un charme indéfinissable, lors même que l'erreur prédominait dans son langage. Après quelques années d'études, ayant acquis, par le travail, une perspicacité peu ordinaire, il prévoyait que le moment ne serait pas éloigné où le bon droit ne suffirait pas seul pour le triomphe d'une sainte cause ; mais que le défaut de forme entraînerait souvent le fond dans les doléances que l'on serait appelé à présenter. Aussi, tout en travaillant chez le premier huissier du pays, à cette époque, l'huissier Renouf, il se familiarisa si bien avec les lois, il fit des progrès si rapides dans cette partie de la profession légale, que, deux années à peine écoulées dans ces études, il faisait l'admiration de tous ceux qui venaient le consulter.

Déjà, nous n'étions qu'en 1824, la classe privilégiée de Maurice, trouvait qu'une partie de la classe intermédiaire (l'autre voulant toujours croupir dans la servitude) avait sinon le pouvoir, du moins la ferme résolution d'empiéter sur ses hautes prérogatives. Déjà une charte de justice qui avait été sollicitée par l'aristocratie du pays, charte qui maintenait toutes les lois existantes en vigueur et qui étendait encore la sphère d'ignorance de la population de couleur, était arrivée et au moment d'être promulguée, Jacmin, Labonté et quelques autres, furent appelés par Son Excellence le gouverneur Robert Farquhar, qui connaissait la bonne foi de la population de couleur et l'indignité avec laquelle l'aristocratie coloniale la traitait, puisque les meneurs d'alors, ceux qui étaient à la tête de la population blanche, avaient eu l'habileté de faire signer par quelques membres serviles de la population de couleur, la pétition qui avait provoqué cette charte de justice. Son Excellence Sir R. Farquhar communiqua à ceux qu'il avait fait appeler, les ordres dont il était porteur et qu'il avait reçus du Roi. Dans sa sollicitude vraiment paternelle, il daigna tracer, de concert avec un personnage éminent d'alors, William Telfair, la marche à suivre pour la faire ajourner. Jacmin s'appropria les idées données, fit un ouvrage qui répondit aux espérances de tous ses compatriotes de couleur.

Des pouvoirs étendus et illimités avaient été accordés par la Charte au Comité Colonial, dont les membres disaient déjà que de là seul sortiraient les lois conservatrices des *libertés du pays*.

Deux hommes capables et habiles avaient été nommés

dans la population de couleur, comme devant en être les représentants. Mais les chefs de la population blanche ne voulaient nullement que la classe de couleur pût les choisir, puisqu'ils avaient été désignés et pris par les blancs malgré les protestations énergiques d'un grand nombre d'hommes de couleur dont Jacmin était comme l'âme.

Ecoutez-le au Comité Colonial, s'adressant à ses membres et repoussant avec sa puissante logique, mais avec douceur et modération les arguments captieux des prétendus réformateurs de la colonie.

" Un pays vraiment heureux est, sans doute, celui où
" les lois sont faites par des hommes librement élus par leurs
" concitoyens qui ne trouvent des garanties pour le présent
" et pour l'avenir que dans la nomination de représentants
" environnés de la considération publique. S'identifiant avec
" le pays qui les a choisis, mûs par un sentiment d'amour
" pour les habitants des lieux où ils prirent naissance, ou
" qu'ils ont adoptés comme leur patrie, ces représentants du
" peuple qui les a chargés de la plus noble des missions
" s'efforcent de répondre dignement à la confiance qu'on
" leur a accordée. Mais il est absurde pour nous, enfants
" des colonies, de prétendre jouir de ces avantages : ils ne
" sont point faits pour nous, car ils proviennent d'un
" sentiment national, source de toutes les vertus, sentiments
" que nous ne pouvons avoir, entourés comme nous le
" sommes, d'un côté, d'aristocrates et d'hommes égoïstes
" qui desservent d'autres autels, et qui voudraient faire
" sentir tout le poids de leur autorité, et de l'autre, d'hommes
" naïfs et ignorants qui, par cela même qu'ils se trouveraient
" comme sur une terre nouvelle, voudraient jouir d'une
" liberté qu'on aurait peut-être raison de ne pas leur accorder
" tout entière. L'homme de couleur placé entre ces deux

" extrêmes, l'objet de la haine secrète des uns, et l'espoir des
" autres peut être, a d'importantes obligations à remplir ; car,
" tout en protégeant ses frères les noirs, et en résistant à ses
" frères les blancs dans leurs injustes prétentions, il faut qu'il
" considère sa position qui est bien loin d'être brillante, et
" qui le deviendrait encore moins, dans le cas où un comité
" colonial nous serait donné et sanctionné, s'il est vrai que la
" classe de couleur ne saurait trouver toute l'énergie qui
" convient au bonheur de son pays, tant qu'une plaie pro-
" fonde altérera et minera les sources qui concourent à
" conserver son existence.

" L'assemblée coloniale sera cette plaie à Maurice.

" Dans cette colonie où les passions de quelques hommes
" exercent tant d'empire, où tout se meut par leur bon
" vouloir, où tout est livré à leurs caprices ; où l'humiliation
" est le partage de ceux qui n'embrassent pas avec ardeur
" l'opinion émise par eux ; où les simples paroles de certains
" hommes sont comme les lois écrites, les votes pourraient
" ils être libres ? Les élections ne se ressentiraient-elles pas
" de cette volonté dominatrice qui accable les uns et fait le
" charme des autres ? Les quelques hommes qui pourraient,
" chez nous, être éligibles par leur fortune, offriraient-ils
" assez de garanties à la majorité, pour que celle-ci leur
" confiât le soin de ses affaires, de ses intérêts les plus
" chers ? Je veux l'admettre ; les électeurs dans cette
" population, seraient-ils en assez grand nombre, vu le peu
" de grands propriétaires ou le petit nombre d'hommes
" payant un cens suffisant pour pouvoir balancer la majorité
" de la population blanche ? Tout ne serait-il pas alors
" réalité pour les uns, et déceptions pour les autres ? Qu'on
" veuille me dire le contraire et me le prouver, je ne me
" refuserai pas à l'évidence ; mais, jusque là, qu'on me

" permette d'en douter et de présenter tous les maux qui
" résulteraient pour la population à laquelle j'appartiens, si
" nous avions une assemblée coloniale.

" Le passé, mine féconde de faits irrécusables servira
" à prouver ce que j'avance, que l'homme de couleur ne
" peut être l'objet des sollicitudes d'une population en
" puissance seule jusqu'ici, de tous les avantages et qui a un
" puissant intérêt à conserver ses prérogatives, car nous
" reconnaissons plus que jamais, dans ce siècle positif, que
" l'intérêt personnel est le seul mobile de nos actions. Aussi,
" depuis plus d'un siècle et demi que Maurice a été coloni-
" sée, l'homme de couleur, n'a-t-il jamais eu que des
" emplois secondaires dans l'administration ! Pourrait-on
" dire que tels ou tels personnages, protecteurs puissants,
" près de nos gouvernants, ont laissé tomber un regard
" favorable, un sourire de bonté sur un membre de cette
" population ? L'assemblée coloniale, lorsque nous étions
" entièrement livrés entre ses mains puissantes, a-t-elle
" porté le moindre adoucissement au sort affreux qui est
" encore notre partage ? Lorsque votre assemblée coloniale,
" dans un but politique, sans doute, a eu besoin du con-
" cours de cette même population, n'a-t-elle pas fait con-
" naître les individus pris dans son sein, qui devaient y être
" admis, nommés par cette assemblée elle-même. N'a-t-elle
" pas même avancé, dans une lettre, qu'il n'y avait qu'eux
" seuls qui pussent y être admis, lorsque les vœux et la
" volonté de presque tous nos concitoyens de couleur en
" avaient désigné deux autres qui offraient assurément
" plus de garanties. Si, même animés par le plus pur patrio-
" tisme, ces deux hommes, quels qu'ils fussent, eussent
" voulu apporter quelques modifications dans le système
" affreux qui était en vigueur alors, auraient-ils été
" capables de réaliser les désirs généreux de leur cœur ?

" Vainement m'objecterait-on que c'est du fait de nos
" gouverneurs seuls que nous devions attendre ces flatteuses
" distinctions ; environnés comme ils étaient d'autorités
" aristocratiques, le silence qu'ils gardaient à notre égard,
" l'abandon coupable dans lequel ils nous laissaient ne
" pèsent pas autant sur leur administration et sur leur
" caractère que sur le caractère de ceux qui les entouraient.
" Enivrés d'hommages et d'encens, ils oubliaient dans l'illu-
" sion du pouvoir (car ils ne gouvernaient pas) cette classe
" de la société coloniale qui réclamait leur indulgence et
" leur sollicitude, et j'ajouterai aussi, car je dois être juste,
" que si un reproche amer ne pouvait justement être adressé
" alors à ceux qui ont eu toujours le talent de diriger les
" esprits, c'est parce qu'il est plus naturel de protéger ses
" parents, ses amis, ceux mêmes pour qui l'on a un pen-
" chant secret, lors même qu'il faut froisser les intérêts de
" ceux qui implorent assistance. Mais lorsque nous voyons
" ces mêmes hommes parler des sentiments libéraux qu'ils
" ne pouvaient pas avoir alors, et qu'ils n'ont pas aujour-
" d'hui, puisque les faits parlent beaucoup plus que de vaines
" paroles, nous disons avec assurance et sans crainte d'être
" démentis : Vous avez les mêmes passions, les mêmes sen-
" timents dominent dans vos âmes, vous êtes les mêmes
" hommes ; vous trouvez dans ceux de votre population des
" sympathies, parce qu'ils sont, dites vous, de même nature
" que vous ; alors tels vous avez été, tels vous êtes, tels
" vous serez si la force des circonstances ne vous fait pas
" devenir autres. Ainsi donc, une assemblée représentative
" qui est la sauvegarde des libertés d'un pays, qui est le
" gage d'amour d'un souverain pour un peuple dans la
" vieille Europe, serait à Maurice un fléau destructeur qui
" entraînerait avec lui les maux les plus terribles : les

" passions, les exigences, l'ignorance détruiraient à jamais
" notre tranquillité et notre bonheur futur. ''

Quelle éloquence ! quelle logique ! quelle énergie de
sentiment prêtant leur force de leur arrangement et de leur
combinaison !   Le cœur est soulagé, car la vérité triomphe.

Les partisans du comité colonial attérés, ne se rele-
vèrent plus ; aussi, dès ce moment, la perte de Jacmin fut
résolue.   Il n'y avait plus qu'à chercher les moyens d'y
réussir.   Cependant le comité colonial, tout meurtri de sa
honteuse défaite, ne se rebuta pas et suggéra au gouvernement local de former une milice bourgeoise pour maintenir
l'ordre et la tranquillité qui n'avaient jamais été troublés,
milice où les capitaines et les officiers seraient pris parmi la
classe blanche.

Jacmin, encouragé par le triomphe qu'il venait de
remporter, et indigné d'ailleurs par l'injustice la plus
criante, paralyse, pour cette fois encore, les menées sourdes
dictées par la méchanceté la plus noire.

" Si la classe de couleur, disait-il, dans un paragraphe
" de la protestation au gouverneur, a gémi pendant de
" longues années, sans pousser une seule plainte ; si, toujours
" fidèle aux principes de modération dont elle ne se dépar-
" tira jamais, elle est restée silencieuse aux ordonnances
" de Votre Excellence, c'est parce qu'elle croyait qu'elles
" étaient émanées de la volonté souveraine et non l'œuvre
" insidieuse d'hommes intéressés à cacher à Votre Excellence
" la vérité.   Que Votre Excellence pardonne à des hommes
" simples, mais dont la fidélité lui est acquise, la franchise
" qu'ils montrent dans la réclamation de leurs droits et de
" leurs intérêts ; ils croient devoir réclamer leurs titres et
" leurs prérogatives d'hommes libres au représentant de la
" nation anglaise, et leur voix ne restera pas sans écho dars
" l'âme grande et généreuse de Votre Excellence.   Qu'elle

" considère, d'ailleurs, que placés dans une situation secon-
" daire, ils se verront accablés par une classe privilégiée
" de laquelle ils ne peuvent attendre que des avanies. Que
" la population de couleur réclame assistance et protection,
" afin qu'elle ne se trouve pas dans l'obligation de déposer
" au pied du trône ses innombrables griefs contre un ordre
" de choses que toutes les idées de morale et de saine
" politique repoussent, et dont la libérale constitution
" sous laquelle nous nous reposons comme sujets anglais
" doit nous garantir.

" Nous protestons de toutes nos forces contre la nomi-
" nation des officiers blancs dans la milice de couleur.

Si, à cette époque, Jacmin parlait avec cette véhémence
et cette conviction au gouvernement local, que n'eût-il pas
fait à notre époque de liberté !...

Les partisans du Comité Colonial exaspérés du nouveau
triomphe de Jacmin, n'attendirent plus que l'heure de la
vengeance : elle sonna.

Jacmin eut une rencontre avec un de ses compatriotes,
aucun résultat fâcheux ne survint ; mais l'autorité aristocra-
tique déploya tous les moyens les plus infâmes pour accuser
et punir l'homme inoffensif qui la gênait. Il fut pris,
conduit à la police, questionné comme un criminel ; par une
sorte de contradiction, il fut déclaré fou et traîné à l'hôpital
de la Grand'Rivière comme tel... Qui de vous, Mauriciens
blancs ou de couleur, n'est pas saisi d'indignation d'entendre
de pareilles horreurs ! Qui de vous ne se demande : Est-ce
possible que là où règnent les lois, il ait pu se commettre
un aussi épouvantable attentat à la liberté individuelle ?
Eh bien ! l'homme malheureux qui se voyait ainsi traité
n'osait réclamer contre la mesure inique employée contre
lui. Il souriait à ceux qui le conduisaient. Dix de ses amis le

suivaient à une certaine distance, ne pouvant s'approcher
de lui, toute communication étant interdite.   Après son
entrée à l'hôpital, ses amis passèrent la nuit sur le pont qui
se trouve en face de ce bâtiment.

De tristes idées assaillirent ces hommes, et, par une
secrète sympathie, Jacmin fut frappé de la même terreur.
Il faut toujours excuser l'homme malheureux, et ne jamais
le condamner légèrement; il est si faible quand il souffre, son
imagination en délire le porte à enfanter mille tortures
auxquelles il n'aurait jamais songé sans le malheur qui
l'accable. Mais lorsqu'une suite continue d'actions crimi-
nelles n'ont que pour but la perte d'un homme, alors, tout
devient possible à l'imagination affaiblie de ceux qui sont
intéressés, car ils voient avec exagération, et font passer
dans l'âme du martyr ce qu'ils éprouvent eux-mêmes. C'est
ce qui eut lieu ici. Jacmin resta vingt quatre heures sans
prendre aucune nourriture, ni aucune boisson. Il était
temps que le Docteur Desnoyers, en charge de l'hôpital,
arrivât, car Jacmin tombait en défaillance. Le Docteur,
après l'avoir examiné, lui trouva beaucoup de faiblesse, et
non cette force, marque distinctive de l'aliéné. Après
l'avoir questionné sur sa prétendue maladie, la folie, le
Docteur fut de plus en plus étonné de trouver tant de raison
et tant de douceur dans un homme qu'on lui avait dépeint
sous de si fausses couleurs.   Le charme irrésistible de son
langage, cette facilité brillante qu'il avait de s'exprimer sur
tous les sujets, subjugua le Docteur qui fut enchanté. Après
s'être entretenus sur la littérature et sur l'histoire, ils tom-
bèrent sur les préjugés qui divisaient toutes les nations;
préjugés qu'il fallait tous respecter pour ne pas tout con-
fondre, et dans l'intérêt de nos enfants et de nos familles,
disait le Docteur. Oui, répliqua Jacmin, car les préjugés

nationaux resserrent tous nos sentiments pour les lieux
qui nous ont vus naître, grandissent l'amour de la patrie et
nous attachent à nos amis et à nos familles. Mais les préjugés de castes enfantent des crimes qui laissent, tôt ou
tard, des regrets bien amers à ceux qui se sont portés à des
excès.

Laissez-moi vous ouvrir mon cœur, Docteur, daignez
excuser ma franchise, elle n'a rien, d'ailleurs, qui puisse
blesser une âme comme la vôtre. Oui, ne soyez point libéraux à demi à notre égard ; le libéralisme n'admet point de
degré, et le sacrifice de vos préjugés, quelque grand qu'il
puisse être, n'entraînera que quelques jours nébuleux et
des siècles de félicités. Mes conseils ont été négligés, on a
cru devoir garder un silence opiniâtre et regarder d'un œil
d'indifférence les fermens de discorde qu'on jetait dans la
société pour le malheur du pays. Eh bien, depuis lors les
passions se sont-elles apaisées d'une part, et les exigences
ne sont-elles plus aussi fortes de l'autre ? Si l'on croit connaître les sentiments qui animent la population à laquelle
j'appartiens sur ceux qu'énoncent quelques êtres dépravés
et pusillanimes qui pouvaient autrefois, et pour cause,
représenter leur population, je les adjure, au nom de mes
concitoyens qui les renient, de ne pas parler sur nos droits
qu'ils ne peuvent comprendre.

Déjà l'on calcule nos inimitiés ; déjà l'on suppute les
résultats probables de nos dissensions, pour les exploiter
avec avantage. Ne le dissimulons pas, instruits de nos
affaires les plus secrètes, témoins de la haine que nous
ressentons, les uns pour les autres, réciproquement, il faut
le dire avec vérité, ceux contre lesquels nous devrions faire
nos efforts pour les maintenir dans les bornes de la modération et du respect, s'élancent, peut-être aussi dans la pensée,

et n'aspirent qu'après le jour où ils pourraient prendre place dans nos troubles politiques. Cependant, loin de moi de calomnier des gens paisibles, qui ont passé leur vie à soulager nos misères, ou à contribuer à nos plaisirs ; mais ils sont peu avancés dans la civilisation, et telles conjectures qui leur sont même défavorables peuvent être faites pour préserver la société entière des malheurs dont elle serait menacée. Voilà notre situation ; elle est affligeante ; elle ne doit point rassurer les hommes vraiment libéraux que nous possédons ; mais que faire ? La vérité doit être connue, afin de porter, puisqu'il en est temps encore, des remèdes aux maux qui affligent l'humanité...

Vous serez rendu à vos amis et à votre famille, disait le Docteur Desnoyers à Jacmin, en lui serrant la main ; je regrette beaucoup de vous quitter, mais votre élargissement doit m'occuper avant tout.

Après bien des démarches, le Docteur obtint la sortie de Jacmin qui avait subi une détention de trente six heures dans un hôpital, où on l'avait placé comme un homme fou, lui si doux, si modéré, si plein de raison... Mais c'était la palme du martyr qu'on avait fait briller sur son front.

En rendant hommage à la vérité, le Docteur Desnoyers venait de briser les liens de Jacmin, de le rendre à ses amis. L'agent général de police poussé par quelques hommes qui dirigeaient alors le gouvernement occulte du pays, envoya chercher Jacmin, et lui fit connaître que, par pure condescendance pour un homme jouissant d'une grande considération, il ne serait pas détenu plus longtemps et qu'on allait lui faire voir l'indulgence avec laquelle l'autorité le traitait, indulgence qui devait l'étonner puisque depuis longtemps la douceur qu'on lui montrait était sans aucun résultat. Aussi, pour répondre dignement aux vœux

des autorités, faisant ici un grand acte de justice, vous êtes
tenu, sous peine d'encourir la rigueur des lois, de paraître
tous les jours à la Police, de huit à neuf heures du matin,
pour rendre compte de vos actions ; et ce pendant cinq
années...

Jacmin comprit tout ce qu'il y avait de vexatoire,
d'inique, d'injuste dans ce jugement prononcé par un Commissaire de Police ; mais à qui pouvait-il s'adresser et se
plaindre ? à ceux-là mêmes de qui ces ordres émanaient !

Il n'appartenait qu'au temps à prononcer sur de pareilles actions, pour flétrir les auteurs coupables, qui ont
abusé du mandat qui leur était confié pour la tranquillité
du pays.

Jacmin, modéré dans ses goûts, se consola des injustices des méchants en répandant le ridicule sur eux... chansons, comédies, vaudevilles, lui servirent à se venger,
vengeance bien permise à l'homme supérieur qui se voit
persécuté !

Dans les derniers moments de sa vie, n'ayant trouvé
que de l'ingratitude parmi ceux qu'il avait si souvent obligés, secourus, et n'ayant que des chagrins trop profondément
sentis, partage des hommes aux cœurs grands et généreux,
Jacmin devint misanthrope et n'eut plus qu'une faiblesse
qui hâta ses derniers instants...

Pourquoi parler des hommes supérieurs lorsqu'ils cessent d'être eux-mêmes par le malheur !...

Écrivain pur et correct, facile et plein de clarté ; possédant plus encore le talent de l'orateur que celui de
l'écrivain, plein d'abandon et de charme dans l'intimité ;
d'une indulgence et d'une politesse exquise avec ceux qu'il
aidait de ses lumières, il était un de ces esprits heureux

sur le front duquel un autre siècle eût attaché la couronne
de lauriers à la place de celle du martyr...

Chez un peuple civilisé, jamais il n'y a eu d'interrègne
dans la gloire des lettres, a dit un célèbre écrivain. Cette
vérité sera doublement sentie lorsque, considérant un peuple
aussi peu nombreux que la population de couleur à Maurice,
elle ressortira, par les faits, éclatante pour tous.

Il y avait un homme dans cette population dont l'enfance
incertaine et dissipée n'offrait ni bonheur pour le présent,
ni espérance pour l'avenir ; mais plus il grandissait, son
maintien fier et hardi montrait tout entier l'homme qui
devait succéder à Jacmin.

Sans éducation première, il semblait avoir tout étudié,
tant son naturel heureux et sa logique puissante suppléaient
à tout ce qui pouvait lui manquer dans l'art de parler et
d'écrire. Doué d'une conviction que le talent seul justifie,
ses forces semblaient se multiplier alors que les évènements
se pressaient. Cet homme, c'était Henry Bruils.

Nous ne nous servirons jamais de l'usage établi de
trouver des indices précurseurs du talent dans celui qui,
plus tard, en a eu véritablement ; au contraire, nous dirons
que Bruils n'annonçait rien, si ce n'est un penchant bien
marqué pour l'indépendance. Cependant, s'étant marié fort
jeune, il fallait qu'il se pliât aux circonstances pénibles et
imprévues dans lesquelles il se trouvait en faisant abstrac-
tion de ses sentiments d'indépendance, sans protection
comme on l'était alors ; il était sans emploi mais ayant une
fort belle écriture, il eut une petite place au greffe du
Tribunal de première instance, comme expéditionnaire. Ce
fut là que son talent se décela tout entier, et qu'il reconnût
la vocation à laquelle il aurait été appelé, si, plus heureux,
il n'était pas d'une origine qui entraînât la réprobation

générale. A cette époque l'on desservait dans nos temples deux autels ; tous les lieux publics se dessinaient comme deux horizons nuancés. Le Théâtre qui est, à Maurice, comme partout ailleurs, un lieu de jouissance et d'utilité, où l'on puise une connaissance approfondie du monde, pour le vice qu'on voit avec horreur, et pour pratiquer la vertu qui vous fait verser quelquefois de si douces larmes, est aussi un objet de spéculation offert à la cupidité de quelques hommes, et c'est sous ce point de vue qu'il aurait fallu, dans l'intérêt de tous, le considérer pour l'admission de la population coloniale sans distinction et sans exception. Mais la passion ne raisonne pas, et c'est dans ce lieu que des préjugés absurdes et ridicules ont été poussés, outre mesure. Comme tous ces faits sont du domaine de l'histoire, ils trouveront place dans le cours de cet ouvrage. Mais, pour le moment, ne parlons que de ce qui a rapport à Bruils

Le cafetier du Théâtre, un sieur Coignet, ne pouvant trouver du profit que dans des exigences aristocratiques, fit repousser par ses domestiques tous ceux qui ne pouvaient rentrer à son café par la spécialité de leur origine. Bruils, retenu par d'innombrables considérations, s'entendit avec de dignes amis pour provoquer une affaire dans laquelle les tribunaux, que l'on savait être sous l'influence de la plus abominable des coteries, viendraient, sans aucun doute, consacrer l'injustice la plus criante par le jugement le plus absurde et le plus passionné, tel enfin qu'un tribunal d'inquisition seul aurait pu le faire. Ce jugement, suivant les prévisions de Bruils, devait servir efficacement à l'avancement de la population de couleur, auprès des autorités métropolitaines. C'est ce qui arriva, un peu plus tard.

Une scène de désordre épouvantable, la honte de ceux qui soutenaient le cafetier, eut lieu. Bruils ne put rester sourd à cette voix qui lui criait : là est ton bonheur et ta gloire.

Sa place au Greffe était sa seule ressource, sa seule espérance ; mais ses compatriotes le réclamaient, toutes les considérations furent écartées. Bruils, dès lors, ne connut plus rien, que le noble mandat dont il était chargé. Salué défenseur de ses concitoyens de couleur, il donna sa démission au Greffe pour ne s'occuper que de cette affaire, dont s'était saisi le ministère public, et des réclamations pour demander l'abrogation des lois iniques tombées en désuétude, qu'on faisait revivre pour les appliquer à une classe de la société coloniale.

Il arriva, ce jour de triomphe où cent années de misère furent rachetées ; où le cœur, soulagé par les vérités accablantes qui ressortissaient à la défense de Bruils, rendit ce jour, un jour mémorable dans les annales de la colonie...

Comme nous sommes arrivés en 1830, année où toutes les lois d'exception ont été abrogées à Maurice par un ordre en conseil de la Grande Bretagne, nous commencerons l'histoire de notre colonie dès son origine.

Cette introduction, à notre histoire de Maurice, est comme une ouverture d'un drame lyrique, dont les motifs tirés des morceaux de la partition sont reproduits comme un avant goût de l'œuvre en général.

Sommes-nous dans le faux, ou sommes-nous dans le vrai ? Le lecteur seul restera juge de ce que nous avons cru devoir exécuter.

AVANT-PROPOS

L'histoire, c'est de l'histoire, c'est-à-dire le récit de tous les faits, de tous les évènements remarquables qui ont eu lieu dans un pays ou dans une colonie.

Il ne s'agit pas, dans un pareil ouvrage, d'écrire contre celui-ci, ou en faveur de celui-là ; il s'agit de faire connaître la vérité dans tous ses détails essentiels, peu importe qu'elle froisse Pierre ou Paul. Ce sont des faits reproduits, des actes de Pierre et de Paul que l'on soumet à l'appréciation des lecteurs ; l'historien ne peut être recherché que lorsqu'il tronque la vérité, et qu'il le fait méchamment, surtout pour plaire à un parti.

Depuis 1803, année de l'arrivée du général Decaen, jusqu'à nos jours 1895, nous avons été témoin, pour ainsi dire, *de visu, de auditu,* de tout ce qui s'est passé à Maurice. Que nos lecteurs ne soient pas étonnés de l'assurance que nous montrons dans les récits des faits que nous citons.

Dans notre longue existence, quoique nous ayons beaucoup souffert en notre qualité d'homme de sang-mêlé, nous sommes resté au milieu de tous les désordres qui ont eu lieu à différentes époques, ici, comme l'onde de la belle Aréthuse qui, passant au travers des mers, ne peut se corrompre.

Ainsi donc, aucun sentiment d'animosité n'a dirigé notre plume : nous n'avons voulu, en décrivant les faits honteux de notre histoire et les passions désordonnées d'il y a cinquante à soixante ans, que constater combien le Progrès a marché, quoique lentement.

A notre époque de liberté, si les hommes de couleur s'étaient entendus, s'étaient unis entre eux, qu'ils eussent eu ce sentiment de solidarité qui est la force et la puissance d'un peuple, d'une population dans les colonies, ils n'eussent pas été dans la situation secondaire, inférieure où ils se trouvent.

La population chinoise, bien restreinte, eu égard à la population créole, puisqu'elle ne compte que de sept à huit mille âmes, lorsque la population créole en possède environ cent mille, a envahi le commerce de détails qui se trouve entre ses mains. Les Asiatiques, natifs de Bombay, pour la plupart, depuis quinze ans environ, où trône à Maurice la roupie de l'Inde, ont bouché toutes les avenues du grand commerce à leurs profits. La population blanche et celle de couleur seront-elles assez ennemies d'elles-mêmes pour sacrifier leurs intérêts les plus chers, l'avenir de leurs enfants, à des préjugés absurdes qui seront la cause de leur déchéance complète dans notre colonie ! On verra, à la fin de notre histoire, à quel degré d'avilissement la population de couleur, ayant tous les éléments nécessaires pour occuper un rang distingué à Maurice et partout, est réduite par son peu de patriotisme, seule source de la prospérité chez n'importe quel peuple, et à quel abaissement la population blanche est arrivée par son orgueil et son égoïsme à vouloir jouir seule de toutes les immunités et prérogatives attachées à l'intelligence seule. C'est alors que, des deux côtés, on regrettera, mais trop tard, d'avoir été trop l'esclave de ses passions.

CHAPITRE Ier.

Découverte de la colonie par les Portugais, les Espagnols et les Hollandais.

—

Tous ceux qui ont reçu quelqu'instruction savent que c'est au quinzième siècle que le nouveau monde a été découvert ; cependant, plusieurs colonies, comme la nôtre, ont été découvertes au commencement du seizième. Notre colonie, qui a porté, tour à tour, le nom de l'Ile de Cyrnes, l'Ile de France, Maurice, a été découverte par Don Pedro Mascarenhas en 1507 dans la première année du gouvernement d'Alméïda, Gouverneur Général des possessions portugaises dans l'Inde.

Ce nom Ile de Cyrnes, Ile de Cignes, fut donné à notre colonie parce qu'on croyait que c'était une nouvelle espèce de cygne que ces grands oiseaux qui s'offraient aux yeux de tous et que chacun déclarait n'avoir jamais vus nulle part.

Chose étonnante, ces grands oiseaux, connus généralement sous le nom de Drontes, n'ont fait que briller et disparaître sous le gouvernement des Portugais.

Quoique les Portugais eussent en leur possession l'Ile

des Cygnes pendant soixante quinze ans environ, ils n'y firent aucun établissement ; les découvertes importantes qu'ils avaient faites et leurs conquêtes portaient ailleurs toute leur attention.

Le Portugal jouissait de la plus grande influence dans le monde entier par l'or et la fortune dont il disposait. Mais, tout changea d'aspect en 1678, après la mort du roi. Philippe II, roi d'Espagne, y envoya le Duc d'Albe à la tête d'une puissante armée et s'en empara. Toutes les colonies que cette puissance possédait dans la mer des Indes, au nombre desquelles se trouvaient Maurice et Bourbon, cette dernière connue sous le nom de Mascaraigne, passèrent sous la domination Espagnole. Philippe, aveuglé par son ambition, ne voyait pas la charge trop lourde qui l'accablait, et vainement fit-il tête à l'orage qui allait l'anéantir.

Philippe ne put rien faire pour la prospérité de ses possessions des Indes orientales. Les Provinces unies à cette époque absorbaient toutes ses ressources.

Cerné ou Cyrné, cette colonie découverte par les Portugais et livrée en si piteux état aux Espagnols en 1580, fut remise aux Hollandais, comme l'Espagne l'avait reçue des Portugais ; c'est-à-dire qu'en 1598, Maurice et Bourbon se trouvaient dans une situation aussi déplorable qu'en 1507.

C'est toujours la morale de la fable : La grenouille voulant se faire aussi grosse que le bœuf. L'Espagne, en perdant les provinces des Pays-Bas, fut obligée d'abandonner aux Hollandais tout le commerce des Indes orientales.

Nous n'avons pas cru devoir nous étendre sur toutes les minuties des deux pauvres administrations des Portugais et des Espagnoles, en parlant de Cristophe Colomb, de Vasco de Gama, d'Hérodote, de Cornélius Nepos, de

Xercès, de Pline, etc., ce sont de ces remplissages qui n'ont aucune importance dans une histoire politique et philosophique d'une colonie où les populations seules se trouvent en jeu.

Ce qui est intéressant dans l'histoire d'une colonie, quelle qu'elle soit, ce n'est pas sa politique extérieure, elle n'en a pas; c'est seulement dans les rapports des populations entr'elles.

Avez-vous une histoire semblable ? Vous n'en aurez jamais une, si ce n'est celle que nous vous offrons.

Voyons, avec le même esprit d'impartialité qui nous dirige, ce que la Colonie de Maurice est devenue entre les mains des Hollandais.

Ce n'est que longtemps après que les Espagnols eurent abandonné pour la troisième fois Maurice que les Hollandais sont venus prendre possession de la colonie.

En mai 1598 une escadre hollandaise, composée de huit bâtiments, sous les ordres de l'Amiral Cornélius Van Nenk et du Vice Amiral Wybrand Van Warwick, en destination de Bantam et qui allait en compagnie, fut séparée par une violente tempête. Trois vaisseaux ; *Le Maurice, La Hollande, l'Averysel* relachèrent à l'Ile Ste Marie, et de là continuèrent leur route vers Bantam. Les cinq autres vaisseaux, *l'Amsterdam, la Zélande, la Gueldres, l'Utrech,* et *la Frise* sous le commandement de Wybrand Van Warwick, découvrirent le 17 Septembre, l'île que les Portugais avaient découverte et à laquelle ils avaient donné le nom de CERNÉ. Les cinq vaisseaux entrèrent au Port Sud Est.

L'amiral ne manqua pas d'envoyer des bâteaux pour explorer les côtes. On ne découvrit aucune trace de la présence de l'homme. On trouva sur le rivage certains

objets et des débris de quelques navires qui avaient probablement fait naufrage dans l'Ile ou dans ses parages.

Pendant les quinze jours que les cinq vaisseaux hollandais passèrent à Maurice, ils plantèrent des noyaux d'arbres
fruitiers, semèrent des graines potagères et laissèrent dans
l'Ile des volailles, afin que les vaisseaux qui viendraient là,
en relache, pussent trouver quelqu'adoucissement à leur sort
malheureux.

Depuis plus de trente ans, Maurice, quoique appartenant
aux Hollandais, fût sans gouvernement— L'Ile reçut dans
ses différents ports des navires de toutes les nations; ce n'est
qu'en 1638 que les Hollandais vinrent s'établir au Port Sud
Est, préférant de beaucoup les ports de Maurice à ceux des
Mascareignes, ceux de cette dernière colonie n'offrant pas
de sécurité.

Les vaisseaux qui passèrent, de temps en temps, sur les
plages de Maurice s'aperçurent bien vite que les Hollandais
n'avaient pas la ferme intention de coloniser Maurice, car ils
n'avaient débarqué qu'un faible détachement de soldats,
quelques familles européennes, de positions douteuses, et un
nombre restreint d'esclaves pris à Madagascar.

C'était si mesquin, la colonie offrant à ceux qui
venaient l'habiter toutes les garanties de sécurité pour leurs
personnes, n'ayant dans son sein ni caïman, ni serpents, ni
loups, ni aucune bête, que quelques bons esprits augurèrent
mal de cette prise de possession. On se trouva dans le vrai.

Avant de passer à la prise de possession de Maurice
par la Compagnie française, nous aurions pu allonger le
récit de l'administration hollandaise par quelques épisodes
plus ou moins drôlatiques ; mais n'étant pas de ces histo-
riens anecdotiques qui s'arrêtent aux ronces du chemin,
nous avons préféré ne pas même les mentionner.

Lorsque le Gouvernement français apprit que les Hollandais avaient abandonné Maurice, il mit tout en œuvre pour acquérir cette possession si avantageuse pour le commerce de l'Asie.

Quelques années ne s'étaient pas écoulées, depuis le départ des Hollandais, que toute trace de culture n'existait plus.

C'était M. Dufresne qui arriva le 20 Septembre 1715, au Port Nord Ouest. Malgré le détachement militaire qui fut envoyé de Bourbon à Maurice, et plusieurs familles qui y passèrent aussi, ce premier établissement fut abandonné.

Il y eut encore une seconde prise de possession par M. Granier de Fougeray en septembre 1721. Puis, nous voyons M. de Nyon, nommé Gouverneur en janvier 1722. C'est dès cette époque que l'on commença à tirer de Madagascar des esclaves et des vivres indispensables pour la nourriture des habitants de Maurice. Certes, si nous n'avions qu'à faire connaître à nos lecteurs que des faits d'une importance si médiocre, nous n'aurions pas entrepris d'écrire l'histoire si importante de Maurice.

Notre colonie, sous la direction de M. Dufresne, de M. le chevalier de Nyon, de M. Dumas, de M. Maupin resta dans un état de statuquo inqualifiable, déplorable. Heureusement pour Maurice qu'un grand homme se présenta pour la relever et lui donner la vie politique et morale qui lui manquait entièrement. Cet homme fut M. Mahé de La Bourdonnais, qui prit la direction des affaires de la colonie en 1735. Alors, tout changea de face ; il y avait dans cet homme un bon général d'armée, un excellent amiral et un administrateur hors ligne ; aussi, la colonie ne tarda pas à être transformée du tout au tout. C'était plaisir de voir ce gouverneur donner la vie et le mouvement à tout ce qu'il touchait.

Dans les quelques pages d'extraits que nous serons forcé de donner sur la vie de M. de La Bourdonnais, on verra ce que le génie créateur de ce grand homme a fait à Maurice.

Port Louis manquait d'eau ; par un travail opiniâtre l'eau de la Grande Rivière circule en abondance dans presque toutes les parties de la ville. Les militaires étaient mal logés, de magnifiques casernes sont construites si habilement que, depuis plus de cent cinquante ans, elles font l'admiration non seulement de tous les enfants de Maurice, mais encore de tous les étrangers. Il fit bâtir des hôpitaux civils et militaires, des magasins, des chantiers où il fit construire des bâtiments de guerre pour aller dans l'Inde, s'emparer de Madras ; ce qui eut lieu.

Mais il rencontra tant d'obstacles et de difficultés dans la marche de sa politique, que la France perdit les millions de pagodes d'or à étoiles que, par le traité fait entre les autorités anglaises et lui, M. de La Bourbonnais, le gouvernement de Madras devait compter à la compagnie. C'était là de fameuses dépouilles opimes que M. de La Bourdonnais eût portées à la colonie qu'il élevait à une si grande hauteur.

Ecrivant l'histoire de Maurice, nous n'avons pas à suivre M. de La Bourdonnais dans toute sa campagne de l'Inde. Nous donnerons sa vie comme Gouverneur de Maurice ; infiniment supérieur à tous les gouverneurs français qui l'ont précédé et qui l'ont suivi.

" Monsieur François Mahé de La Bourdonnais, né à " St. Malo en 1699, fut à la fois négociant et guerrier. " Il commença à l'âge de 10 ans à naviguer. Il fit plusieurs

" voyages dans les mers de l'Inde. Chargé de bonne heure
" des affaires de la Compagnie des Indes, il lui fut utile
" dans plus d'un voyage qu'il entreprit pour favoriser les
" intérêts de cette Compagnie, et augmenter sa propre
" fortune. Le roi le nomma gouverneur des Iles de France
" et de Bourbon, et elles devinrent florissantes sous son
" administration. C'était dans le temps de la guerre mal-
" heureuse de 1741. Les anglais dominaient dans l'Inde.
" Une escadre anglaise croisait partout dans ces mers
" et faisait beaucoup de prises. La Bourdonnais prend la
" résolution d'armer une petite flotte. Il sort de l'Ile
" Maurice avec neuf vaisssaux de guerre, attaque l'escadre
" anglaise, la disperse, et va mettre le siège devant Madras.
" Cette ville capitule en septembre 1746, les vaincus se
" rachetèrent pour neuf millions environ. Les ordres précis
" des ministres français étaient de ne garder aucune conquête
" en terre ferme. La Bourdonnais, en acceptant la rançon
" ne faisait que leur obéir. On doit ajouter que dans cette
" expédition, il se conduisit envers les vaincus avec autant
" de douceur que de magnanimité. Nous ne parlons, dit
" Voltaire, que d'après les anglais revenus de Madras qui
" n'avaient nul intérêt de nous déguiser la vérité. Quand
" les étrangers estiment un ennemi, il semble qu'ils aver-
" tissent ses compatriotes de lui rendre justice. C'est ce
" que ceux-ci ne firent point. Les richesses que La Bour-
" donnais avait acquises ayant excité l'envie, on peignit le
" vainqueur de Madras comme un prévaricateur, qui avait
" exigé une rançon trop faible, et qui s'était laissé corrom-
" pre par des présents. Les Directeurs de la Compagnie
" des Indes et plusieurs actionnaires, portèrent leurs
" plaintes au ministère ; et La Bourdonnais, en arrivant en
" France, fut enfermé à la Bastille. Son procès dura trois

" ans et demi et fit naître des mémoires. Enfin, les commis-
" saires du Conseil qu'on lui donna pour juges le déclarè-
" rent innocent.. Il fut mis en liberté et rétabli dans tous
" ses honneurs. Il mourut bientôt après, en 1754 d'une
" maladie cruelle, que le chagrin et sa longue détention lui
" avaient causée. C'était un homme aussi intelligent dans
" le commerce qu'habile.

  " Il avait d'ailleurs beaucoup d'esprit.   Un des Direc-
" teurs de la Compagnie des Indes lui demandant un jour
" comment il s'y était pris pour faire bien mieux ses
" affaires que celles de la Compagnie ? C'est, répondit-il
" parce que j'ai suivi vos instructions dans tout ce qui vous
" regardait, et n'ai consulté que moi-même dans ce qui
" concernait mes intérêts ... Son activité était extrême.   Il
" n'eut jamais d'heure fixe pour le sommeil."

  Ce que M. de La Bourdonnais a fait pour la prospérité
et le développement de Maurice aurait suffi pour montrer sa
supériorité sur tous les gouverneurs français de Maurice,
sans même parler de ses triomphes dans l'Inde sur les
anglais, les marahtes et leurs alliés.   Mais ce que tous ceux
qui ont écrit sur l'histoire de Maurice ont cru devoir passer
sous silence, c'est cette population mixte de sang mêlé,
provenant d'européens et de femmes africaines et asiatiques,
population qui est la pierre angulaire de toutes les colonies
placées dans la même situation que Maurice.   C'est de cette
compétition entre les hommes de cette population mixte et
les hommes provenant d'origine européenne que proviennent
toutes les difficultés de la politique coloniale, difficultés si
grandes, si profondes, qu'elles conduisent les deux populations à un abîme où elles s'engloutiront toutes deux...C'est
visible à tous les yeux.

  C'est aussi sous l'administration de M. de La Bourdonnais, que le *St. Géran* a fait naufrage en Août 1744 à une lieue de la côte, près de l'Ile d'Ambre. Ce naufrage du *St Géran*, capitaine de la Marre, est d'une exactitude rigoureuse ; mais disons aussi, en toute vérité, que les personnages de Paul et Virginie n'ont jamais existé. Que cette œuvre de Bernardin de St Pierre, d'où s'exhale l'amour le plus pur, le plus doux, le plus discret, est une émanation du génie de son auteur. Que les couleurs dont il s'est servi pour peindre ses personnages, sont si ravissantes et si vraies, que tous les lecteurs de ce petit chef-d'œuvre, surtout les femmes, ont jeté un cri d'admiration et de profonde douleur en le lisant.

L'administration de Maurice a été entre les mains puissantes de M. de La Bourdonnais pendant douze ans environ, de 1735 à 1747. Aucun gouverneur français ne peut lui être comparé pour les bons et utiles travaux qu'il a fait exécuter à Maurice, et pour sa prospérité. Aussi, est-il considéré comme le fondateur de notre colonie, qui aurait été assurément la perle de l'Océan Indien, sans ses calomniateurs et ses envieux résidant à Pondichéry.

En partant de Maurice, il laissa la colonie à M. David. Ce gouverneur, quoique bon, juste et honnête, ne réussit pas à faire marcher d'un pas en avant les habitants de Maurice. On aurait dit qu'un mauvais génie entravait son administration. Un terrible ouragan avait ravagé toutes les plantations de la colonie et avait causé beaucoup d'accidents. Quelques temps après, des sauterelles vinrent ravager tout ce qui restait des plantations de l'Ile. Ce fut une véritable calamité publique dont les habitants, petits et grands, ont ressenti les terribles effets. En 1748, l'amiral anglais Boscawen, commandant une escadre de 28 vaisseaux, fit une tentative de descente à la Petite Rivière. Il est certain que si cet amiral anglais avait persisté dans sa prise de possession de la colonie, il eût réussi au delà de ses désirs. Mais il a manqué de courage, d'énergie et de persévérance. Cette dernière vertu guerrière paraissait lui manquer entièrement.

Cette administration de M. David n'a duré que quatre ans ; et quoi qu'il fut un excellent homme, la colonie a beaucoup souffert pendant ces quatre années. Ce fut lui qui créa le château du Réduit à Moka.

Au départ de M. David, c'est son beau-frère M. Losier Bouvet, qui lui succéda en 1750, dans le gouvernement de Maurice. Cette administration de M. Losier Bouvet dura cinq ans et ne fut marquée que par des ouragans et par une épidémie de vérette. Nous devons faire mention de l'arrivée, dans notre colonie, sous cette administration, de deux hommes remarquables. Ces deux hommes sont l'abbé de la Caille et M. d'Après Mannevilette, célèbre hydrographe, venus à Maurice pour établir la position géographique de l'Ile.

Monsieur Magon de St Elier arriva à Maurice en 1755 comme gouverneur. Pendant les trois dernières années de son administration, on fit des préparatifs de guerre comme des actes de prudence, sans aucun doute, mais seulement pour fortifier les parties faibles de notre colonie. Sous cette administration, on a pris certaine mesure relative aux déboisements de nos forêts, mesure qui n'a pas été du goût de tout le monde. A part cela, tous ces gouverneurs étaient des hommes sans initiative.

Le dernier gouverneur de la Compagnie a été M. Desforges Boucher qui est venu remplacer M. Magon de St Elier en 1759. Il ne s'occupa que du jardin du Réduit.

La Compagnie était tellement réduite par les sacrifices

qu'elle avait faits, qu'elle s'est trouvée dans l'obligation de se montrer exigeante dans les restrictions qu'elle croyait devoir apporter pour empêcher la liberté du commerce. Elle faisait du monopole dans l'achat des produits provenant de l'agriculture dont le taux était fixé aussi bas que possible.

Certes, ces mesures prises par la Compagnie étaient peut-être justifiées par ses finances épuisées dans les guerres qu'elle soutenait depuis si longtemps ; mais elles mécontentèrent tous les habitants de la colonie, et il était temps que cette Compagnie sentît la nécessité de rendre la colonie à l'Etat.

D'après l'abbé Raynal la population blanche était composée de 3,163 personnes, la population des sang-mêlés de 587 et la population esclave de 15,022. Mais comme dans aucun précis historique, il est fait mention du chiffre de ces populations, nous dirons qu'il n'y avait, dans la population esclave, qu'un millier d'asiatiques sortant de Pondichéry et de Madras, un millier environ de la côte de Guinée, et le reste de Madagascar.

Pour ce qui est de la population des sang-mêlés, s'il n'y avait que 587 de libres, des milliers étaient dans l'esclavage par la faute de leurs pères. C'étaient des hommes sans entrailles, pour la plupart, qui tenaient leurs enfants dans l'esclavage et dans la domesticité. Les mulâtres proprement dit, issus d'européens et de femmes africaines ou asiatiques, se trouvaient au nombre des esclaves et se comptaient par milliers.

Quant à la population blanche, deux navires sont arrivés, expédiés par la Compagnie des Indes, de Bordeaux et de Marseille, en 1728 et en 1730.

Ces deux navires étaient chargés de filles, (des horizontales) pour être mariées à des soldats ou à des ouvriers pour former des familles et créer des habitations. Voilà la cause de l'augmentation de la population dite blanche en 1767, époque où le dénombrement des trois populations a été fait par l'abbé Raynal.

Que les hommes justes, droits et honnêtes qui nous liront ne se récrient pas sur ces faits historiques dûment constatés. C'est là la philosophie de l'histoire ; et il n'y a que les sots qui pourraient s'en formaliser.

Dans les colonies surtout, c'est la vanité qui perd les hommes ; c'est dans le cours de cette histoire que l'on constatera ce que la vanité, cet amour-propre désordonné, poussé à l'extrême, ce sentiment ridicule, absurde, a causé de mal dans nos milieux, plus encore dans la classe moyenne que dans les rangs dits des conservateurs.

A l'arrivée du gouverneur Dumas et de M. Poivre comme commissaire et Président des conseils supérieurs, tout changea de face dans l'Ile.

C'est M. Delaleu, conseiller au Conseil Supérieur de l'Ile de France et procureur du roi au Tribunal Terrier de la colonie, qui a été chargé de faire un code pour notre Ile et pour Bourbon.

Ce Code est divisé en huit parties : administration générale, Eglise, Militaire, Finances, Commerce, Marine, Justice et Police.

Nous ne savons si ces lois ont fait prospérer notre colonie ; mais elles ont été mises, ici, en vigueur pendant plus de 40 ans.

Pour l'édification des lecteurs, nous allons donner quelques extraits pris de la huitième partie, intitulée.—De la Police. Ils apprécieront si des lois aussi tyranniques que celles que nous allons leur mettre sous les yeux peuvent faire prospérer une colonie.

" Sa Majesté ordonne que les enfants qui seront
" baptisés comme libres, quoique leurs mères soient esclaves,
" soient toujours réputés esclaves, que leurs maîtres en
" soient privés, que les dits esclaves soient vendus au profit
" de Sa Majesté, et que les maîtres soient en outre con-
" damnés à une amende qui ne pourra être moindre de la
" valeur des dits esclaves.

" Défendons très expressément aux nègres et à tous
" gens de couleur, libres ou esclaves, d'exercer la médecine
" ou la chirurgie, ni de faire aucun traitement de maladie
" sous quelque prétexte que ce soit, sous peine d'cinq cents
" livres d'amende pour chaque contravention au présent
" article, et de punition corporelle suivant l'exigence des
" cas. Tout propriétaire ou fermier, ou dépositaire d'es-
" claves, les préviendra qu'il leur est expressément défendu
" de sortir de la ville, avec une pipe, quand même elle ne
" serait point allumée, qu'ils seront fouillés à la sortie et
" dans le chemin, et que celui qui sera trouvé en contra-
" vention sera fustigé sur la place publique.

" Déclarons que les esclaves ne pourront rien avoir qui
" ne soit à leurs maîtres, et tout ce qui leur vient par leur
" industrie ou par la libéralité d'autres personnes ou autre-
" ment à quelque titre que ce soit être acquis en pleine
" propriété à leurs maîtres sans que les enfants des esclaves,
" leurs pères et mères, leurs parents et tous autres, libres
" ou esclaves, y puissent rien prétendre par succession,
" dispositions entre-vifs ou à cause de mort, lesquelles
" dispositions nous déclarons nulles, ensemble toutes les
" promesses, et obligations qu'ils auraient faites, comme
" étant faites par gens incapables de disposer et contracter
" de leur chef.

" Voulons que les esclaves qui auront encouru les

" peines du fouet, de la fleur de lis et des oreilles coupées,
" soient jugés en dernier ressort par les juges ordinaires,
" et exécutés, sans qu'il soit nécessaire que tel jugement soit
" confirmé par le Conseil Supérieur, nonobstant le contenu
" de l'Art. XXV des présentes, qui n'aura lieu que pour les
" jugements portant condamnation de mort ou de jarret
" coupé. "

Est-ce possible que des colonies où de pareilles lois existent puissent être dans un état de prospérité, et que les habitants puissent y vivre tranquilles, paisibles et heureux?...

Toutes les colonies françaises, surtout avant 1800, se trouvaient dans de pareilles conditions. Aussi, c'étaient des foyers d'insubordination, de crimes de toutes sortes, qui sont la honte de l'humanité.

Afin d'empêcher la population de couleur de grandir, les sang melés ne pouvaient hériter de leurs pères blancs ; quant aux pauvres esclaves, à leur mort, tout ce qu'ils pouvaient posséder appartenait à leurs maîtres. C'était irrévocable. Croira-t-on que ce Code Delaleu était pour les esclaves ce que le Code Decaen ou Crépin était pour les hommes de couleur, nés de pères et de mères libres, de 1803 à 1830 ?...

Ne nous attardons pas aux ronces du chemin, marchons au contraire d'un pas ferme et délibéré pour atteindre notre but, celui de faire voir la vérité à ceux qui veulent tenir les yeux fermés sur tous les faits de notre histoire.

Nous avons dit que tout changea de face à Maurice, depuis l'arrivée du Gouverneur Dumas et de Monsieur Poivre, président des conseils supérieurs de la colonie. Pendant le peu de temps qu'a duré l'administration du Gouverneur Dumas et du Commissaire-président Poivre, seize mois environ, ils furent en discussion, en hostilité ouverte. Il paraîtrait que M. Poivre eût raison, car M. Dumas a été rappelé. Il a été remplacé momentanément par M. Steinauër le 27 Novembre 1768, jusqu'à l'arrivée du Gouverneur Desroches.

Sous l'administration de ce gouverneur, la petite vérole sévit en 1772 ; et le 1er Mars 1772 un ouragan causa les plus grands dégats.

On considère le creusement du Port, qui était obstrué dans plusieurs endroits, travail fait par M. Tromelin, et une nouvelle introduction de plantes à épices par M. Poivre, comme les évènements les plus remarquables de l'administration de M. Desroches.

C'est M. le Chevalier de Ternay qui vint remplacer le Gouverneur Desroches. M. Maillard Dumesle fut aussi nommé à la place de M. Poivre.

Un journal hebdomadaire fut fondé en vue des besoins de la population dirigeante qui avait pris de l'extension. C'est aussi à cette époque que l'on crut devoir faire d'autres règlements de Police, et que l'on réduisit à huit districts notre colonie que l'on avait divisée d'abord en onze districts.

En 1773, un ouragan se déchaîna qu'on jugea être plus violent que tous ceux qui avaient exercé leurs ravages sur l'Ile. Plus de 300 maisons furent complètement détruites et l'on eût à déplorer la perte de plus de trente navires. Malgré ces pertes énormes, toutes les informations de cette époque nous permettent de dire que les désastres furent promptement réparés.

Sous cette administration, le Moulin à Poudre, situé aux Pamplemousses sauta, tous les militaires qui étaient là, en station, furent tués. Dans cette même année, le vaisseau *Mars* qui se trouvait dans le Port a été brûlé faute de précaution.

Si nous ne parlons pas du drame horrible qui a eu lieu en 1774, dans la famille de M. Lehec, c'est qu'à cette époque, la torture existait, et que c'était par de tels moyens que l'on condamnait à mort des innocents qui n'étaient nullement coupables des crimes qu'on leur imputait. Contentons-nous de constater que beaucoup d'améliorations ont eu lieu depuis un siècle, sans que, d'autres parts, le mal ait diminué.

M. de Ternay n'eut pas le talent de plaire aux habitants de la colonie ; on le trouva rude, sévère, tranchant dans toutes les questions qui surgirent concernant la colonie.

M. de La Brillane lui succéda. C'était un gouverneur juste, droit, honnête, dit-on ; d'un caractère morose, et d'une humeur peu communicative. Il éprouva tant de difficultés dans son administration qu'il demanda son rappel. La mort vint le surprendre.

C'est le vicomte de Souillac, gouverneur de Bourbon, qui vint prendre les rênes du gouvernement de l'Ile de France en 1779. Cet administrateur montra beaucoup de zèle et d'activité, et aussi de l'habileté dans son gouvernement. M. de Souillac comprit parfaitement l'importance de la colonie ; mais cette importance n'était que secondaire dans son esprit ; pour lui, Pondichéry était le lieu que les Français auraient dû choisir pour combattre les Anglais.

Certes, l'Inde est un pays autrement important que notre colonie ; mais, à cette époque, c'était un lieu de ravitaillement pour tous les navires français et autres, en guerre avec les Anglais.

Nous n'avons pas, ici, à parler des batailles navales de M. de Suffren dans les mers des Indes ; ce serait nous écarter entièrement de notre but. Mais nous avons à faire connaître l'importance de notre colonie à laquelle M. de Suffren doit, en partie, ses grands succès.

Que, sans notre colonie, ni l'escadre de M. de Bussy, ni celle de M. de Suffren n'auraient pu prendre la mer avec des forces suffisantes pour combattre l'escadre commandée par l'amiral Hughes. Que tous les moyens dont s'est servi M. de Suffren, provenaient de notre colonie, en soldats, munitions de guerre et de bouche ; que ce sont toutes les ressources que ces deux escadres ont trouvées à l'Ile de France qui leur ont permis de faire voile en même temps pour l'Inde et de reprendre Trinquemale, Gondelour, et Pondichéry. Si, plus tard, le commerce anglais a subi des pertes immenses à la côte Malabar, dans le Golfe Persique, dans la Mer Rouge, n'est-il pas évident pour tous ceux qui ont suivi ces évènements de 1790 à 1810, que ce sont les escadres et les corsaires sortis de notre colonie qui ont fait le plus de mal au commerce anglais ? Aussi, les Anglais, au moment propice, n'ont pas manqué, en 1810, lorsque les Français étaient en guerre avec toutes les nations du continent, de faire une expédition formidable pour conquérir la colonie. Nous avons encore à la mémoire ce qu'un journal français de premier mérite disait à propos de l'importance de notre colonie. " Par sa position, l'Ile de France est un poste stratégique de premier ordre, elle commande la route de l'Inde, et dans nos mains elle suffirait pour rendre précaire l'établissement des Anglais sur le Gange. Aussi, à la paix, elle ne nous a pas été restituée, et nous n'avons recouvré que Bourbon. L'Ile de France a deux excellents ports ; Bourbon n'a que de mauvaises rades foraines, ouvertes à tous les vents et que les navires doivent fuir à la moindre bourrasque. C'est ce qui fait que Bourbon n'a aucune importance militaire, et que les anglais nous l'ont rendu... "

Cette appréciation est d'une rigoureuse vérité.

Le Vicomte de Souillac a été remplacé par M. D'Entrecasteaux. Il paraît que son administration a été plus avantageuse que celle de son prédécesseur aux habitants de la colonie, car, à son départ, il a dû être bien satisfait de toutes les démonstrations dont il a été l'objet. Le trajet qu'il avait à parcourir du gouvernement à l'embarcadère fut jonché de fleurs.

Monsieur D'Entrecasteaux ne resta que deux ans à l'Ile de France. Si, pendant ce temps, le commerce et l'agriculture furent négligés, c'est que la nouvelle Compagnie des Indes obtint trop de privilèges au détriment des commerçants et des habitants de la colonie.

Du reste, à cette époque, l'indigo était la principale production de l'Ile de France.

Les hommes sensés reprochent à M. D'Entrecasteaux d'avoir reçu les envoyés du puissant Tippoo Saïb presqu'avec dédain ; il blessait la fierté d'un allié qu'il fallait savoir conserver. L'anglais est beaucoup plus pratique dans ses rapports politiques ; un gouverneur anglais aurait mis plus de forme dans la réception des envoyés de Tippoo. C'est aussi sous le gouvernement de M. D'Entrecasteaux que la frégate la *Vénus* a été détruite par un ouragan, ayant à son bord quinze enfants des premières familles de la colonie, allant achever leurs études en France.

C'est le comte de Conway qui succéda au gouverneur d'Entrecasteaux. La colonie était restée depuis quelque temps sans nouvelles d'Europe ; on était assez inquiet de cette situation lorsqu'on reçut un navire de Bordeaux le 31 Janvier 1790, qui fit connaître que des troubles sérieux se manifestaient partout en France.

Ce navire apporta la nouvelle du pouvoir suprême qu'une assemblée dite nationale, s'était arrogée à Paris, et que la puissance suprême se trouvait entre ses mains.

Le capitaine de ce navire, les officiers, l'équipage avaient tous la cocarde tricolore à leur chapeau. Il n'a suffi que d'un seul instant pour que la plupart des habitants du pays en eussent aussi aux leurs, au mépris de l'opposition du gouverneur général qui était loin d'avoir la sympathie publique.

Pendant dix ou douze jours, nos politiciens de cette époque s'entendirent pour avoir une assemblée nationale à l'instar de celle de Paris. On mit des affiches par toute la ville. Ces affiches portaient que tous les citoyens de l'Ile de France auraient à se réunir le 4 Février (1790) en assemblées primaires, d'après toutes celles qui avaient eu lieu dans les communes de France, pour exposer leurs plaintes et leurs demandes.

Ces avis, placardés par toute la ville, furent enlevés par les agents de l'autorité. Le comte de Conway qui n'était pas aimé, en raison de ses fautes impardonnables commises dans l'Inde, commit la faute d'envoyer des soldats pour arrêter les jeunes gens qui avaient placardé ces avis. Le peuple crût de son devoir de s'assembler en foule, pour délivrer les jeunes gens arrêtés que l'on conduisait en prison. Le désordre devint si grand, et fut si général, qu'on força le gouverneur lui-même à porter la cocarde tricolore, l'emblême révolutionnaire.

Après bien des tergiversations, car les chefs ne furent pas d'accord sur ce que l'on désirait et voulait, les habitants de Port-Louis se réunirent le 27 avril 1790 en Assemblée primaire pour tout le pays, prenant pour exemple tout ce qui avait été fait à Paris.

Cette assemblée était composée de 51 membres librement élus, choisis parmi les habitants et suivant un nouveau système électoral ; elle a établi les différentes autorités constituées, auxquelles elle confia le gouvernement intérieur de la colonie.

C'est pendant ce premier moment de désordre, que M. de Macnémara arriva dans notre colonie. Habitué à une discipline militaire, il ne put dissimuler l'aversion qu'il éprouvait pour tous les actes qui étaient sous ses yeux. L'indignation qu'il éprouvait était telle, qu'il blâma les fauteurs de désordres, cause de tout le tumulte qui allait de plus fort en plus fort. Comme les nouvelles autorités se défièrent de lui, on intercepta ses lettres, celles qu'il écrivait aux ministres. On ne manqua pas de le dénoncer aux deux régiments, le 107e et le 108e, qui étaient en garnison dans le pays.

Nous avons entendu parler de la modération et de la sagesse des politiciens de cette époque, 1790 et 1791. Eh bien, c'est en 1790, 18 juin, qu'on a pris la décision de faire élever un poteau et une lanterne sur notre place d'armes pour mettre à la raison ceux qui oseraient émettre des sentiments contraires aux nouveaux principes révolutionnaires émis par notre assemblée coloniale.

D'après le peu que nous venons d'exposer, il est certain que nos politiciens modérés et sages n'étaient pas en majorité dans ce conseil des 51. Un poteau semblable, accompagné d'une lanterne, ne pouvait être l'œuvre que de profonds scélérats.

L'insubordination était à son comble : les deux régiments que nous avions, ici, suivaient en tout l'exemple de l'armée en France, qui avait embrassé la cause révolutionnaire. Il était donc difficile que le gouvernement, ayant à sa tête un chef aussi faible et aussi incapable que le Comte de Conway, pût se rendre maître de la situation. Le désordre allait donc grandissant chaque jour. C'était à la

Cathédrale dePort Louis que les réunions de l'assemblée avaient lieu ; c'est là que l'on conduisit M. Macnémara lorsqu'on le fit arrêter pour qu'il rendît compte de ses actes. Il fut arraché de son navire et conduit par quatre ou cinq cents hommes devant l'assemblée qui siégeait. Le Gouverneur Comte de Conway se trouva, pour ainsi dire, dans l'obligation de l'accompagner devant cette assemblée qui disposait du pouvoir souverain, car rien ne pouvait se faire sans son adhésion.

M. Macnémara parla, devant cette assemblée, avec tant de modération, de sagesse, de bon sens et d'éloquence que l'on fut obligé de lui rendre justice en lui rendant la liberté. On le conduisit au gouvernement après lui avoir fait prendre un costume de garde national.

Sincère et généreux, comme tous les hommes de cœur, il ne pensa guère à l'esprit de récrimination de ceux qui avaient été frustrés dans leur attente, qu'il aurait été sévèrement puni par l'assemblée, il crut devoir rester dans la colonie encore plusieurs mois. Sa confiance lui coûta la vie.

La Gazette du Gouvernement publia le départ de M. de Macnémara pour le mois de Novembre; on était en Octobre. Comme il fallait des désordres et des évènement à tout prix aux révolutionnaires, les hommes de la garnison s'entendirent et se mirent en devoir de saisir M. de Macnémara pour le faire passer en jugement une seconde fois. La passion ne raisonne pas; et, par malheur, M. de Macnémara a été abandonné par ceux-là mêmes sur lesquels il pouvait le plus compter.

Des centaines de soldats se portèrent sur le port, où ils prirent tous les bâteaux, canots et embarcations qu'ils trouvèrent sous la main. Ils se dirigèrent sur le vaisseau-amiral pour saisir M. de Macnémara. Celui-ci ne s'abusa pas sur ce que désiraient ces soldats en délire. Il ordonna de charger et de pointer les canons sur tous ces soldats mutinés ; mais comme sa voix restait impuissante, son équipage partageant les vues révolutionnaires de ceux qui voulaient attenter à la vie de leur amiral, M. de Macnémara fut pris comme prisonnier par les grenadiers des régiments et conduit à l'assemblée qui siégait à l'Eglise. Les quelques hommes sages que l'on comptait encore dans la colonie, ne s'abusèrent pas sur la personne de M. de Macnémara : il devait être une des victimes de la révolution française à l'Ile de France.

Après plusieurs interrogatoires, il fut condamné à la prison, ce qui aurait pu le sauver. Mais on le confia à des soldats pour le conduire en prison.

Monsieur le Comte de Conway, ne montra que de la faiblesse dans tout ce qui a rapport à l'assassinat de M. de Macnémara. Il n'y a aucun doute que si le courage ne lui avait pas manqué, M. de Macnémara n'aurait pas été aussi lâchement assassiné.

Ce brave Amiral, citoyen juste, droit et honnête, croyait que sa dernière heure avait sonné, lorsqu'il se vit entre les mains des grenadiers de la garnison, ses pires ennemis, et qu'il remarqua qu'il était abandonné du gouverneur, et du Comte de Conway. C'était élémentaire pour tous, qu'on n'aurait pas dû laisser l'Amiral, accusé par les grenadiers de la garnison, entre les mains de ses accusateurs. Abandonné par le gouverneur, qui pouvait le couvrir de sa protection, condamné par l'assemblée qui aurait dû faire conduire le prisonnier, par ses agents, à la prison, qui se trouvait alors sur la Place d'Armes, on le livra à ses bourreaux.

De l'Eglise de Port-Louis, où il avait été condamné,

M. de Macnémara était conduit à la prison où il devait être détenu. La prison était à la Place d'Armes, avons-nous dit. De l'Eglise on prit la rue portant le même nom. Avant d'arriver à la rue Royale, se trouve une petite maison à étage où logeait un horloger qui était bien connu de M. de Macnémara. Arrivé à la porte de cette maison, qui n'était pas bien éloignée de l'endroit où on avait placé le poteau et une lanterne pour faire raison de tous ceux qui ne partageaient pas les sentiments révolutionnaires de l'époque, M. de Macnémara était convaincu, qu'abandonné comme il l'était, entouré de ses implacables ennemis, on le pendrait à l'infernal poteau. Il voulut s'esquiver par la porte ouverte de la petite maison à étage de l'horloger ; malheureusement, la porte, au haut de l'escalier se trouva fermée ; sans issue, il fallait faire face à ses ennemis. Il tira un pistolet de sa poche et fit feu sur le grenadier qui était le plus rapproché de lui, le pistolet ne partit pas ; son domestique, par attachement pour son maître, avait jeté la poudre qui était dans le bassinet du pistolet, croyant que son maître attenterait à ses jours.

Le grenadier sur lequel il avait fait feu, lui enfonça son sabre dans la poitrine, et l'acheva par quelques autres coups de sabre. On lui coupa la tête qu'on promena par toute la ville sur une gaule— crime affreux qui ne peut trouver d'excuse que dans les opinions révolutionnaires des esprits ayant perdu tout sentiment de moralité et d'humanité.

Le gouverneur, Comte de Conway, se trouvait tellement impuisant pour la lutte qu'il avait à soutenir, qu'il laissa les rênes du gouvernement entièrement entre les mains de M. de Cossigny, en Juillet 1790. (1)

---

(1) Suivant certains écrivains qui ont écrit sur ces évènements, l'assassinat de M. Macnémara a eu lieu sous l'administration de M. de Cossigny, ce qui est exact, le Comte de Conway l'ayant mis à sa place.

Les désordres se continuèrent toujours ; mais, comme l'Assemblée Coloniale, élue annuellement, était au moment de se renouveler, on se montra un peu plus tranquille. Il est fort heureux pour la colonie que les nouveaux membres de cette Assemblée furent enclins à l'indulgence et à la modération. Aussi, cette année 1791, se passa assez tranquillement ; quelques difficultés surgirent entre les pouvoirs constitués : le gouvernement, les municipalités et l'assemblée coloniale. Il y a eu aussi des demandes inconsidérées de la part de la garnison.

M. le Général Malartic, nommé gouverneur de la colonie, fut accompagné de quatre commissaires. On le reçut avec d'autant plus de satisfaction qu'il était porteur de l'Acte de l'Assemblée Nationale (15 Mai 1791) qui ratifiait tout ce que les assemblées coloniales avaient fait et en faisait un corps permanent.

Pendant un moment, on crut que la tranquillité règnerait dans nos milieux ; ce fut une grande erreur. Si en France tout alla de mal en pis de 1789 à 1792, dans notre colonie tout alla aussi mal. On reçut des nouvelles de France qu'un nouveau club venait de se former sous le nom de Club des Jacobins. Par imitation, les fauteurs de désordres, dans la colonie, instituèrent un club auquel ils donnèrent le nom de "La Chaumière", et qui eut son siège à la Cathédrale de la ville de Port-Louis. A peine constitué, ce nouveau club rivalisa de puissance avec toutes les autres autorités constituées. Son pouvoir était tellement supérieur aux autres autorités constituées du moment, que le gouverneur de la colonie, le général Malartic, s'est vu dans l'obligation de

---

Mais jusqu'au départ de M. le Comte de Conway, M. de Cossigny ne faisait rien sans la participation de celui qui l'avait placé à la tête du gouvernement de Maurice.

Ces deux hommes, comme administrateurs, étaient de même valeur.

donner un vaisseau et cent hommes pour aller à l'Ile Bourbon, se saisir du gouverneur, du commissaire civil et du commandant de la marine. Ils furent amenés, ici, sous l'accusation de haute trahison, de vouloir livrer la colonie de Bourbon aux anglais.

Ces hauts fonctionnaires furent conduits au club "La Chaumière" par une escorte appartenant au club, qui avait pour président un ancien officier de police. Comprend-on que ces hauts fonctionnaires de l'Ile Bourbon furent conduits enchaînés, et restèrent plus de six mois en prison. Il n'y a pas de doute que si des évènements n'étaient pas venus menacer la colonie dans son existence même, la guillotine, à l'Ile de France, eût été en plein exercice, du moins pendant un certain temps.

Il est fort heureux pour les habitants de notre colonie, qu'un navire, arrivé sur nos bords, porta des nouvelles qui ont jeté la terreur dans l'esprit de ceux-là mêmes qui avaient voulu prendre le gouvernement de la colonie en mains.

Ces terribles nouvelles, pour la colonie, étaient l'abolition de l'esclavage dans toutes les colonies et les établissements français.

Comprend-on ce qu'un pareil décret devait produire dans une colonie où l'on comptait soixante mille âmes environ, dont cinquante mille esclaves, et surtout lorsqu'on gardait le silence sur l'indemnité qu'on devait offrir aux propriétaires ? Un cri général de terreur se répercuta comme un écho, de l'Est à l'Ouest, du Sud au Nord. Les prisonniers furent mis en liberté, la guillotine démontée où elle était installée aux yeux de tout le monde, le club de nos Jacobins détruit. Les principaux membres, au nombre de trente et quelques, furent arrêtés et embarqués sur un navire partant pour France.

La colonie était dans une perplexité telle, que chacun crût pouvoir donner son opinion. Des insensés allèrent jusqu'à demander que la colonie se rendît indépendante et ne reconnût plus la République Française pour sa métropole. D'autres hommes, plus modérés, firent tout ce qu'ils pou· vaient pour temporiser et pour arrêter la promulgation du décret de l'affranchissement des esclaves.

Le gouverneur Malartic avait eu quelques moments de faiblesse dans le cours de son administration qui a duré huit années. Mais il a montré dans certains moments bien difficiles beaucoup de tact et de courage. Dans la circonstance qui nous occupe, ayant conscience de sa situation de chef de la colonie, il usa de son influence et de son autorité pour faire prendre, par l'assemblée coloniale, une résolution qui empêcherait l'exécution de toute loi qui nous viendrait de France, à moins qu'elle ne fût préalablement examinée et sanctionnée par elle. Cette résolution, quoique bien sage, ne plut pas à tous les membres de l'assemblée ; mais cette proposition apaisa les esprits qui voulaient le plus la sépara· tion et l'indépendance de la colonie, c'est à dire sa séparation d'avec la France. Mais tout fut mis encore en question, lorsqu'une escadre de quatre vaisseaux, commandée par le vice-amiral Sarcey, vint mouiller dans notre port. La colonie reçut deux agents du Directoire Français, MM. Bacco et Burnel. Les habitants du pays protestèrent en masse contre leur débarquement ; mais ils descendirent en costume du Directoire, et se dirigèrent là où se trouvait l'assemblée coloniale, pour prendre eux-mêmes les rênes du gouvernement de l'Ile de France. C'étaient deux hommes qui n'avaient pas peur. Huit cents hommes de l'armée révolutionnaire devaient les protéger, ainsi que deux compa· gnies d'artilleurs, tous venant de France.

Deux ou trois jours étaient à peine écoulés, que l'on vît l'impatience des deux agents. Ils allèrent jusqu'à menacer de faire mettre à mort le gouverneur, M. de Malartic. Ils prirent des mesures sévères pour rendre nulle l'autorité des corps constitués du pays ; mais ils crurent devoir garder le silence sur tout ce qui avait trait à la liberté des esclaves de la colonie.

Messieurs Bacco et Burnel étaient au gouvernment lorsque le peuple, en foule, s'y porta pour les faire embarquer de force. Forcés par les milliers d'hommes qui les entouraient, ils furent contraints de s'embarquer contre leur gré. Dans le trajet de la cour du gouvernement à l'embarcadère ils furent accablés d'injures. Un français, nommé Poilvert, voulut décharger son pistolet sur Burnel. Le pistolet rata, Burnel, en le regardant avec mépris, lui dit :—Lâche, tu crois me faire peur ; j'ai vu bien autre chose que ce que tu viens de faire.

Disons que les deux agents ne durent leur salut qu'au gouverneur Malartic et à l'assemblée coloniale qui firent tout pour qu'on les embarqua sur le vaisseau le *Moineau*.

Après le renvoi des deux agents du Directoire, les hommes sensés de la colonie étaient certains qu'ils ne jouiraient ni de la paix ni de la tranquillité. Il y avait trop d'éléments de désordres au milieu de nous pour admettre une telle situation.

Les habitants se réjouissaient de la victoire qu'ils avaient remportée. Ils ne savaient pas que les soldats qu'ils avaient si largement récompensés allaient leur faire éprouver de grandes difficultés dans la marche de leur politique. Ces soldats auxquels ils venaient de faire des ovations, étaient d'anciens soldats restés dans la colonie. La plupart d'entr'eux vivaient en concubinage avec des femmes afri-

caines et asiatiques esclaves ; ils partageaient les mêmes
idées que celles exprimées par les soldats qui avaient
accompagné les deux agents du Directoire. D'abord ils
montrèrent le désir de voir leurs concubines libres, ils se
ravisèrent, ils demandèrent la liberté de tous les esclaves
du pays.

Le gouverneur, voulant se débarrasser d'une partie de
ces soldats, donna l'ordre que l'assemblée coloniale lui
demanda des les embarquer sur une frégate qui allait en
croisière. Les soldats refusèrent de partir, prétextant qu'on
voulait les envoyer dans l'Inde, servir sous Tippoo Saïb.
Poussés par des meneurs, les soldats se mutinèrent ; ils
voulurent s'emparer de l'arsenal où étaient renfermées la
poudre et les cartouches, se saisir des pièces de campagne
qui se trouvaient aux casernes, enfin se mettre en révolte
ouverte contre l'assemblée coloniale et le gouverneur. Il
est fort heureux pour la colonie que les anciens officiers de
ces troupes ne voulurent pas prêter la main aux désordres
que des misérables suscitaient ; tout aurait été mis à feu et
à sang dans la colonie.

L'assemblée coloniale se mit à la hauteur de la situation,
en appelant les habitants de toutes les parties de l'île, au
Port Louis. Chacun, au jour assigné, se trouva à son poste.
Une batterie, montée dans un endroit qui dominait le lieu
où se trouvaient les soldats mutinés, fut établie si heureusement, que les soldats eussent été foudroyés s'ils eussent fait
le moindre mouvement insurrectionnel. Les soldats étaient
restés toute cette nuit sous les armes. La garde nationale,
composée d'un régiment d'hommes de couleur, d'un
régiment de blancs et de tous les soldats appartenant aux
frégates, mouillées dans notre rade, se montait à plusieurs
milliers d'hommes. Ils marchèrent sur les casernes, là où
se trouvaient les soldats. La garde nationale marchait en

quatre colonnes, ayant douze pièces de campagne à sa disposition.

En ce moment critique, le Gouverneur Malartic, à la tête de la garde nationale, ordonna aux grenadiers, ici, depuis longtemps, de s'embarquer. Ils se refusent de faire ce qu'on leur demande. La lutte allait commencer, lorsque des membres de l'assemblée coloniale eurent l'idée de proposer à ces soldats mutinés de partir pour France sur une frégate et un navire de commerce devant partir pour France. Les soldats consentirent avec beaucoup d'hésitations. Mais, enfin, ils firent leurs préparatifs de départ, et, le même jour, au milieu de la journée, les huit cents soldats, qui avaient accompagné les deux agents du Directoire, Bacco et Burnel, quittèrent la colonie.

Ne perdons pas de vue que la question des populations, (nous étions en 1798 et 1800) était tellement tranchée, que les hommes de couleur, armés et en plus grand nombre n'osaient rien demander pour eux ; ils faisaient tout ce qu'ils pouvaient dans l'intérêt du pays, et rien ne leur était accordé ; il n'y avait même pas une école du gouvernement où les enfants de couleur pussent recevoir les premiers éléments de la langue française.

Au milieu de tous les désordres qui eurent lieu, l'assemblée coloniale fonda le Collége Colonial, qui porte aujourd'hui le nom de Collège Royal. Cette institution a été créé en Janvier 1791. Il y avait alors à ce Collège plus de quatre cents élèves, tous de la population dite blanche. A cette époque, où les Français n'avaient à la bouche que les mots de liberté, égalité et fraternité, les colons français des colonies tenaient les malheureux hommes de couleur qui réclamaient, pour la plupart, la même paternité, sous le joug le plus tyrannique.

Quand on se souvient de ce qui a eu lieu à St Domingue, à la Martinique et à Bourbon même, et que l'on voit ce qui se passe de nos jours, 1895, à Cuba, on est étonné de la longanimité des hommes de couleur de notre colonie. Nous qui avons vécu depuis l'administration du Général Decaen, jusqu'aujourd'hui, nous ferons connaître à nos hommes du jour, remontant des faits aux causes, la situation des hommes de couleur de Maurice. Possédant toutes les preuves des faits que nous mettrons sous les yeux de nos lecteurs, nous ne craindrons pas d'appeller un chat un chat, et Rolet un fripon ; seulement, nous y mettrons des formes.

De 1790 à 1810, la population de couleur était composée de véritables mulâtres. C'étaient des enfants issus d'européens et de femmes africaines et de femmes asiatiques venant de Madras et de Pondichéry. C'étaient des hommes qui ne laissaient rien à désirer sous le rapport des qualités intellectuelles ; mais qui ne pouvaient s'entendre dans la marche politique à suivre pour les faire sortir de l'état d'esclavage moral dans lequel ils croupissaient. Les hommes provenant de femmes africaines avaient le caractère fortement trempé, mais ils rêvaient à la domination de la colonie. Ils ne furent pas écoutés, même par des hommes qui se trouvaient cependant dans leur rang. Quant aux hommes provenant de femmes indiennes, ce sont, généralement parlant, des hommes doués de beaucoup de facilités dans les arts, dans les sciences et dans les lettres. Ces hommes apprennent les langues vivantes avec une facilité surprenante. Mais ils pêchent par le caractère ; ils manquent de fermeté, d'énergie ; ils se contentent d'un bien être relatif ; cela suffit à leur existence politique. Que l'on suive nos hommes de couleur d'aujourd'hui, dont nous apprécierons le caractère dans le cours de cet ouvrage, et l'on verra si nous sommes dans le vrai.

Et pour donner des preuves sur ce que nous venons d'exprimer, nous donnerons les noms de nos mulâtres de 1790 à 1810 ; ils s'appelaient Augustin Desgranges, Lislet Geffroy, Pierre Morel, Jean Demay dit Jean Poitevin, les Zamudio, les frères Bouneau, les frères Collet, St Guillaume, Louis Pigeot, Jh. Maingard, Jn. Louis Ayet, Toussaint Panon, Tabardin, Jn. Fs. Houat, Buttié père, Nadal, Vansloben, Sénèque, Bangard, Grand Guillaume, J. Jques. Rohan, Houët, Labonté, Laval, Bte. Germain, Jn. Bte. Nayna, Jn. Louis Ana, Toussaint Maya, Jean Anglade, Auguste Icery, les frères Ducasse, etc., etc. Dans le nombre des hommes que nous venons de citer, il y avait des géographes, des architectes, des lapidaires, d'excellents musiciens, des professeurs de langue française. C'étaient des hommes de mérite dans les arts, dans les sciences et dans les lettres ; mais tellement divisés dans leurs sentiments politiques, qu'ils ne jouissaient d'aucune considération. La loi ne les frappait pas, mais c'était une lettre morte pour eux et pour une population nombreuse que les meneurs de la population dite blanche, faisaient tenir dans une ignorance crasse.

Après le départ de ces huit cents soldats, les habitants croyaient que la paix et la tranquillité auraient régné, pendant quelque temps au moins. dans la colonie ; mais le papier monnaie, qui a ruiné tant de familles dans la révolution, suscita tant de troubles entre les créanciers et les débiteurs, que l'on était au moment de s'égorger. Il est heureux pour le pays que les sans-culottes, abandonnés par les créanciers, ont eu le dessous ; alors tout se termina par le renvoi, en France, des principaux perturbateurs de ces désordres, et tout rentra dans l'ordre.

Le général Malartic eut l'administration de la colonie

pendant huit ans. Et quoique cette administration ait été
bien agitée, ce gouverneur attirait tellement la sympathie
de tous les habitants en général, qu'il apaisa, par son
intervention, bien des désordres qui eussent perdu la colonie.
Aussi, les hommes sensés et sages de tous les partis lui
rendirent un témoignage éclatant d'estime et de respect à
sa mort, qui a eu lieu le 24 juillet 1800. Tous les habitants
de l'Ile de France assistèrent à ses funérailles, qui furent
splendides. Hommages bien dûs, disait-on, à toutes ses
belles qualités d'honnête homme.

Nous avons omis de faire connaître que l'épidémie de
la petite vérole, que l'on appelle, ici, la grande vérette,
a sévi au commencement de 1792. Cette terrible maladie a
enlevé des milliers de personnes à la colonie.

Après la mort de Monsieur de Malartic, c'est le Comte
Magalon de la Morlière qui lui succéda. La nouvelle assemblée coloniale avait été réorganisée d'après des principes
tels, que la colonie, croyait-on, devait avoir sa tranquillité.
Mais le parti révolutionnaire apporta tant d'entraves dans
les mesures à prendre, que la grande majorité des habitants
se trouva dans la terrible nécessité de faire arrêter cent et
quelques membres de ce parti des mécontents et de les
renvoyer en France. Le navire sur lequel ils se trouvaient
fit naufrage en vue des côtes de la France. Ils y périrent
tous. Cet évènement eut lieu en 1801.

DU GÉNÉRAL DECAEN

Ce nouveau gouverneur de l'île de France, général de
division dans l'armée républicaine française, a été envoyé
dans la colonie par Napoléon, alors premier consul.

A cette époque, on disait que c'était une disgrâce que
le général essuyait.

Le Général Decaen était l'ami de Moreau, le seul compétiteur de Napoléon à la présidence de la Répulique Française. Napoléon avait cru devoir envoyer le général qui était un excellent stratégiste dans une colonie éloignée de France. Il choisit le gouvernement de l'Ile Maurice.

Quoi qu'il en soit, c'est l'ami du Général Moreau qui a été envoyé ici pour administrer notre colonie.

Ce général reçut des ordres du Ministre de la République Française, ordres indignes d'un pays civilisé et encore plus d'une République qui combattait toutes les nations pour la liberté du Monde.

Le général Decaen reçut ordre de faire ajouter un codicille, un supplément au Code Napoléon qui venait d'être publié en France, code supplémentaire où toutes les libertés des sang-mêlés leur seraient enlevées et où tous les droits des hommes nés libres leur seraient refusés.

Ce qui fut fait, ici, à l'arrivée du général Decaen en Septembre 1803.

Ce fut le Commissaire de Justice Crépin qui se chargea de créer ce Code.

Toute la population de couleur alla se coucher libre, et se réveilla, le lendemain, esclave, pendant vingt sept ans... de 1803 à 1830.

En nommant le général Decaen au gouvernement de l'île de France, Napoléon chargea un des premiers républicains de la Révolution Française, protecteur du peuple, d'être son plus cruel oppresseur. Napoléon, dit-on, voulait se venger sur les hommes de couleur de toutes les colonies françaises, de la perte de St. Dominique et des trésors perdus pour la France par le silence obstiné de Toussaint Louverture qui n'a jamais voulu répondre au général Dufalga, qui lui demandait l'endroit où il avait caché ses trésors. C'est par l'ordre de Napoléon, premier consul alors, que le général Decaen fît faire un supplément au Code Napoléon, qui venait de voir le jour en France ; code promulgué à Maurice qui infirme tous les droits de citoyens actifs en leur qualité d'hommes de couleur. C'était une monstruosité si grande qu'elle a eu pour effet la marche du progrès à reculons pendant trente ans.

Pour ne pas être taxé de partialité en faveur de celui-ci ou de celui-là, donnons quelques extraits des articles de ce Code.

" Les enfants naturels, nés du commerce d'un blanc
" avec une femme de couleur libre ou affranchie, même
" reconnus par leur père, sont déclarés incapables de faire
" aucun acte conservatoire ou d'héritier dans sa succession.

" Les gens de couleur libres ou affranchis sont égale-
" ment incapables de recevoir des personnes de la popula-
" tion blanche, aucune donation ni legs.

" Toute disposition entre vifs ou testamentaire des
" personnes de la population blanche en faveur des gens de
" couleur, libres ou affranchis, sera nulle ; soit qu'on la
" déguise sous un contrat onéreux, soit qu'on la fasse sous
" des noms interposés.

" Les deux tiers des choses données ou léguées retour-
" neront aux héritiers légitimes des donateurs ou testateurs,
" et l'autre tiers sera dévolu à la caisse de bienfaisance.

" Il sera, néanmoins, accordé aux noirs libres et affran-
" chis, sur les biens de leurs pères, pâtrons ou bienfaiteurs,
" des aliments qui seront réglés eu égard aux facultés de
" la succession, au nombre et à la qualité des héritiers
" légitimés."

La crainte de nos législateurs n'était pas de voir les hommes de couleur laisser à leur père blanc leur succession,

mais bien le père blanc, qui n'avait d'autre famille que ses
enfants de couleur, de donner à ses fils et à ses filles la
fortune qu'il possédait ; il fallait, par tous les moyens,
empêcher que les hommes de couleur pussent grandir par
la fortune, comme ils croissaient en nombre. Tout cela
était d'un machiavélisme sans nom, indigne d'hommes
libres, ne voulant que la liberté du Monde.

Que des parvenus de la veille, oubliant les souffrances
dont le souvenir était encore vivace à leur esprit, pussent
se complaire en outrageant la nature, comme ils le faisaient,
nous les excusons ; c'étaient des hommes qui n'avaient
qu'un but : plaire à des maîtres injustes et absolus. Mais
pour des hommes aimant la liberté pour elle même, comme
devait être le Capitaine-Général Decaen, le chef de la
colonie, pouvant juger tout par lui-même, cela surprenait
tous les hommes sensés et de bon sens qui déploraient tous
ces actes en contradiction manifeste avec la situation où
se trouvait la colonie.

La première chose qu'il eût dû faire, en arrivant, ici,
c'était de voir les choses par lui-même. Il se serait alors
bien gardé de faire fabriquer des lois d'exception qui
restreignaient ses forces militaires, mais qui outrageaient
encore les lois de la nature. En arrivant dans la colonie, il
aurait dû voir que tout lui manquait pour résister à un
ennemi qui était tout puissant sur toutes les mers, et qui
avait de plus, pour auxiliaires, toutes les nations de l'Europe.

Un de ceux qui ont écrit sur l'histoire de Maurice, a
dit en parlant de cette époque : " Les habitants de l'Ile de
" France, rassurés contre toutes tentatives du dehors, par
" l'extrême confiance que témoignait le Capitaine-Général,
" sans inquiétude à venir sur l'intérieur, éblouis autant par
" l'air audacieux que par le brillant costume des militaires

" qui bientôt s'étaient rapprochés d'eux, étonnés de leur
" propre tenue dans leurs fréquents rassemblements en
" troupes de garde nationale, se félicitaient des change-
" ments qui les avaient d'abord effarouchés, et se contentant
" de sarcasmes et de plaisanteries sur le Préfet Colonial,
" auquel seul ils attribuaient ce qui pouvait encore leur
" déplaire, ils ne songeaient plus qu'à réparer les pertes
" passées, par des entreprises et des spéculations nouvelles.

   " Cependant le Capitaine-Général qui avait fait restau-
" rer les batteries anciennes, qui en avait élevé de nouvelles,
" qui les avait toutes regarnies d'affûts et de munitions,
" qui avait organisé un corps de trois cents créoles de
" Bourbon, sous la dénomination de "chasseurs des colonies
" orientales," qui, enfin, avait ordonné et fait commencer
" le curement du Port, ne pouvait-il pas toujours dissimuler
" son mécontentement de l'espèce d'abandon où ces colonies
" étaient laissées par le ministre Decrès, qui se bornait à
" l'envoi, do loin en loin, de quelques bâtiments de guerre,
" sans jamais profiter de l'occasion que lui offraient ces
" bâtiments ainsi que les *aventuriers* de faire passer des
" recrues à l'Ile de France."

   On voit, facilement, que cet historien ne s'inspirait pas
des sentiments du grand gouverneur français de l'Ile de
France, de Labourdonnais, qui a fait connaître qu'il était
redevable de la prise de Madras à son régiment d'africains
qu'il a lancé sur les anglais et sur les marahtes qui
défendaient Madras.

   Si le général Decaen avait enrégimenté deux mille
hommes de couleur, qu'il avait à sa disposition, quinze
cents mulâtres esclaves, sur deux ou trois mille que possédaient les habitants blancs de la colonie, et trois régiments
d'africains de quinze cents hommes, chaque régiment, il

eût eu avec les marins et soldats qu'il avait à sa disposition
plus de dix mille hommes effectifs, qui auraient déconcerté
les chefs de l'expédition anglaise de 1810. Certes, nous
n'aurions pas eu le bonheur d'avoir été sujets anglais depuis
1810, quoique les anglais se soient montrés réfractaires
aux sentiments de liberté qui les ont rendus si grands dans
le monde entier. Ils ont eu la faiblesse de se ployer
aux exigences des préjugés français, préjugés absurdes
qui tiraient sa source de la couleur et de l'origine de
l'homme. Il a fallu aux Anglais vingt années à Maurice
pour reconnaître leur erreur. Et que de réclamations n'a-t-il
pas fallu à des hommes de couleur, écrasés sous le poids de
leurs souffrances, pour obtenir les bribes de liberté qu'ils
demandaient et dont ils ne pouvaient pas jouir, même après
les avoir obtenus de la Métropole.

Mais n'anticipons pas.

En arrivant, ici, le général Decaen voulut voir les choses
par lui-même, en s'isolant, pour ainsi dire. L'homme qui
a conscience de sa justice et de ses principes d'honnêteté,
marche avec plus d'avantages vers le bien : en écoutant tout
le monde, il va plus promptement à son but. Aussi, le
général Decaen a perdu un temps précieux en restant isolé
pendant des années. Sait-on ce qu'il a répondu aux hommes
de couleur, qui avaient été lui faire leurs adieux, au moment
de son départ pour France ?

— Je vous ai connus trop tard, messieurs, je m'en
repens ; si je vous avais connus plus tôt, nous n'eussions pas
été réduits à faire une capitulation comme celle que j'ai été
dans l'obligation de signer. Je ferai connaître à l'Empereur
votre belle conduite. Merci, pour tout ce que vous avez
fait pour moi.

Ces paroles ont été adressées à une députation de vingt

cinq hommes de couleur qui ont été lui rendre visite, quelques jours avant son départ.

Le général Decaen, s'étant rapproché des habitants blancs de la colonie, n'ayant plus cet esprit de prévention à leur égard, pouvait donner tous ses soins à son administration, ayant fait tous les changements qu'il avait cru devoir faire sans trouver d'opposition.

Sans aucun doute, ce que le général Decaen avait fait était bien ; mais il fallait le compléter en formant des soldats pour s'opposer à une invasion de la part des Anglais.

Depuis Aboukir et Trafalgar, les Anglais triomphaient dans toutes les mers ; on devait naturellement s'attendre à une expédition formidable faite par eux, pour se venger de toutes les pertes immenses que leur commerce éprouvait chaque jour. Lorsque la marine anglaise triomphait partout, à l'Ile de France seule, cette puissante marine éprouvait des échecs qui devaient lui être bien pénibles, d'autant que son commerce perdait par millions de piastres, non seulement par les prises faites par les vaisseaux de guerre français, mais encore par les intrépides corsaires qui faisaient trembler l'Inde Britannique. Dans la situation où l'on se trouvait, il fallait des soldats ; c'est ce qu'un Labourdonnais n'aurait pas manqué de faire, mais c'est ce que le général Decaen n'a pas eu l'esprit de créer, entouré qu'il était de ces vaniteux si pleins d'eux-mêmes, que l'égoïsme les empêche d'avoir même du bon sens.

Nous allons les voir en 1810, en présence des troupes anglaises !... Mais n'anticipons pas, chaque chose a son heure.

On a cru pouvoir se justifier, en disant, que le ministre Decrès abandonnait la colonie à elle-même ; c'était vrai, sans aucun doute. Mais, d'autre part, la guerre que Napoléon faisait à toute l'Europe n'était-elle pas un obstacle pour envoyer des troupes et l'argent nécessaire, indispensable pour faire face à un si puissant ennemi que l'anglais.

Mais, à l'époque où nous sommes, les prises que les vaisseaux français et les corsaires faisaient dans la mer des Indes, suffisaient amplement pour entretenir dix mille soldats, comme nous l'avons indiqué déjà. Les anglais n'eussent pas manqué de le faire. Voyez les cipayes qu'ils ont enrégimentés, et qu'ils ont transportés avec eux dans leur expédition de 1810.

Nous n'avons pas pour objet, dans cet ouvrage, de faire connaître tous les petits évènements de guerre qui ont eu lieu entre les vaisseaux français et anglais dans nos parages ; nous dirons, tout simplement, que les avantages sont restés aux Français, jusqu'à la prise de l'île par la grande expédition des Anglais de 1810. Tous ces petits évènements ont été écrits par plusieurs écrivains, de manières différentes ; mais ce qu'ils n'ont pas fait, et c'était la chose essentielle, c'était de faire connaître le rapport des populations entre elles, chose importante qui a empêché la marche du progrès et dont nous en ressentons les effets, même aujourd'hui en 1895.

Croient-ils sortir, les uns et les autres, les hommes de couleur et ceux de la population dite blanche, des étreintes des Chinois et des Asiatiques ? Ce serait une grande erreur qu'ils caresseraient. A un moment donné, si tout reste en l'état, c'est une grande catastrophe qui viendra tout niveler ici......

Le général Decaen, de 1803 à 1810, avait eu tout le temps d'organiser une troupe de dix à douze mille hommes, pour la défense de l'île. Mais rien de semblable n'eut lieu.

Les pauvres mulâtres qui ne connaissaient rien des libertés anglaises en 1810, étaient en adoration devant le

portrait de Napoléon, Empereur. Tous leurs enfants, nou-
veaux-nés portaient le nom de Napoléon, quoi qu'ils subissent
ici toutes les avanies qu'un homme, ayant conscience de sa
dignité, pût souffrir. C'étaient des modèles de soldats pour
la tenue et la discipline. Comme artilleurs, ils montraient
tant de force et d'habileté dans le maniement des canons
avec lesquels ils faisaient des exercises au Champ-de-Mars,
les jours de revue, que les artilleurs blancs, qui faisaient
traîner leurs pièces de canon par des chevaux, disaient, en
parlant des artilleurs mulâtres qui faisaient passer leurs
canons au ruisseau d'Estaing en courant : — " Parbleu,
" comment ces mâtins-là ne seraient-ils pas forts, mangeant
" du maïs cassé en deux." Dix batteries, de douze canons
chaque, auraient fait merveille entre les mains de pareils
hommes. Sait-on comment on les considérait ? Comme des
domestiques, des valets.

L'état-major du régiment des hommes de couleur se
composait d'hommes qui connaissaient parfaitement le
maniement des armes et savaient aussi faire manœuvrer un
régiment. C'étaient des hommes d'élite. Les Morel, les J.
Demay dit Poitevin, les J. J. Rohan, les Raphaël, les Colas
Rose, les Touche, les Mangin, etc., etc.

Eh ! bien, sait-on comment ces hommes, qui étaient les
véritables défenseurs de la colonie et qui n'ont pas reculé
d'un pas devant les Anglais, étaient considérés ?

A chaque grande revue, on venait recevoir le général-
gouverneur à la porte du gouvernement. L'état-major de
la population blanche entrait au gouvernement, l'état-major
de la population de couleur restait dehors, au soleil ou à la
pluie. Lorsque le général sortait du gouvernement, cet état-
major se trouvait devant et ouvrait les rangs pour laisser
passer et le général et l'état-major blanc, allant au Champ de

Mars ou à l'Eglise. Au retour les hommes de couleur étaient
à la porte du gouvernement, lorsque les blancs prenaient part
aux festins préparés pour eux. Le gouvernement s'était
arrangé avec un restaurateur chez lequel l'état-major de
couleur allait festoyer... Ce sont de pareils faits qui démon-
trent le caractère d'un peuple. C'est là, pris sur le vif.
Au lieu d'abreuver des hommes, nécessaires à la vitalité
d'une colonie, d'avanies de toutes sortes et de mépris les
plus outrageants, il fallait les utiliser pour son bien-être.
C'est-ce que l'on ne sût pas faire.

Rien n'était plus facile que d'avoir deux mille hommes
de couleur dans le régiment commandé par MM. Morel, J.
Poitevin et autres :

Un régiment de quinze cents hommes, Mulâtres esclaves, qui n'auraient pas demandé mieux que de devenir
soldats, et de créer trois régiments d'Africains de quinze
cents hommes armés de fusils et non de piques, ce qui était
ridicule au dernier des points. Il est certain que les classes
souffrantes n'auraient pas eu le bonheur d'être sujets anglais.

Il n'est pas permis d'émettre un doute sur le succès de
la défense, si le général Decaen avait été mieux inspiré et
qu'il eût créé des régiments et des soldats tels que nous
l'avons indiqué plus haut. Toutes les troupes anglaises,
débarquées au Mapou et qui étaient rendues aux Pamplemousses, se trouvaient tellement fatiguées et épuisées par la
soif et la chaleur, que quatre à cinq mille hommes de troupes
et quelques batteries de pièces de campagne eussent fait
avorter l'expédition de 1810, comme le combat de l'Ile de
la Passe avait anéanti l'escadre commandée par le brave et
intrépide Willoughby.

L'administration de la colonie par le général Decaen
est, sans contredit, celle où les plus grands événements ont

eu lieu de 1803 à 1810. D'abord, tous les changements
dans l'administration ; les combats de frégates contre frégates et vaisseaux, de flottes contre flottes ; enfin la prise
de la colonie. Mais ce qui a laissé une trace ineffaçable sur
la colonie, c'est le Code Decaen, dit Crépin, par lequel toute
une population, en jouissance de tous les droits attachés à
des citoyens libres, s'est vue plongée dans un esclavage
moral pendant vingt sept ans... lorsqu'on proclamait, cependant, à la face de l'Univers, la Liberté, l'Egalité et la
Fraternité......

Notre ville de Port-Louis était partagée en trois parties :
le faubourg de l'Est, ou Camp Malabars, habité par les
Asiatiques et leurs descendants ; le faubourg de l'Ouest, ou
Camp des Noirs libres, habité par la population de couleur
et leurs descendants. Quant au centre de la ville, il était
réservé spécialement à la population dite blanche. Aussi,
tout réussissait à cette partie des habitants du pays ; la
fortune souriait même aux plus infimes de leurs charlatans.
L'homme de couleur, relégué dans les faubourgs, ne pouvait
avoir une demeure en ville. Il lui était impossible d'exercer
une profession libérale, il ne pouvait être que charpentier,
menuisier, ferblantier, cordonnier, tailleur, maçon, tailleur
de pierres. Un grand nombre de jeunes gens faisaient des
efforts inouïs pour secouer le manteau d'ignorance qui les
enveloppait, mais la majorité de ces jeunes gens ne pouvait
s'élever par l'étude, il n'y avait pas un seul professeur qui
voulût donner des leçons à ces pauvres déshérités de par la
loi.

Quoiqu'il y eût d'excellents patriotes parmi les
hommes de couleur de 1803 à 1810, ils étaient en si petit
nombre, que leurs voix n'auraient pas été écoutées, s'ils
eussent fait des réclamations contre toutes les mesures

restrictives qui les tenaient dans l'état d'esclavage où ils se trouvaient.

Du reste, qu'est-ce que des hommes, contre lesquels le ministre Decrès avait fait connaître l'opinion de Napoléon, auraient pu obtenir du général Decaen ? Rien que des regrets impuissants comme ceux qu'il a fait entendre à ceux qui avaient été lui faire leurs adieux, en lui souhaitant bonheur et prospérité dans sa carrière militaire en Europe.

C'est malheureux à penser et à constater que, dans toutes les colonies françaises, les mêmes faits se reproduisent. Les préjugés de couleur et d'origine exercent un empire si grand sur ces pauvres colons français, qu'ils cessent d'être eux-mêmes, n'ayant plus ni logique, ni raison, ni sens commun.

Que l'on se souvienne des révolutions qui ont eu lieu à St Domingue, à la Martinique, à la Guadeloupe, à Bourbon, et l'on sera étonné qu'à l'Ile de France des désordres n'aient pas eu lieu sous l'administration française. Dans toutes ces colonies, les colons français étaient si bien inspirés qu'il proclamèrent des lois somptuaires qui anéantissaient le commerce. Comme nous faisons de l'histoire ici, nous dirons à nos lecteurs que de 1803 à 1810, où la colonie était si riche par toutes les prises faites par les navires de guerre français et par les cinq corsaires qui apportaient en abondance de l'or, de l'argent, des étoffes les plus riches, ces étoffes seraient restées invendues, si les femmes de couleur de cette époque, n'étaient pas les plus élégantes des femmes de l'Ile de France. C'étaient des femmes galantes qui avaient pour amants les premiers militaires du pays, et les chefs d'administration du gouvernement du général Decaen : les Foisy, les Rudelle, les Virieux, les Barabès, *et tutti quanti*. Ils ont tous laissé des enfants naturels qui portent encore leur nom aujourd'hui. Eh ! bien, c'étaient ces femmes, ces messalines de l'époque auxquelles le commerce était redevable de sa grande prospérité. Et quoique ces femmes fussent reléguées au second plan dans les lieux publics et à l'église catholique, puisqu'un barrage dans l'église les retenait derrière, elles affichaient un luxe qui excitait la jalousie des femmes plus haut placées qu'elles dans la hiérarchie sociale.

N'était-ce pas ridicule et absurde de la part de tous ceux qui partageaient l'administration des gouverneurs des colonies françaises, de décréter des lois somptuaires pour empêcher le luxe et les beaux habillements aux femmes les plus coquettes et les plus élégantes du monde ?...

Comme on pourrait nous reprocher de n'avoir pas parlé de la prise de l'île dans tous ses détails, évènement politique le plus considérable que nous ayons eu ici, nous allons extraire d'un livre que nous avons entre les mains, depuis plus de cinquante ans, une des vingt relations de cette grande expédition anglaise.

Avant donc de parler de l'administration du premier gouverneur anglais de Maurice, Sir Robert Farquhar, donnons cette relation sur la conquête de l'île de France par les Anglais.

Elle approche plus de la vérité, dans notre opinion, que toutes celles que nous avons lues.

Au 28 novembre. On signale 76 voiles. Grand émoi dans tout Port-Louis, qui se propage dans toute l'île.

30 novembre. Débarquement des troupes anglaises au Mapou. Cette armée compte plus de 24,000 hommes ; dont 14,500 sont Européens.

La flotte se compose de vingt bâtiments de guerre,

sous le commandement du vice-amiral Bertie, et de plus de cinquante vaisseaux de la compagnie et des transports.

La première division, sous les ordres du major général Warde, mit pied sur la côte du Mapou, sans aucune difficulté, et avant la nuit, 10,000 hommes débarquèrent avec leur artillerie, les munitions et trois jours de provisions, sans accident et sans résistance. Pendant le débarquement de ces troupes, la flotte se forma en trois divisions. L'une alla bloquer le Port Napoléon, la seconde resta pour protéger le convoi au mouillage, et la troisième, sous les ordres immédiats du vice-amiral Bertie, devait se porter là où les circonstances l'exigeraient, suivre de près les opérations de l'armée débarquée et lui fournir des provisions.

Ces dix mille hommes se mirent, aussitôt débarqués, en marche et firent plusieurs milles, tant sur le rivage qu'à travers certains bouquets de bois sans rencontrer le moindre obstacle. La première escarmouche eut lieu avec l'avant-garde commandée par le Lieutenant-colonel Keating, à la Grand'Baie, qui était gardée par quelques hommes seulement, dont on eut raison facilement. L'armée continua sa marche toute la nuit, avec l'intention de ne s'arrêter que sous les murs de la ville.

Mais le lendemain, 1er Décembre, les troupes étaient tellement fatiguées, tant par la marche forcée qu'elles avaient faite que par la privation d'eau, que le général se vit obligé, vers midi, de s'arrêter au Moulin à Poudre. Environ à deux heures, le Général Decaen, suivi de quelques officiers et d'une centaine de ses guides, vint faire une reconnaissance de l'armée anglaise. Mais il fut poursuivi par les compagnies légères du 12me et du 59me régiment qui ne parvinrent pas à l'atteindre.

Une brigade de l'armée anglaise, sous les ordres du

Lieutenant-colonel Mc Leod, s'empara de la batterie de la Grand'Baie et de celle de la Baie aux Tortues, et établit une communication avec la flotte anglaise.

Le même jour, l'armée anglaise, divisée par colonne, se mit en marche par la grande route, pour se diriger sur la ville ; mais à peine avait-elle pénétré dans le bois qui couvrait alors la grande route du Moulin à Poudre, qu'elle fut arrêtée dans sa marche par un feu bien nourri d'un détachement de troupes et de gardes nationaux sous les ordres du Général Vandermasen. Mais le général, voyant qu'il avait affaire à des forces bien supérieures, se replia vers les remparts de la ville, tout en disputant le terrain.

L'armée anglaise, ne rencontrant plus d'obstacle, s'avança rapidement dans la plaine, au pied de la Montagne Longue, et prit position.

Ce jour-là même on signala la division du Cap, qui débarqua sans aucune difficulté un renfort de troupe, à la Petite Rivière. L'alarme fut grande alors en ville, et l'on s'attendait à l'assaut.

En présence de forces aussi considérables, le Général Decaen, pensant que toute résistance était inutile, envoya un parlementaire au Général en chef Abercromby, pour lui faire une proposition de capitulation. On convint alors d'examiner les propositions, et le Commodore Rowley avec le major-général furent choisis par le commandant en chef anglais, et le Commandant Duperré et le Général Vandermasen furent délégués par le Général Decaen. Ils se réunirent au quartier général du général anglais, et après bien des discussions la capitulation fut arrêtée et signée le 3 Décembre 1810, à 3 heures du matin.

Les deux dépêches que nous donnons de l'Amiral Bertie

et du Général Abercromby aux autorités de la métropole anglaise, ont paru dans plusieurs journaux anglais de 1811.

Nous transcrivons :

John Wilson CROCKER,
Secrétaire de l'Amirauté.

Monsieur,

J'ai l'honneur de vous annoncer, pour l'information de Leurs Seigneuries, la conquête de l'Ile de France et de ses Dépendances, comprenant le renvoi des forces navales de l'ennemi de ces mers et la prise du dernier territoire colonial de la France.

Par la dépêche que je vous ai adressée par l'*Other* de Bourbon, j'ai eu l'honneur de vous apprendre que j'étais sur le point de commencer le blocus de l'Ile de France ; je suis en conséquence arrivé en vue de ce port le 19, et voyant que tous les navires ennemis étaient en rade, et qu'il n'y en avait apparemment que deux équipés et en état de prendre la mer, je laissais le capitaine Rowley avec le *Boadicea*, le *Nissus* et la *Néréïde*, pour surveiller les mouvements de l'ennemi. Ayant préalablement expédié le *Ceylon* et le *Staunch* pour transporter la division d'infanterie de Bourbon à Rodrigues, je me dirigeai vers le mouillage avec le commandant des Forces (le major-général, l'honorable John Abercromby) qui avait pris passage sur l'*Africaine*. Le 24, je fus rejoint par le contre-amiral Drury avec une division de son escadre (*Russel*, *Clorinde*, *Doris*, *Phaeton*, *Bucephalus*, *Cornelia*, *Hesper*) et prenant sous mes ordres, pour le moment, le contre-amiral et les navires placés sous son commandement, j'ai pu renforcer l'escadre de blocus en détachant dans ce but, la *Cornelia* et l'*Hesper*. Les autres navires se joignirent à nous, et nous nous dirigeâmes à toutes voiles sur Rodrigues où l'escadre arriva le 3 novembre et où nous trouvâmes la division des troupes de Bombay. La division de Madras arriva le 6, les transports étaient protégés par la *Psychée* et la *Cornvallis*. Le 8, le contre-amiral Drury partit avec le *Russel*, le *Phaeton* et le *Bucephalus* pour aller reprendre son commandement dans l'Inde ; la division de Bourbon arriva le 12, protégée par le *Ceylon.*

Le 20, les divisions du Bengale et du Cap n'étant pas arrivées, la saison étant trop avancée, et le mouillage, entouré de récifs, n'étant nullement sûr, surtout pour un si grand nombre de navires, je pris la décision de partir avec toute la flotte, le 22 au matin, me proposant de faire croiser les transports sous le vent jusqu'à ce qu'une des divisions les eût rejoint. Heureusement, nous apprîmes dans la nuit du 21, que la division du Bengale, protégée par l'*Illustrious* était en vue. Le général Abercromby, tout comme moi, jugea qu'on ne devait pas les laisser mouiller, mais que, après avoir communiqué avec le convoi et lui avoir donné les provisions indispensables, nous devions commencer l'attaque de l'Ile de France sans attendre les troupes qui devaient arriver du Cap. En conséquence, tous les navires quittèrent le mouillage, et le 29 au matin, la flotte se dirigea sur la Grand'Baie, point choisi pour le débarquement, située à environ 12 milles au vent de Port Louis. L'*Africaine* pénétra la première dans la Baie, et les autres vaisseaux suivirent les transports : à dix heures du matin, toute la flotte de 70 voiles était à l'ancre. L'armée, avec l'artillerie, les provisions et les munitions, les différents détachements d'infanterie de marine faisant le service sur les navires de l'escadre, et un corps considérable de matelots débarquèrent le même jour, sans éprouver aucune perte et sans le moindre accident. Une division de la flotte continua à maintenir strictement le blocus du port, une autre division resta au mouillage pour protéger les transports, et une troisième sous mon commandement immédiat devant changer de station selon que les circonstances l'exigeraient, pour maintenir les communications, pendant sa marche, avec l'armée qui dépendait entièrement de la flotte pour ses approvisionnements.

Le 2 courant, le général Decaen proposa une capitulation et des commissaires ayant été nommés de part et d'autre, une capitulation a été signée et ratifiée le 3, au matin, au quartier général anglais. J'ai l'honneur de vous transmettre une copie pour l'information de Leurs Seigneuries.

Dans une opération combinée de cette nature, dont le succès définitif doit essentiellement dépendre, en grande partie, du zèle et de la coopération de tout le monde et de tous les grades, et dans ce cas, surtout, où tous ont si bien fait leurs devoirs, il est difficile de recommander quelqu'un d'une manière spéciale à Leurs Seigneuries.

La justice m'oblige cependant à leur signaler les services du capitaine Beaver du *Nisus* que j'ai chargé de la surveillance de toutes les dispositions à prendre pour le débarquement de l'armée et que ses talents et son expérience particulière désignaient spécialement pour cette importante mission. Je ne dois pas oublier non plus de rendre hommage au capitaine Pattersen de l'*Hesper* et au lieutenant B. Street, commandant l'*Emma* qui ont été employés pendant plusieurs nuits aux sondages ; comme l'ont prouvé les résultats, ils avaient acquis une connaissance parfaite des mouillages des côtes ennemies, et ils ont également ment rendu d'importants services après le débarquement.

Je désire aussi recommander à l'attention de Leurs Seigneuries, le lieutenant Edward Lloyd, qui a volontaire-

ment offert ses services au commandant des forces et qui,
dans cette circonstance, comme dans plusieurs autres, aupa-
ravant, a reçu les témoignages les plus honorables pour sa
bravoure.........

J'ai l'honneur etc.,

(Signé)   A. BERTIE.

La dépêche suivante est du général Abercromby ; elle
est adressée à Lord Minto, gouverneur général de l'Inde :

Port Louis, Ile de France,
7 Décembre 1810.

Au Très Honorable Gilbert Lord Minto.

Milord,

J'ai eu l'honneur d'annoncer à Votre Seigneurie, dans
une dépêche du 21 dernier que, bien que les divisions du
Bengale et du Cap ne fussent pas arrivées au rendez-vous,
il avait été décidé que la flotte prendrait la mer le lendemain matin, parce que la saison étant avancée et le temps
menaçant, les navires ne pouvaient plus être considérés
comme étant en sûreté à leur mouillage de Rodrigues. J'ai
également eu l'honneur de faire connaître à Votre Seigneurie
les mesures que j'avais l'intention de prendre même si nous
n'étions pas rejoints par une partie aussi considérable de
nos forces.

Le 22, au matin, de bonne heure, le vice-amiral Bertie
reçut une communication du capitaine Branchton, du
navire de Sa Majesté l'*Illustrious,* annonçant l'arrivée, en
vue de l'Ile, de la division du Bengale. La flotte mit à la
voile au point du jour, ainsi qu'il avait été décidé préalablement, et, ayant opéré dans la journée sa jonction avec cette
division, elle se dirigea sur l'Ile de France.

On a toujours considéré que les plus grands obstacles

qui empêchaient d'attaquer l'île avec des forces convenables, provenaient de la difficulté du débarquement à cause des récifs qui entourent toute la côte et de ce que l'on croyait qu'il était impossible de trouver un mouillage pour une flotte de transports.

Ces difficultés ont été heureusement écartées, grâce aux efforts infatigables du commodore Rowley, assisté du lieutenant Street de la canonnière le *Staunch*, du lieutenant Blackiston du génie de Madras et des commandants de l'*Africaine* et de la *Boadicea*. Toute la partie du vent de l'île a été explorée et sondée avec soin, et on arriva à se convaincre qu'une flotte pouvait mouiller dans le passage étroit formé par la petite île du Coin de Mire et la grande terre, et qu'il y avait à cet endroit, dans les récifs, plusieurs ouvertures qui laissaient un passage aux embarcations. Ces avantages évidents achevèrent de me décider, tout en regrettant que les circonstances ne nous permissent pas de débarquer plus près de Port Louis.

Des vents contraires ne permirent à la flotte d'arriver en vue de l'île que le 28, et ce n'est que le lendemain matin que les premiers navires purent mouiller.

Toutes les mesures en vue du débarquement ayant été préalablement prises, la première division, composée de la réserve de la compagnie des grenadiers du 59e régiment, avec deux pièces de six et deux obusiers, commandée par le major-général Ward, prit terre à la baie du Mapou, sans rencontrer la moindre opposition, l'ennemi s'étant retiré au fort Marlastri, situé en tête de la Grand'Baie, le port le plus rapproché occupé par lui.

Aussitôt qu'un nombre suffisant de soldats européens eurent été réunis, il devint nécessaire d'aller de l'avant parce que les cinq premiers milles de la route tvarersent

une forêt épaisse qu'il était très important de ne pas laisser
à l'ennemi le temps d'occuper.

Le lieutenant-colonel Smyth étant resté sur les lieux
pour protéger le débarquement, avec ordre de se mettre en
marche le lendemain matin. La colonne partit vers quatre
heures, et parvint à gagner le pays ouvert sans que l'ennemi eût fait aucune tentative pour l'empêcher d'avancer.
Quelques coups de feu seulement furent tirés par un piquet
peu nombreux ; dans cette escarmouche, le lieutenant-colonel
Keating, le lieutenant Ash, du 12e régiment Royal, et
quelques hommes de l'avant-garde furent blessés. Ayant
fait halte pendant quelques heures de la nuit, l'armée reprit
sa marche au point du jour, avec l'intention de ne s'arrêter
que devant Port Louis. Mais les troupes étant épuisées, non
seulement par la fatigue, mais encore par le manque d'eau,
qui fait complètement défaut dans cette partie de l'île, je
fus obligé de prendre position au Moulin à Poudre, environ
à cinq milles de la ville.

Le lendemain matin, de bonne heure, le lieutenant Mc
Leod, avec sa brigade, fut détaché pour aller prendre
les batteries de la Baie du Tombeau et de la Baie aux
Tortues, et ouvrir des communications avec la flotte ; il
avait été décidé déjà que nous devions prendre nos provisions sur ces deux points. Peu de temps après avoir quitté
le campement, le corps principal de l'armée fut attaqué par
un corps ennemi qui, appuyé par plusieurs pièces de
campagne, avait pris une forte position très favorable pour
faire impression sur notre tête de colonne, car il parut au
bout d'un chemin étroit ayant une épaisse forêt sur chaque
flanc. Les bataillons de flanc européens, qui formaient
l'avant-garde, sous le commandement du lieutenant-colonel
Campbell, du 33e régiment et sous le contrôle du général

Warde, se formèrent avec autant de régularité que le permettait la nature du terrain et chargèrent l'ennemi avec le plus grand courage : ils le forcèrent à se retirer en perdant ses canons et avec un grand nombre de tués et de blessés. Cet avantage nous a coûté la perte du lieutenant-colonel Campbell, un excellent officier, et celle du major O'Keiffe, du 12e régiment, que je regrette aussi sincèrement.

Dans l'après-midi, l'armée prit position en face des lignes ennemies à une portée de canon. Le lendemain matin, tandis que je prenais mes dispositions pour détacher un corps vers la partie sud de la ville et pour me mettre en mesure de commencer une attaque générale, le général Decaen offrit de capituler. Plusieurs des articles de sa proposition nous parurent inadmissibles, au vice-amiral Bertie et à moi ; mais le gouverneur français ayant, dans la même journée, accepté nos conditions, nous avons définitivement conclu la capitulation de cette colonie et de ses dépendances.

Votre Seigneurie verra que la capitulation est strictement conforme à l'esprit de vos instructions, sauf ce point, que la garnison n'a pas été faite prisonnière de guerre.

Bien que le courage et la bonne discipline de l'armée, que Votre Seigneurie m'a fait l'honneur de placer sous mon commandement, ne pouvait me laisser le moindre doute, quant à l'issue d'une attaque contre la ville, j'ai cru cependant devoir me montrer indulgent. En agissant ainsi, je désirais épargner la vie d'un grand nombre de braves officiers et soldats, j'avais égard aux intérêts des habitants de cette île qui ont longtemps supporté la misère et l'oppresssion la plus humiliante, et, prenant en considération les vues que je vous connaissais sur l'armée, je ne perdais pas de vue, non plus, l'époque avancée de la saison, qui faisait que chaque heure avait son importance pour

nous : j'ai cru que c'étaient là des motifs beaucoup plus
sérieux au point de vue national que peut faire un petit corps
d'armée aussi éloigné de l'Europe, auquel je permettrai de
rentrer en France, libre de tout engagement. A tous autres
égards, nous avons obtenu tout ce que nous aurions eu si la
ville avait été prise d'assaut...

....

(Signé)   J. ABERCROMBY,
Major-Général.

Au lendemain de la capitulation, on n'aurait jamais dit
que Port Louis était une ville qui venait de passer entre les
mains de l'ennemi : les boutiques étaient ouvertes, le marché
ou bazar plus riche en légumes de toutes sortes et en
viandes de toute espèce. Les lieux publics ne désemplis-
saient pas, un grand nombre d'habitants des campagnes
étaient descendus pour s'assurer par eux-mêmes de tout ce
qui se passait en ville. Les Anglais avaient eu le bon esprit
de ne rien changer, excepté les fonctionnaires seulement.

On n'aurait jamais pu croire que l'on était dans une
ville qui venait de capituler la veille. Au centre de la ville,
c'étaient des milliers de personnes qui circulaient partout.
Dans les faubourgs, beaucoup de maisons étaient transfor-
mées en buvettes.

Si les hommes de la classe privilégiée paraissaient
inquiets, quoique la capitulation leur garantît toutes les lois
en vigueur, leur religion, leurs coutumes et toutes les
immunités dont ils jouissaient, beaucoup de personnes de la
classe secondaire semblaient être satisfaites en voyant les
pagodes d'or et les roupies de même métal qui passaient de
main en main et circulaient partout. Rien ne réjouit plus

la vue des hommes que des pièces d'or provenant de gros bénéfices d'une industrie quelconque.

Le gouverneur des deux îles, Bourbon et Maurice, le Général Farquhar, arriva, il était à Bourbon. A l'instant, les choses changent de face : l'île de France reprit son ancien nom de Maurice ; le port Napoléon, celui de Port Louis, etc. Il y eut aussi quelques innovations dans les tribunaux ; mais tout se continua comme par le passé, seulement on exigea des habitants le serment d'allégeance qui sonna mal aux oreilles de certaines gens qui ne comprirent rien à ce serment. Ceux qui refusèrent de prêter ce serment, crurent ou feignirent de croire qu'on leur demandait de renoncer à leur qualité de français. Mais lorsqu'ils comprirent, par une proclamation, ce qu'on désirait d'eux, toutes les difficultés furent aplanies ; la majorité des habitants ne fit aucune objection à faire ce serment.

Le Gouverneur Farquhar était un de ces hommes appelés à gouverner d'autres hommes par son caractère droit, juste et honnête. Ce premier gouverneur anglais, Sir Robert Farquhar, était un homme éminemment capable. Aussi a-t-il pu satisfaire les exigences de tous les mécontents, et il y en avait bon nombre de 1811 à 1823. Il fallait être bien conciliant, c'est-à-dire bien doux et bien énergique en même temps pour tenir les rênes de notre administration d'une main ferme. Le gouvernement de Maurice s'est trouvé entre les mains de Sir Robert Farquhar de 1810 à 1823, 13 ans, quoi qu'il y ait eu des intérimats pendant cette longue admistration.

D'abord ce fut le général Warde qui administra la colonie pendant quelques mois seulement, le gouverneur Robert Farquhar revint de Bourbon où il avait été pour régler quelques affaires importantes. De 1811 à 1817, lors de son départ pour l'Angleterre six ans, environ, beaucoup d'évènements eurent lieu dans notre petite colonie.

Mais avant de faire le récit de tous les grands évènements arrivés pendant ces six ans, faisons connaître ce qui a eu lieu sous l'administration du général Warde.

Plusieurs changements de chefs dans le Service Civil ; entr'autres deux places d'inspecteurs généraux, celle des revenus publics a été donnée à M. Foisy, homme de talent, mais froid, dur, méchant, désordonné, qui était déjà l'avocat consultant du gouvernement ; et l'autre, celle de la police générale a été confiée à M. Virieux aîné, qui était procureur général.

Ce nouveau gouverneur, par une ordonnance, fait connaître aux habitants qui n'avaient pas encore prêté le serment d'allégeance qu'il leur accordait douze jours pour le faire.

Par une proclamation le gouverneur fait savoir à tous les habitants que le Collège Colonial sera restauré, établissement qui était resté abandonné depuis qu'il avait été destiné à servir d'hôpital aux blessé, à la guerre de 1810.

Malgré quelques malencontreuses mesures prises par le gouverneur Warde, les habitants semblèrent si satisfaits, que jamais l'île de France, dans ses plus belles fêtes de réjouissances, ne se montra plus splendide. Ces fêtes durèrent plus de quatre mois, disent les chroniqueurs de l'époque.

A l'arrivée du gouverneur Farquhar, de Bourbon, les habitants furent encore plus satisfaits.

Le gouvernement fit publier une permission à tous ceux qui avaient fait la déclaration de noirs esclaves leur appartenant à Madagascar, dont la remise avait été faite au gouvernement de la Métropole par l'agent français d'importer ces noirs à l'île Maurice. Des discussions eurent lieu, mais la Cour de Vice Amirauté du Cap de Bonne Espérance, jugea en faveur des propriétaires de notre colonie.

Cependant, rien n'était plus absurde que cette réclamation de certains habitants de l'île de France, ayant pour objet de réclamer du gouvernement anglais le droit de laisser venir de Madagascar à Maurice, des esclaves qui se trouvaient à Madagascar, et leur appartenant. C'était une fumisterie sur laquelle le gouvernement anglais a bien voulu fermer les yeux ; mais que l'on ne s'abuse pas sur la permission donnée par le gouvernement de Maurice, sa vue portait sur un horizon bien plus éloigné que celui qui se montrait aux yeux des habitants de Maurice.

Il était certain que dans cette année 1811, des proclamations de toutes sortes verraient le jour pour des changements que l'on jugeait nécessaire pour la suprématie de l'influence anglaise. Le gouvernement réussit dans ses grandes lignes politiques, ayant pour objet de faire respecter ses droits ; mais il craignait de toucher aux tribunaux et à la police générale ; ces juridictions n'avaient pour chefs que des Français imbus de tous les préjugés qui les rendaient aveugles sur le droit, la justice, la liberté et l'honnêteté.

On prit des mesures d'utilité publique telles que la réparation des anciens chemins publics et la construction de nouvelles routes.

De nouvelles mesures furent prises pour conserver le vaccin et assurer son succès. C'était fort heureux, car la vérette faisait souvent son apparition dans notre colonie par la traite des esclaves des côtes de Mozambique à Maurice, malgré la dénégation de beaucoup d'habitants de notre colonie.

Les courses de chevaux furent inaugurées à Maurice en juin 1812. Depuis cette époque, ces fêtes, considérées comme les plus belles fêtes du monde, n'ont cessé d'être ce qu'elles sont dans tous les pays civilisés : la fête qui attire le plus de monde sur l'hippodrome où elles ont lieu. C'est là où toutes les splendeurs du monde se donnent rendez-vous.

Pendant les années 1813-14-15, le gouverneur Farquhar montra beaucoup de tact, d'habileté et de bienveillance en faveur des habitants de la colonie.

Par une proclamation, il fit connaître l'approbation des Ministres de Sa Majesté sur la banque d'alors pendant le terme de son existence ; une autre proclamation fut aussi publiée pour autoriser la formation d'une chambre d'assurance, mesures qui n'existaient pas dans notre colonie et qui étaient indispensables à la prospérité du commerce.

Les habitants de la colonie, toujours la classe privilégiée, furent on ne peut plus satisfaits de ce que le gouverneur leur fit connaître qu'il était autorisé à faire les dépenses nécessaires pour la réparation du Collége Royal et pour l'admission à ce Collége de vingt pensionnaires du gouvernement qui seraient pris dans les familles pauvres du pays. A cette même époque, on annonça la nomination de M. Georges Smith à l'importante place de chef de justice dans notre colonie. Cette nomination contrariait beaucoup nos meneurs qui ne voulaient voir à la tête de nos premières institutions que des français.

Un navire, parti d'Angleterre, venait de mouiller dans notre rade, 22 Juillet au soir. Dès le soir même des bruits vagues circulèrent que des nouvelles de la dernière importance étaient arrivées. Les habitants de la ville ne dormirent pas cette nuit. Aussi, dès le point du jour, c'étaient des centaines d'hommes qui étaient rendus à notre Bourse, local qui était placé vis-à-vis l'Hôtel du Gouvernement.

Les uns disaient que l'armée française avait battu les armées alliées, et se réjouissaient déjà que la colonie allait retourner à la France. La passion ne raisonne pas. D'autres émettaient des opinions contraires, mais ils n'auraient jamais eu la pensée de dire que Napoléon était détrôné. C'était bien loin de leur esprit.

Dès le matin, des salves d'artillerie se firent entendre de nos batteries et de la frégate qui était dans notre rade. On voyait bien que ce n'était pas des nouvelles en faveur de la France que le gouvernement venait de recevoir, mais on était dans la plus grande perplexité, lorsqu'à dix heures le gouvernement fit afficher dans toute la ville un placard contenant ces quelques lignes :

" L'Empereur Alexandre et le Roi de Prusse sont entrés à Paris, le 30 Mars. "

" Bonaparte a été détrôné.

" Toute la France a arboré la cocarde blanche; Bordeaux " a été pris. La nation française s'est déclarée en faveur de " Louis XVIII, et une députation lui a été envoyée pour " l'inviter à prendre possession du trône.''

Il serait impossible d'exprimer les sentiments des hommes qui se formèrent en groupe : ce n'était pas seulement de l'étonnement, que l'on voyait sur tous ces visages ; c'était de la stupeur dont l'empreinte était partout.

Malgré les placards affichés par toute la ville, on n'ajoutait pas foi à la nouvelle. Mais comment pouvoir émettre des doutes sur des nouvelles officielles affichées par ordre du gouvernement ?

Les bonapartistes, ils étaient en grand nombre à Maurice, ne voulurent pas admettre la vérité des faits reproduits par les placards ; mais ils n'étaient pas moins consternés par ces nouvelles. Tandis que les partisans de Louis XVIII, les Foisy, les Journel, les Robles et cent autres semblables, occupant une grande situation dans notre colonie, faisaient éclater leur satisfaction, sans aucune retenue. Mais ce qu'il y avait d'extraordinaire dans les sentiments que les deux partis éprouvaient, c'est qu'ils eurent l'idée que la colonie serait rendue à la France.

Quoique bien éloignés des sentiments qu'ils ressentirent, les deux partis eurent les mêmes espérances : que Maurice redeviendrait l'Ile de France, et serait rendue à la France. Pendant plus de vingt ans, beaucoup de colons français entretinrent des sentiments aussi absurdes.

Si un très grand nombre d'habitants de Maurice, partisans de Napoléon, s'attristèrent des nouvelles reçues, le gouvernement ayant fait arborer la cocarde blanche par les officiers de la garnison et par tous les fonctionnaires publics, un grand nombre de propriétaires illuminèrent la devanture de leurs maisons pendant trois nuits. En voyant tout ce qui eut lieu, pendant quelques jours, on aurait dit que les habitants étaient dans une commune ivresse. Il n'en était rien cependant.

Quoiqu'on vît sur la figure attristée de beaucoup d'habitants la douleur qu'ils éprouvaient, ils allèrent faire visite au gouverneur ; ils assistèrent à des dîners qui étaient donnés au gouvernement, au *Te Deum* que l'on fit retentir dans nos églises et à des spectacles que l'on organisa partout. Le gouvernement fut si satisfait de ces nouvelles importantes, que des grâces furent accordées à de grands prisonniers à Maurice et à Bourbon.

Inutile de faire connaître que tout, ici, se ressentit de ces grands évènements qui allaient certainement changer la face du monde, et sans aucun doute le gouvernement de

Maurice, suivant les politiciens de Maurice à cette époque néfaste de notre histoire. On resta environ six mois dans l'attente, car ce n'est qu'en Octobre qu'on reçut le traité de paix si vivement attendu. Les royalistes et les bonapartistes se regardèrent étonnés en apprenant pareilles nouvelles. Ce fut un sujet de querelles. Les bonapartistes reprochèrent aux royalistes la couardise de leur roi Louis XVIII : d'avoir fait la cession de la plus belle colonie française à l'Angleterre ; et ces derniers reprochèrent aux premiers d'avoir laissé prendre la colonie par les anglais. Ce fut là l'éternelle discussion des deux partis pendant de longues années.

La division était si grande parmi les deux partis que l'on fît peu d'attention à l'arrivée du grand juge, Son Honneur Georges Smith. L'arrivée de ce haut fonctionnaire public allait cependant tout changer dans notre première Cour de Justice.

Par une proclamation on fit connaître que tous les arrêts de la Cour d'Appel devront être communiqués au Commissaire de Justice avant d'être rendus. C'était un rude soufflet que les Juges de la Cour reçurent ; c'était tellement attentoire à leur indépendance, que l'on crût, pendant un instant, que les Juges de cette Cour allaient donner leur démission ; mais ils n'en firent rien, assurés qu'ils étaient que c'était par pure formalité que l'on avait fait cette proclamation, si injurieuse à leur conscience de juges. Il faut dire aussi que nos pauvres juges français d'alors étaient de bien pauvres hommes comme caractère.

On fit beaucoup de proclamations que nous passerons sous silence et qui offrent peu d'intérêt ; mais il y en eut deux bien importantes pour l'époque ; c'est d'abord celle ayant trait à l'enregistrement des esclaves. On craignit que cette mesure ne servît de prétexte que pour faire découvrir le nombre des esclaves à Maurice, afin d'arrêter la traite des esclaves, qui se continuait en 1816-17-18, avec tant de sans-gêne, que beaucoup de hauts employés du gouvernement furent désignés comme complices de la traite des noirs, malgaches et mozambiques, dans notre colonie. Nous n'étions qu'en 1814 et au commencement de 1815. On verra ce qui arriva en 1818, sous l'administration du gouverneur le Général Sir Gage Hall.

L'autre proclamation faisait connaître que les produits des droits d'affranchissement seraient versés à la caisse de bienfaisance. Cette proclamation a été reçue avec satisfaction par tout le monde, par les malheureux de la population blanche ; la population de couleur ne tira pas beaucoup d'avantages de cette mesure humanitaire.

Les anglais de cette époque se laissaient trop aller aux influences des français en place, pour jeter un regard favorable sur les infortunés de la population de couleur. Une veuve, appartenant à la population blanche, ayant deux enfants, avait quatre fois plus qu'une veuve appartenant à la population de couleur, ayant quatre enfants en bas âge. A cette époque, c'était là la politique et le libéralisme anglais basés sur le système français.

Nous avons dit que les proclamations se succédèrent rapidement. Trois parurent presque en même temps. L'une, pour l'établissement d'une Cour de Vice-Amirauté, c'est-à-dire d'un bureau pour l'enregistrement des esclaves et publication de l'édit du 24 septembre 1814, relatif à cet enregistrement. On doit comprendre combien les habitants de Maurice voyaient avec répugnance toutes les mesures, même les plus sages, ayant trait à la traite des esclaves.

Les colons de Maurice ne voyaient qu'une seule chose sur toutes les mesures que le gouvernement prenait à l'égard de la traite des esclaves : l'extinction de l'esclavage dans un temps plus ou moins éloigné. Ils étaient d'autant plus dépités qu'ils croyaient que les habitants de l'Ile Bourbon se trouvaient dans une situation bien meilleure.

Le gouverneur Sir Robert Farquhar, se montra si juste, si bienveillant que, malgré tout le mécontentement et les difficultés qui s'élevèrent partout, il sut maintenir la paix et la tranquillité dans toutes les populations et dans tous les partis qui se détestaient cordialement. Par une autre proclamation, Son Excellence ordonna qu'un établissement serait créé pour recevoir tous les titres en dépôt, sous la dénomination de "Bureau des Archives." Cet établissement, d'une si grande utilité, et fondé dans un intérêt général, a été une source féconde de bien-être pour le pays.

Bien des difficultés seraient venues mettre le désordre partout, sans les documents qui se trouvaient en dépôt dans cet établissement, que le Gouverneur Farquhar considérait comme étant d'une grande utilité.

Après le rétablissement des Bourbons en France, on resta sans nouvelles d'Europe jusqu'au 9 Juillet 1815, où l'on apprit seulement le retour de Napoléon de l'Ile d'Elbe. Cette nouvelle fut accueillie par des transports de joie par ses partisans, qui ne pouvaient supposer qu'au moment même où ils apprenaient la nouvelle de son retour, il avait perdu la bataille de Waterloo contre le Duc de Wellington et Blücher, armées anglaises et prussiennes, bataille qui a eu lieu le 18 Juin 1815.

Nous n'avons pas à parler de cette bataille qui a décidé du sort du monde entier. Nous avons à faire connaître que ce grand évènement, bien inattendu par tous, a été la cause de beaucoup de troubles parmi les habitants de Maurice.....

Les royalistes étaient en petit nombre à l'Ile de France,

Maurice, en 1815. Donc, il n'y avait qu'un nombre très restreint d'habitants qui se réjouissaient da la chute de Napoléon. Ils croyaient avoir raison dans les sentiments qu'ils exprimaient, en disant que si Napoléon avait triomphé à Waterloo, la guerre se serait éternisée et la France aurait été dépeuplée.

Les bonapartistes, dans leur exaltation, disaient à leurs adversaires, les royalistes, que, si Grouchy était arrivé à point, c'en était fait de l'armée anglaise d'abord, et ensuite de l'armée prussienne. Et que, quant à l'armée russe, qui était encore éloignée du champ de bataille, elle aurait éprouvé le même sort, si elle eût eu l'imprudence de venir s'attaquer à l'armée française victorieuse. Ce n'est qu'en Octobre que l'on reçût, ici, des nouvelles détaillées de la seconde chute de Napoléon. Croira-t-on que les hommes de couleur, ces infortunés qui avaient tant souffert sous l'administration du général Decaen, par les ordres donnés par Napoléon, alors Premier Consul, ordres qui avaient été mis à exécution par le général Decaen, mais que le gouvernement anglais maintenait dans toute sa rigueur, étaient plus désolés que les bonapartistes français, eux-mêmes. Méprisés par les français, dédaignés et repoussés par les anglais, qui accordaient toutes leurs protections aux français, qu'ils détestaient pourtant, ces pauvres hommes de couleur, sans initiative, comme aujourd'hui, pleuraient sur le malheur d'autrui et restaient insensibles sur leurs propres souffrances !...

Pendant les derniers mois de l'année 1815, les habitants de la colonie furent dans un état de perplexité difficile à comprendre. Non seulement les discussions sans fin divisèrent des familles, mais des querelles si violentes eurent lieu qu'elles ne pouvaient se terminer que par des duels.

On s'était tellement monté la tête, que tout était aux désordres, à la désorganisation et à l'insubordination. Notamment, au Grand Port, à la Plaine Magnien, quatre à cinq cents hommes s'étaient donné rendez-vous pour se concerter sur les mesures à prendre pour rendre prisonnière la garnison qui se trouvait à Mahébourg. C'était un moment d'affolement qu'un bon gouverneur seul avait pu faire cesser, sans effusion de sang. Certes, il fallait plus que de la modération dans le caractère, plus que de l'indulgence dans les principes, pour ne pas sévir contre ceux qui étaient désignés comme les chefs des complots qui se tramaient contre la paix et la tranquillité du pays. Mais le gouverneur Sir Robert Farquhar alla jusqu'à proposer à ceux qui voulaient s'expatrier, un passage pour l'Europe. Il dédaigna même de faire poursuivre les instigateurs des troubles qui eurent lieu à cette époque, MM. Pérotte, Canette, Joseph Merven, désignés comme auteurs de tous les troubles qui auraient causé de grands malheurs à certaines familles, si nous avions eu un autre gouverneur que le général Sir Robert Farquhar.

Si la nouvelle de la bataille de Waterloo nous était parvenue plus tôt, nous n'eussions pas eu à déplorer tous les désordres qui ont troublé notre petit pays pendant trois ou quatre mois. Mais ce retard, éprouvé dans les nouvelles, nous a été bien préjudiciable, par les passions qu'il a fait naître parmi tous les habitants du pays.

A la nouvelle de la victoire de Waterloo, ici, 25 Octobre 1815, bataille qui eut lieu le 18 Juin de la même année, le Gouverneur Farquhar a cru devoir célébrer cette victoire d'une manière éclatante. Des décharges d'artillerie, l'illumination de tous nos édifices publics et de toutes les maisons de la ville eurent lieu. On a cru remarquer que beaucoup de ceux qui s'étaient réjouis du retour de Napoléon en France, s'étaient fait distinguer dans l'illumination de leurs riches demeures. Pauvre humanité! c'est bien là où on te reconnaît presque toujours !...

Des proclamations se succédèrent. Une, entr'autres, en date du 2 Novembre, eut pour objet de féliciter les habitants de Maurice sur le retour de la paix indispensable à leur tranquillité et à leur bonheur. Et, sans faire allusion, le moins du monde, à tous les désordres qui venaient d'avoir lieu, le gouverneur ne parlait que de la conduite loyale et de l'affection des habitants en général pour la Grande Bretagne. Aussi, leur assurait-il sa satisfaction et ses sentiments d'attachement en faisant des vœux pour leur prospérité.

Comment ne pas aimer un gouverneur de ce caractère !

Depuis 1815, le gouverneur Farquhar cherchait à se lier d'amitié avec Radama, roi des Hovas. Il écrivit même pour que Radama envoyât ses frères à Maurice pour être élevés comme des princes. Radama fut si satisfait des prévenances de Sir Robert Farquhar, qu'il envoya à Maurice les deux princes du nom de Marou Tafique, l'héritier présomptif de Radama, et de Rahoni, l'autre prince, accompagnés par un traitant de Madagascar, M. Chardounoux. Ces deux jeunes princes arrivèrent, ici, sur la corvette le *Tine* avec une nombreuse suite. Ils furent reçus avec tous les honneurs dus à leur rang, et eurent pour demeure l'Hôtel du Gouvernement et admis dans la famille du gouverneur, dont ils ont toujours fait partie pendant tout le temps qu'ils sont restés dans la colonie.

Ces princes sont arrivés à Maurice avec une suite assez nombreuse, quelques ministres de Radama, différents chefs de la côte de Madagascar, des gardes, des domestiques esclaves, et deux nains, homme et femme, deux êtres qui étaient bien curieux à voir.

Nous nous souvenons de les avoir bien vus en 1816, lors du grand incendie qui a eu lieu le 25 septembre au soir de cette année. On les a portés de l'Hôtel du Gouvernement, où ils étaient, à la maison Chardounoux, qui se trouvait au faubourg de l'ouest.

Ces princes et leur suite ne sont partis de Maurice qu'après avoir reçu des notions sur beaucoup de choses concernant nos arts et nos sciences et avoir été instruits sur nos mœurs, coutumes et tous nos usages.

Certes, ce que faisait là le gouverneur Farquhar était bien différent de ce qu'avait fait un de nos gouverneurs français de l'Ile de France, M. le gouverneur D'Entrecasteaux, un des meilleurs, cependant, et qui reçut les envoyés de Tippoo Saïb avec une indifférence qui frisait le mépris.

Si nous exceptons le grand Labourdonnais, de tous les gouverneurs français de l'Ile de France, pour ses sentiments de justice en faveur des hommes de sang mêlé et des africains, tous, sans en excepter un seul, se laissaient ronger par la rouille des préjugés.

Il nous importe de montrer aux yeux de nos lecteurs quelles étaient les façons d'agir des français et des anglais dans leurs modes de colonisation. Tout s'est amélioré depuis cinquante ans ; mais un si mauvais levain s'est imprégné dans le caractère français dans les colonies, qu'ils en sont toujours infestés.

Que l'on prenne l'histoire de St Domingue, de la plus belle colonie qui existât en 1780 ; qu'on lise celle de la Martinique, de la Guadeloupe, de Bourbon, de Maurice, quand elle s'appelait l'Ile de France, et l'on verra si nous ne sommes pas dans le vrai. Pour prouver ce que nous venons d'avancer, faisons un petit extrait d'un des ouvrages d'un des plus grands français de notre siècle, qui a occupé la première place en France dans la révolution de 1839. Par cet extrait, nos lecteurs seront convaincus que ce sont les colons français qui ont été les seules causes de la ruine de toutes les colonies françaises ; et que ce sont les absurdes préjugés, qu'ils ont voulu entretenir dans ces colonies, qui ont placé dans une situation si secondaire l'empire colonial français.

C'est Lamartine qui parle :

" Pendant que les victimes se multipliaient tous les jours en France, les désastres n'attendaient pas les désastres. L'empire entier semblait s'écrouler sur ses fondements. St Domingue, la plus riche des colonies françaises, nageait dans le sang. La France était punie de son égoïsme. L'assemblée constituante avait proclamé en principe la liberté des noirs, mais de fait, l'esclavage subsistait encore. Plus de trois cent mille esclaves servaient de bétail humain à quelques milliers de colons. On les achetait, on les vendait, on les mutilait comme une chose inanimée. On les tenait par spéculation hors la loi civile et hors la loi religieuse. La propriété, la famille, le mariage, leur étaient interdits. On avait soin de les dégrader au-dessous de l'homme pour conserver le droit de les traiter en brutes. Si quelques unions furtives ou favorisées par la cupidité se formaient entre eux, la femme, les enfants appartenaient au maître. On les vendait séparément, sans aucun égard aux liens de la nature. On déchirait, sans pitié, tous les attachements dont Dieu a formé la chaîne de sympathies de l'humanité."

Ce crime en masse, cet abrutissement systématique avait ses théoriciens et ses apologistes. On niait dans les noirs les facultés humaines, on en faisait une race intermédiaire entre la chair et l'esprit, on appelait tutelle nécessaire l'infâme abus de la force qu'on exerçait sur cette race inerte et servile. Les sophistes n'ont jamais manqué aux tyrans. D'un autre côté, les hommes pieux envers leurs semblables, qui avaient, comme Grégoire, Raynal, Barnave, Brissot, Condorcet, La Fayette, embrassé la cause de l'humanité et formé la société des amis des noirs, lançaient leurs principes sur les colonies comme une vengeance plutôt que comme une justice. Les principes éclataient sans préparation et sans prévoyance. La philosophie proclame les principes, la politique les administre ; les amis des noirs s'étaient contentés de les proclamer. La France n'avait pas le courage de déposséder et d'indemniser ses colons ; elle avait conquis la liberté pour elle seule, elle ajournait, comme elle ajourne encore, au moment où j'écris ces lignes, la répara- tion du crime de l'esclavage dans ses colonies ; pouvait-elle s'étonner que l'esclavage cherchât à se venger lui-même et qu'une liberté sainement proclamée à Paris ne devint une insurrection à St Domingue ? Toute iniquité qu'une société libre laisse subsister au profit des oppresseurs est un glaive dont elle arme elle-même les opprimés. Le droit est la plus dangereuse de toutes les armes. Malheur à qui le laisse à ses ennemis !...

Saint Domingue l'attestait : 50,090 esclaves noirs s'étaient soulevés dans une nuit à l'instigation et sous le commandement des mulâtres ou hommes de couleur.

Les hommes de couleur, race intermédiaire issue du commerce des colons blancs avec les esclaves noirs, n'étaient point esclaves, mais ils n'étaient pas citoyens. C'était une sorte d'affranchi ayant les défauts et les vertus de deux races ; l'orgueil des blancs, la dégradation des noirs ; race flottante qui, en se portant, tour à tour, du côté des esclaves ou du côté des maîtres, devait produire des oscillations terribles qui amènent inévitablement le renversement d'une société.

Les mulâtres, qui possédaient eux-mêmes des esclaves, avaient commencé par faire cause commune avec les colons et par s'opposer avec plus d'inflexibilité que les blancs à l'émancipation des noirs. Plus ils étaient près de l'esclavage, plus ils défendaient avec passion leur part de tyrannie. L'homme est ainsi fait ; nul n'est plus porté à abuser de son droit que celui qui vient à peine de le conquérir ; il n'y a pas de pires tyrans que les esclaves, ni d'hommes plus superbes que les parvenus.

Les hommes de couleur avaient tous ces vices de parvenus à la liberté. Mais quand ils s'aperçurent que les blancs les méprisaient comme une race mêlée, que la révolution n'avait point effacé les nuances de la peau et les préjugés injurieux qui s'attachaient à leur couleur ; quand ils réclamèrent, en vain, pour eux, l'exercice des droits civiques que les colons leur contestaient, ils passèrent avec la légèreté et la fougue de leur caractère d'une passion à une autre, d'un parti à l'autre, et ils firent cause commune avec les amis des noirs à Paris. Ils répandirent avec profusion, dans les cases, les discours et les écrits qui enseignaient de Paris leurs devoirs aux colons, leurs droits imprescriptibles aux esclaves. Les droits de l'homme commentés par la vengeance devinrent le catéchisme des habitations.

Les blancs tremblèrent. La terreur les porta à la violence. Le sang du mulâtre Ogé et de ses complices, versé par M. de Blanchelande, gouverneur de Saint Domingue, et par le Conseil Colonial, sema partout le désespoir et la conspiration.

Ogé, député à Paris par les hommes de couleur pour

faire valoir leurs droits auprès de l'assemblée constituante,
s'était lié avec Brissot, Raynal, Grégoire, et s'était affilié par
eux à la société des noirs. Passé de là en Angleterre, il y
connut le pieux philanthrope Clarkson. Clarkson et son
ami plaidaient alors la cause de l'émancipation des noirs ;
ils étaient les premiers apôtres de cette religion de l'humanité qui ne croit pas pouvoir élever des mains pures vers
Dieu, tant qu'il reste dans ces mains un bout de la chaîne
qui tient une race humaine dans la dégradation et dans la
servitude. La fréquentation de ces hommes de bien élargit
encore l'âme d'Ogé. Il était venu en Europe pour défendre
seulement l'intérêt des mulâtres, il y embrassa la cause
plus libérale et plus sainte de tous les noirs. Il se dévoua à
la liberté de tous ses frères. Il revint en France, il fréquenta
Barnave, il supplia le comité de l'assemblée constituante
d'appliquer les principes de la liberté aux colonies et de
ne pas faire une exception à la loi divine en laissant les
esclaves à leurs maîtres. Inquiet et indigné des hésitations
du comité, qui retenait d'une main ce qu'il avait donné
de l'autre, il déclara que si la justice ne suffisait à leur cause,
il ferait appel à la force. Barnave avait dit : Périssent les
colonies plutôt qu'un principe. Les hommes du 14 Juillet
n'avaient pas le droit de condamner dans le cœur d'Ogé
l'insurrection qui était leur propre titre à l'indépendance.
On peut croire que les vœux secrets des amis des noirs
suivirent Ogé qui repartit pour St Domingue. Il y trouva
les droits des hommes de couleur et les principes de la
liberté des noirs plus niés et plus profanés que jamais. Il leva
l'étendard de l'insurrection, mais avec les formes et les droits
de la légalité. A la tête d'un rassemblement de deux cents
hommes de couleur, il réclama la promulgation, dans la
colonie, des décrets de l'assemblée nationale, arbitrairement

ajournée jusque-là. Il écrivit au commandant militaire du Cap :

Nous exigeons la proclamation de la loi qui nous fait libres citoyens. Si vous vous opposez, nous nous rendrons à Léogane, nous nommerons des électeurs, nous repousserons la force par la force. L'orgueil des colons se trouve humilié de siéger à côté de nous. A-t-on consulté l'orgueil des nobles et du clergé pour proclamer l'égalité des citoyens en France ?... Le gouvernement répondit à cette éloquente sommation de liberté par l'envoi d'un corps de troupes pour dissiper le rassemblement. Ogé le repoussa.

" Des forces plus nombreuses parvinrent, après une résistance héroïque, à dissiper les mulâtres. Ogé s'échappa et se réfugia dans la partie espagnole de l'Ile. Sa tête était mise à prix. M. de Blanchelande, dans des proclamations, lui faisait un crime de revendiquer les droits de la nature au nom de l'assemblée qui venait de proclamer les droits du citoyen. On sollicitait du gouvernement espagnol l'extradition de ce Spartacus également dangereux à la sécurité des blancs dans les deux pays.

" Ogé fut livré aux français par les Espagnols. Il fut mis en jugement au Cap. On prolongea pendant deux mois son procès pour couper à la fois tous les fils de la trame de l'indépendance et pour effrayer ses complices. Les blancs ameutés, s'impatientaient de ces lenteurs et demandaient sa tête à grands cris. Les juges le condamnèrent à la mort pour ce crime qui faisait, dans la mère-patrie, la gloire de La Fayette et de Mirabeau.

" Il subit la torture du cachot. Les droits de sa race, résumés et persécutés en lui, élevaient son âme au-dessus de ses bourreaux.

" Renoncez ", leur dit Ogé, avec une impassible fierté,

" renoncez à l'espoir de m'arracher un seul nom de mes
" complices ; ils sont partout où un cœur d'homme so soulève
" contre les oppresseurs de l'homme."

" De ce moment il ne prononça plus que deux mots qui
résonnaient comme un remords à l'oreille de ses bourreaux :
Liberté, Egalité.

" Il marcha serein au lieu de son supplice. Il entendit
avec indignation la sentence qui le condamnait à la mort
lente et infâme des plus vils scélérats. " Eh quoi ! s'écria
Ogé, vous me confondez avec les criminels, parce que j'ai
voulu restituer à mes semblables ces droits et ce titre
d'homme que je sens en moi ! Eh bien ! voilà mon sang !
mais il en sortira un vengeur." Il périt sur la roue, et son
corps mutilé fut laissé sur les bords d'un chemin ; cette
mort héroïque retentit jusque dans l'assemblée nationale et
souleva des sentiments divers. " Elle est méritée, dit
Malhonet, Ogé est un criminel et un assassin." — " Si Ogé
est coupable, lui répondit Grégoire, nous le sommes tous ;
Si celui qui a réclamé la liberté pour ses frères périt justement sur l'échafaud, il faut y faire monter tous les français
qui nous ressemblent."

" Le sang d'Ogé bouillonnait sourdement dans le cœur
de tous les mulâtres. Ils jurèrent de le venger. Les noirs
étaient une armée toute prête pour le massacre.

" Le signal leur fut donné par les hommes de couleur.
En une seule nuit, 60,000 esclaves, armés de torches et des
outils de leur travail, incendièrent toutes les habitations de
leurs maîtres dans un rayon de six lieux autour du Cap.
Les blancs sont égorgés : femmes, enfants, vieillards, rien
n'échappe à la fureur longtemps comprimée des noirs.
C'est l'anéantissement d'une race par une autre. Les têtes
sanglantes des blancs, portées au bout de roseaux de cannes

à sucre sont les drapeaux qui mènent ces hordes, non au combat, mais au carnage. Les outrages de tant de siècles, commis par les blancs sur les noirs, sont vengés en une nuit.

" Une émulation de cruauté semble faire rivaliser les deux couleurs. Les nègres imitent les supplices si long-temps exercés contre eux ; ils en inventent de nouveaux. Si quelques esclaves généreux et fidèles se placent entre leurs anciens maîtres et la mort, on les immole ensemble. La reconnaissance et la pitié sont des vertus que la guerre civile ne reconnaît plus. La couleur est un arrêt de mort, sans exception de personne ; et il faut que l'une périsse pour que l'autre vive. Puisque la justice n'a pu se faire entendre entre elles, il n'y a que la mort pour les accorder. Toute grâce de la vie faite à un blanc est une trahison qui coûtera la vie à un noir. Les nègres n'ont plus de cœur. Ce ne sont plus des hommes, ce n'est plus un peuple, c'est un élément destructeur qui passe sur la terre en effaçant tout. En quelques heures, huit cents habitations, sucreries, café-ries, représentant un capital immense, sont anéanties. Les moulins, les magasins, les ustensils, la plante même qui leur rappelle leur servitude et leur travail forcé sont jetés aux flammes. La plaine entière n'est plus couverte, aussi loin que le regard peut s'étendre, que de la fumée et de la cendre de l'incendie. Les cadavres des blancs, groupés en hideux trophées, de troncs, de têtes, de membres d'hommes, de femmes et d'enfants assassinés marquent seuls la place des riches demeures où ils régnaient la veille. C'était la revan-che de l'esclavage. Toute tyrannie a d'horrible revers. Les blancs avertis à temps de l'insurrection par la généreuse indiscrétion des noirs, ou protégés dans leur fuite par les forêts et par la nuit, s'étaient réfugiés dans la ville du Cap. D'autres enfouis avec leurs femmes et leurs enfants dans des cavernes y furent nourris au péril de leur vie par leurs esclaves fidèles.

" L'armée des noirs grossit sous les murs du Cap. Il s'y disciplinèrent à l'abri d'un camp fortifié. Des fusils et des canons leur arrivèrent par les soins d'auxiliaires invisibles. Les uns accusaient les Anglais, d'autres les Espagnols, d'autres enfin les amis des noirs, de cette complicité avec l'insurrection Mais les Espagnols étaient en paix avec la France. La révolte des noirs ne les menaçait pas moins que nous. Les Anglais possédaient eux mêmes trois fois plus d'esclaves que la France. Le principe de l'insurrection exalté par le triomphe, et se propageant chez eux, aurait ruiné leurs établissements et compromis la vie même de leurs colons. Ces soupçons étaient absurdes. Il n'y avait de coupable que la liberté même, qu'on n'opprime pas impunément dans une partie de l'espèce humaine. Elle avait des complices dans le cœur même des français.

" La mollesse des résolutions de l'assemblée à la réception de ces nouvelles le prouva. M. Bertrand de Malleville, ministre de la marine, ordonna à l'instant le départ de six mille hommes de renfort pour Saint Domingue. Brissot attaqua ces mesures repressives dans un discours où il ne craignait pas de rejeter l'odieux du crime sur les victimes et d'accuser le gouvernement de complicité avec l'aristocratie des colons.

" Par quelle fatalité, ces nouvelles coïncident-elles avec un moment où les immigrations redoublent, où les rebelles rassemblés sur nos frontières nous annoncent une prochaine explosion ? où enfin les colonies nous menaçent par une députation illicite de se soustraire à la domination de la métropole ? Ne serait-ce ici qu'une vérification d'un grand plan combiné par la trahison ?

" La répugnance des amis des noirs, nombreux dans

l'assemblée à prendre des mesures énergiques en faveur des
colors, l'indifférence du parti révolutionnaire pour les
colonies, l'éloignement du lieu de la scène qui affaiblit la
pitié et enfin le mouvement intérieur qui emportait les
esprits et les choses, effacèrent bien vite ces impressions
et laissèrent se former et grandir à Saint Domingue le
génie de l'indépendance des noirs qui se montrait de loin
dans la personne d'un pauvre et vieil esclave : " Toussaint
Louverture."

— Nous avons donné ces magnifiques pages de Lamartine sur Saint Domingue, qui était la plus belle colonie
française, pour faire connaître, à ceux qui voudraient nous
reprocher la peinture que nous faisons du caractère des
colons français de l'Ile de France et plus tard de Maurice,
la situation de ces époques néfastes, situation qui pèse
encore si lourdement sur notre colonie, quoi qu'en disent
certains aveugles. Ce que nous disons est si vrai, mais si
pénible à entendre, que, jusqu'ici, nul écrivain, s'érigeant
en historien, n'a osé le dire.

Nous étions au commencement de 1816. Comme la
paix du monde semblait être assurée par la victoire de
Waterloo, la tranquillité commençait aussi à régner dans
notre petite colonie où toutes les passions s'étaient réfugiées ;
aussi le gouvernement, quoiqu'ayant un excellent gouverneur à la tête de l'administration du pays, ne pouvait faire
autrement que de publier les ordres émanant de la métropole.

Proclamation pour déterminer le traitement des cipayes,
dits criminels, qui nous arrivaient de l'Inde pour le travail
de nos routes.

Mesures prises pour la fermeture du Port, d'après un
ordre du Ministre donné en 1815. Cette mesure porta la
désolation chez le riche comme chez le pauvre, car toutes

les marchandises doublèrent presque dans leurs prix. L'anglais est égoïste, sans aucun doute, ne connaît que lui ; mais nul peuple n'est aussi large que lui en matière commerciale.

Beaucoup d'habitants furent si mécontents, qu'ils voulurent quitter la colonie. Mais ce n'était pas chose facile, les acquéreurs manquaient. Puis encore, on craignait les nouvelles proclamations dont ils étaient menacés par la suppression de la traite des noirs. Nos colons de Maurice n'étaient pas sur des roses.

Deux sociétés furent fondées à cette époque. La première était connue sous le nom de Société d'Emulation ; société, où l'on s'occupait d'art, de science, et de littérature.

La seconde, connue sous le nom de Table Ovale, était une société politique qui était à Maurice le gouvernement occulte du pays. Nous aurons à nous en occuper d'une manière bien spéciale dans le cours de cette histoire.

Ce fut aussi en 1816 que l'on nomma des commandants de quartiers, choisis parmi les habitants de ces districts respectifs.

Le gouverneur Farquhar se montrait si convenable, quoique les proclamations ne fussent pas du goût de tous les habitants de Maurice, qu'il avait la sympathie de tous les colons.

A la fin de cette année 1816, le 25 Septembre, un incendie éclata dans notre ville de Port Louis, tel que la moitié de notre ville devint la proie des flammes.

Le 25 Septembre entre 7 et 8 heures du soir, le feu prit à la moustiquaire d'un lit à la maison de M. Deshayes par la négligence d'une servante, maison située, rue de l'Hôpital. En 1816, notre établissement des pompes à incendies était à la Police. Avons-nous besoin de dire que

cet établissement était dans un état de médiocrité si déplorable, que le feu fit des progrès rapides dans l'espace de
quelques heures : le feu se trouva dans dix endroits à la fois
dans notre ville. Il était impossible de se servir des pompes
dont les tuyaux avaient été coupés par les soldats, au dire
de ceux qui vivaient à cette époque. Nous nous souvenons
que M. Bonhomme, négociant, qui a perdu quatorze
magasins de vin et beaucoup d'autres marchandises, a fermé
un de ses magasins où des soldats étaient entrés pour
défoncer les barriques de vin. Nous avons connu M. Bonhomme qui avait cinq pieds dix pouces avant l'incendie et
qui était plié en deux, un mois après la catastrophe.

Non seulement l'eau manquait dans toutes les parties
de la ville, mais les pompes étaient insuffisantes ; sans parler
des tuyaux coupés des deux mauvaises pompes qui ne
pouvaient nullement fonctionner : tout manquait à la fois.
Aussi, n'essaya-t-on pas à se rendre maître du feu, c'était
inutile. Les propriétaires ne cherchaient qu'à sauver les
objets précieux qu'ils possédaient, sans trouver le moyen qu'il
cherchait, tandis que les coquins qui pullulaient partout
enlevaient à leur profit tout ce qu'ils trouvaient sous la
main. M. Dioré père, qui avait des sacs de piastres et des
roupies, aurait perdu sa fortune sans l'aide de son puits. Il
eut le bon esprit de faire jeter tous ses sacs d'argent dans
son puits ; sans cela, il eût perdu partie de sa fortune en
espèces. Il perdit ses propriétés, mais ses piastres et ses
roupies lui restèrent. Toute la partie nord de la ville était
en flammes, et, en présence d'un incendie semblable, on
était impuissant à faire quoique ce soit pour éteindre ce feu ;
il n'y avait aucun moyen pour le faire. Mais les rues étaient
encombrées par tous les effets et objets que l'on avait tirés
des maisons qui n'avaient pas encore pris feu.

Quant à la police, elle était entièrement nulle ; aussi chacun prenait ce qu'il voulait des objets qui se trouvaient dans les rues. Comme c'était la partie la plus riche qui brûlait, nous pouvons dire que, si beaucoup de personnes ont perdu des fortunes, un grand nombre de gens, sans rien, se sont trouvés dans l'aisance quelques mois après l'incendie.

On doit au dévouement d'un anglais, d'un militaire qui venait de Madagascar, nommé Hasty, d'avoir préservé, au péril de sa vie, l'hôtel du gouvernement. Trois fois le feu avait pris sur le toit couvert en bardeaux, et trois fois, il est parvenu à l'éteindre. Si cet hôtel du gouvernement avait pris feu, c'en était fait de la ville de Port Louis : pas une seule maison ne serait restée debout. C'est à cet anglais que l'on doit la conservation de la partie de la ville qui n'a pas été brûlée. Sans le dévouement, l'énergie, le courage dont le sergent Hasty a fait preuve, on ne sait ce que les habitants de la ville de Port Louis seraient devenus et ce que l'excellent gouverneur Farquhar, malgré sa bonté, son bon vouloir, eût pu faire pour porter aide et secours aux habitants de toute une ville entièrement brûlée.

Tout a été mis en œuvre par le gouverneur Farquhar pour soulager l'infortune de ceux qui avaient souffert dans ce terrible incendie. Ses agents, par ses ordres, allèrent aux secours des infortunés qui manquaient de tout.

Logements, vivres, vêtements, argent même furent donnés à toutes les victimes de l'incendie. On n'eut pas eu besoin de faire des demandes : l'autorité supérieure allait au devant de ces malheureux en peine.

Il était impossible que les malheureux marchands, qui avaient tant perdu, pussent s'occuper de leurs affaires, ni les capitalistes non plus. Sir R. Farquhar fit sortir une proclamation pour suspendre toutes poursuites judiciaires contre les malheureux incendiés, afin de leur donner le temps nécessaire pour se retourner et se remettre sur pied.

Une grande réunion de notables eut lieu à son appel, pour chercher les moyens les plus efficaces pour atténuer la terrible catastrophe qui venait de ruiner des milliers d'habitants de notre ville.

D'abord, c'était de prévenir l'accaparement des vivres qui avaient échappé à l'incendie ; d'assurer les distributions de riz et de pains que l'on faisait pour empêcher les trois quarts de ces incendiés de mourir de faim. Il faut reconnaître qu'avant que toutes ces mesures furent prises par le comité, le gouverneur les faisait pratiquer par ses agents, sur une large échelle.

Des navires avaient été expédiés pour chercher des vivres là où on pouvait les avoir au plus tôt, nos principaux magasins de riz, de farine, de blé, de viande salée ayant été incendiés. C'était une mesure de prudence qui s'imposait au moins pour le moment où tout allait manquer dans le pays.

Après avoir entendu les décisions prises par un comité qui s'était réuni au gouvernement, et où Sir R. Farquhar avait félicité l'assemblée d'avoir voté les mesures suivantes: Nourrir les infortunés incendiés—Soutenir le crédit de la Banque. Ouvrir le Port pour dix huit mois. Faire des prêts à ceux dont les propriétés avaient été brulées. Accorder un terme de trois mois aux débiteurs qui avaient été incendiés.

On s'était repris à l'espérance qui n'existait nulle part. Aussi, le gouverneur Farquhar a été acclamé comme le sauveur de la colonie en 1816 et 1817. Le sentiment de reconnaissance qu'on eut pour lui fut sans bornes ; on le lui fit voir à son départ pour l'Europe. Mais les flots sont changeants ! Sir R. Farquhar s'était tellement identifié avec les besoins de la colonie, qu'il prit sur lui de faire rester au collège et aux frais du gouvernement les enfants des deux sexes dont les parents avaient perdu, dans l'incendie, les moyens leur manquant — " La fortune peut se remplacer, disait-il ; mais le moment " de l'éducation, une fois perdu, ne se retrouve jamais plus."

Où était cette pauvre population de couleur, à cette époque néfaste ? Là, même, pleine de vie, et d'espérance, mais tremblante en présence des autorités du gouvernement occulte, composées de Français qui n'avaient qu'un désir : celui de voir tous les hommes de couleur mis à la pioche. Cette situation anormale n'échappa pas à Sir R. Farquhar, qui élargit son cœur en allant en Angleterre— Quoiqu'il fît beaucoup, ici, il lui restait encore à faire beaucoup plus qu'il n'avait fait.

Depuis l'incendie du 25 Septembre 1816 jusqu'au départ de Sir R. Farquhar en Novembre 1817, le Comité Général, celui des finances, de secours furent occupés à l'exécution de toutes les mesures qui avaient été votées sous la présidence de Sir R. Earquhar.

Du riz fut distribué à un prix et à des termes modérés à tous ceux qui en avaient besoin.

Des marchandises, provenant de deux cargaisons achetées par le gouvernement, furent données à termes à des marchands et à des artisans qui ne pouvaient exercer leur industrie.

Un prêt de Cent mille piastres fut assuré à la Banque, à raffermir cet établissement de crédit.

Un marché central, bordé par des échoppes qui servirent de boutiques de toileries, de tailleurs, d'orfèvres, de cordonniers, fut construit à la place du jardin dit de la Compagnie ; là se trouvaient aussi les bouchers, les marchands de poissons, de volailles et de toute espèce d'animaux. Ce n'est que beaucoup plus tard que l'on a cru devoir déplacer ce marché central pour le mettre là où il est maintenant.

Par ce terrible incendie, qui venait de détruire une grande partie de la ville, en ruinant des milliers de familles, l'autorité eut beaucoup à faire pour se tenir à la hauteur des devoirs qu'elle avait à remplir. Son concours, son aide, sa protection soutinrent les affligés qui se reprirent à l'espérance. Aussi, beaucoup de bonnes choses eurent lieu.

On forma des compagnies de pompiers ; on donna des secours à ceux qui étaient recommandés par un comité institué à cet effet.

Le gouverneur posa, en présence de tous les corps constitués, la première pierre d'un nouveau quai, indispensable à nos besoins de chaque jour. Au moment où l'on se sentait un peu allégé par tout ce que le gouvernment faisait pour soulager la misère de tous ceux qui avaient fait des pertes irréparables, plusieurs banqueroutes vinrent mettre le trouble là où l'on semblait voir un peu de bien être ; ces banqueroutes firent un si grand mal, qu'elles vinrent, si non détruire, du moins diminuer la confiance que l'on avait eu dans le crédit que le gouvernement était parvenu à rétablir. Il était impossible que la colonie ne se ressentît pas de la situation précaire où elle se trouvait, malgré l'aide et l'appui du gouvernement. Aussi, chacun s'occupa de ses affaires personnelles, de la difficulté de l'existence ; et la politique fut entièrement abandonnée. Du reste, comme on avait une confiance sans bornes dans les sentiments de Sir R. Farquhar, on n'objecta nullement sur toutes les mesures qu'il crut devoir prendre et mettre à exécution.

On ne porta pas grande attention sur l'émission d'une monnaie de l'Inde sur notre place ; sur une proclamation

concernant l'exercice de la médecine ; sur des mesures pour
l'édification de l'Eglise de Mahébourg et d'un presbytère ;
seulement on se réjouit beaucoup de la nouvelle reçue que le
ministre accordait l'ouverture de notre port pour un temps
limité. On ne fit guère attention au temps qu'il accordait,
mais bien à son accession à l'ouverture de notre Port.

Le gouverneur ayant encore beaucoup à faire, malgré
tout ce qu'il avait fait, avait pris la résolution d'aller en
Angleterre ; il écrivit au ministre pour que celui-ci lui accordât
ce qu'il demandait.—Lorsque cette demande fut connue des
habitants de Maurice, ils furent désolés de cette détermina-
tion de Sir R. Farquhar, quoiqu'ils sussent que le gouverneur
n'avait qu'une idée, celle de demander au ministre des
avantages et des immunités pour le bien-être de la colonie.
Mais le Gouverneur ayant reçu une réponse favorable à sa
demande, fit tous ses préparatifs de départ.

Comme on croyait que Sir Farquhar ne reviendrait plus,
on éprouva beaucoup de chagrin de perdre un aussi bon
gouverneur.

Avant son départ au 19 Septembre 1817, il reçut de
tous les habitants de la colonie, les hommes de couleur
exceptés, toutes les marques d'estime, de considération et
de respect que l'on peut avoir pour un prince qui a rendu
ses sujets heureux. Les cadeaux, les présents, les hommages,
de toutes sortes lui firent prodigués— Toute la population
blanche lui servit d'escorte, de l'hôtel du gouvernement à
l'embarcadaire ; la population de couleur seule resta triste,
consternée, isolée, comme si cette population n'était composée
que d'idiots, courbée sous le poids de préjugés qui les empêchaient de se remuer. Cette population n'avait même pas le
droit de formuler une plainte : ces membres étaient libres,
mais ne jouissaient d'aucun des droits de citoyens actifs,

C'était là l'effet des lois françaises, maintenues par le gouvernement anglais jusqu'en 1830.—Et, cependant, la colonie possédait dans son sein, en 1817, des hommes de couleur instruits qui avaient le sentiment de leur dignité ; mais s'ils avaient eu le malheur de faire des pétitions pour réclamer leurs droits de citoyens actifs, on les eût déportés à l'instant.

Nous allons faire connaître comment ils se sont conduits, en 1821, pour faire signer certaines pétitions demandant à faire abroger le code Decaen, dit code Crépin. Les hommes de couleur de 1803 à 1830 touchaient à la classe des citoyens par la liberté, cela est vrai. Mais ils étaient assimilés à celle des esclaves par le peu de considération dont ils jouissaient et par les lois qui les plaçaient dans une situation tellement inférieure qu'ils ne représentaient absolument rien.

Le nouveau gouverneur, Sir Gages Hall, venait d'arriver ; il prit les reines du gouvernement de Maurice au départ de Sir R. Farquhar.

Ce gouverneur était un membre de la Société de l'*Anti-Slavery*—Général en Espagne, dans l'armée anglaise, ayant été fait prisonnier par le Général Brue qui était alors colonel d'un régiment français en Espagne. Ce général était un homme d'honneur ; dans sa première proclamation, il parla de modération, d'impartialité, de justice pour tous. C'était beaucoup s'avancer pour un militaire qui sortait de la guerre d'Espagne où la discipline était si fortement recommandée.

Dans le premier mois de son administration, il fit une proclamation pour annuler tout ce qui avait été fait par le Gouverneur Farquhar en faveur d'une société pour encourager les arts.

Dans une autre proclamation, il attribua au Commissionaire en chef de la police les jugements sans appel sur toutes les contraventions aux lois et aux réglements de police qui ne dépasseraient pas 50 francs d'amende et trois mois de prison ; ce sont les malheureux de la classe secondaire qui ont ressenti les effets de cette proclamation. Une mesure semblable ne pouvait venir que d'un militaire.

Ces deux proclamations n'obtinrent pas les suffrages de tout le monde ; mais on garda le silence. Une autre proclamation contenait des mesures à l'égard des étrangers voulant s'établir à Maurice ; une autre pour faire observer l'ordre à maintenir par les voitures de transport.

Il faut le dire, en toute vérité, ce gouverneur, Sir Gages Hall, était d'une vigilance qui allait faire trembler les habitants de Maurice, ceux de la classe privilégiée qui furent sur des charbons ardents pendant l'année de son administration.

Il n'entendait pas raillerie sur la traite des esclaves : il était sur cette question tellement sévère, que les mesures qu'il prit frisèrent l'absolutisme, la tyrannie. Mais le Gouverneur Gages Hall, qui était un fougueux membre de la société de l'*Anti-Slavery*, ne pouvait voir la traite se faire sur une échelle aussi large. Nous savons que des écrivains ont dit qu'en 1818, la traite des esclaves ne se faisait pas à Maurice, et que c'est, du reste, quelques gredins seulement qui continuaient ce commerce. Ce sont ces assertions qui sont fausses. — Nous qui écrivons cette histoire, nous étions à l'habitation, quartier des Vacoas en 1817, 18 et 19—Nous certifions que des noirs malgaches venant de débarquer, étaient conduits par des hommes du pays, par bandes de 18 à 20. On les gardait dans les bois et on les plaçait à fur et à mesure aux habitants d'alentour. Que ce crime fut considéré comme presque rien, étant partagé par tous les habitants du pays indistinctement — il n'existait pas moins, surtout en 1818, dans toute l'Ile et par le fait de tous les habitants,

Par cette constatation de notre part, nous n'entendons nullement excuser les actes de rigueur de Sir Gages Hall. Nous blâmons tous ses actes, parce qu'il ne les a pas fait faire avec toute la modération voulue et dans la forme nécessaire pour être au dessus de tout reproche.

Certains écrivains, qui ont écrit sur Maurice, ont dit :

" Elevés et nourris dans les principes alors consacrés dans les colonies par l'usage et les lois, les habitants de Maurice ont dû naturellement éprouver quelque peine à considérer comme un crime ce qui, jusqu'alors, avait été non-seulement autorisé, mais ce qui avait même été encouragé par les lois, ce qui était pour eux la source de leur fortune."

Détestable langage ! affreux raisonnement, qui auraient laissé toutes les colonies entre les mains des européens, qui étaient presque tous des hommes sans cœur, sans conscience envers ceux qui n'étaient pas de leur caste.

L'on a dit encore qu'en 1818, lorsque le Gouverneur Sir Gages Hall faisait faire des visites domiciliaires dans beaucoup d'endroits, que la traite n'existait pas. C'est une grande erreur ; nous avions, à cette époque, trois grands contrebandiers, que nous avons connus parfaitement, qui n'avaient pour mission que de verser sur notre colonie des esclaves mâles et femelles provenant de Madagascar. Ce n'est que par des mesures de la dernière rigueur, que le Gouvernement anglais a pu se rendre maître de ce commerce infâme.

L'année 1818 s'ouvrit par un terrible ouragan, 28 Février. La colonie éprouva de grandes pertes, lorsqu'elle commençait à se relever. On aurait dit que c'était le précurseur de tout ce qui allait arriver à notre colonie.

Le moment de la fermeture de notre Port était arrivé, au moment même où notre terrible ouragan avait tout ravagé sur nos bords. Une épidémie de mal de gorge, qui fit des hécatombes d'enfants ; des denonciations telles que le Gouverneur se trouva dans la nécessité de sortir de la légalité pour vérifier toutes les allégations qui l'excitaient, le froissaient, le mettaient hors de lui. Certes, avec son desir de tout améliorer, ici, son activité, ses connaissances, il eût dû avoir plus de tempérament : mais cela lui à fait défaut entièrement dans quelques uns de ces actes principaux.

Son défaut de modération lui fit commettre faute sur faute. Il suspendit le commissaire de Justice Georges Smith, parce que celui-ci n'avait pas voulu prendre en consideration les accusations du Capitaine Purvis de la frégate anglaise la *Magicienne*, accusations portées contre beaucoup d'habitants, mais depourvues de preuves suffisantes pour asseoir des accusations aussi sérieuses que celles dont il est ici question. Encore moins reconnaître les saisies faites par le même capitaine pour des prétendues infractions commises par des marins français, danois, hambourgeois, et américains, en sa qualité de juge de la cour de vice amirauté. Et, après un mûr examen de l'affaire, le commissaire de Justice Smith déclara l'incompétence de la cour de Vice Amirauté, en disant que S. A. R. avait fait connaître que toutes les affaires semblables étaient du ressort des tribunaux ordinaires, et que son opinion était conforme aux sentiments exprimés en Conseil par Son Altesse Royale. Il suspendit de même le Colonel Draper, Collecteur des Douanes, parce que celui-ci avait fait voir que les propriétaires et les capitaines des navires détenus n'avaient pas commis des délits ; que ces propriétaires n'avaient jamais tenté de débarquer en contrebande un seul des articles prohibés— Le Colonel Draper fut victime de sa belle conduite.

Des commissaires civils furent suspendus, entr'autres

le commissaire civil du Bois Rouge, M. Deville, parce qu'il n'a rien trouvé dans les visites domiciliaires qu'il faisait exécuter chez les habitants que l'on avait dénoncés pour avoir des noirs nouvellement débarqués. Ce commissaire civil fut destitué, parce qu'il n'a rien trouvé chez ces habitants, et aussi, disait le Général Hall, par son défaut de zèle.

Il fit mettre opposition au départ de M. Waugh et le fit poursuivre, parce que M. Waugh avait protesté contre cette opposition du gouverneur, attentoire à ses droits de citoyen anglais.

Les actes du gouverneur ne furent pas moins violents envers M. de Chazal, en lui retirant tous les ouvriers indiens que le Gouverneur Farquhar lui avait accordés et que, lui, M. de Chazal, avait élevé dans le travail de la sériciculture ; travail dans lequel ces indiens s'étaient exercés et qui aurait été fructueux pour la colonie, surtout à cette époque. Le Général Hall n'a pas voulu que M. de Chazal les conservât en payant les loyers, ni même les remplacer par d'autres travailleurs plus forts, plus actifs que ces indiens pour d'autres travaux manuels. Toutes les notions du juste furent méconnues ; les observations les plus logiques furent rejetées. Le Général Hall mettait toujours sa volonté capricieuse, tyrannique à la place du droit et de l'équité.

Un grand nombre de personnes furent soupçonnées d'avoir contrevenu aux lois sur la traite des noirs. Elles furent accusées par le Capitaine Purvis de la frégate *La Magicienne.* Un jury de 18 personnes fut formé ; personnes tout à fait respectables. Après avoir examiné tous les témoins produits par l'accusation, le jury fit connaître que l'accusation était insolite, qu'elle était sans fondement, sans preuve aucune. Le général Hall, en apprenant ce verdict, ne se contint plus ; il perdit toute retenue, et par ses paroles

injurieuses, méprisantes, il souleva l'indignation do tous ces
témoins de l'action brutale du général Hall.

On ne pouvait qualifier cette mesure prise par le général de réunir aux attributions que lui donnait la loi organique
de la colonie — le pouvoir appartenant au commissaire de
Justice suspendu de ses fonctions. Cette mesure répandit
la terreur parmi les principaux habitants. Evidemment, la
passion le dominait tellement, qu'il en était devenu aveugle.

Faut-il que nous fassions mention de l'arrestation du
jeune Monneron ; de la triste affaire de Desfontaine ; de celle
du général Young ; du Secrétaire en chef du gouvernement,
Barry ; du prêt de 100,000 piastres que le gouvernement de
Sir R. Farquhar avait promis à la banque ; au silence dé-
daigneux qu'il garda à l'addresse que les habitants lui ont
présentés, ceux faisant partie de la commune ? A une
pétition qui lui avait été présentée après l'ouragan de 1818
par les habitants, sait-on ce qu'il a répondu ?   On lui
demandait aide et protection dans les circonstances malheureuses où la colonie se trouvait par les ravages faits à toutes
les plantations.

Il répondit qu'il ne pouvait rien faire pour des gens
imprévoyants qui auraient dû toujours avoir des vivres
pour une année au moins dans leurs magasins. Que les conseils que les habitants se permettaient de lui donner,
auraient dû être suivis par eux. Que, du reste, il n'avait pas
besoin de conseils de personne, surtout de ceux qui trafi-
quaient de la chair humaine, le plus grand crime aux yeux
de Dieu qui les punissait, sans aucun doute, pour tous leurs
méfaits.

Le refus était d'autant plus intempestif que les besoins
de la colonie étaient bien grands ; et que ce refus était fait
dans des termes si peu en harmonie avec les sentiments qui

doivent caractériser toute réponse d'un gouverneur, quel qu'il puisse être. La sienne ne contenait que l'ironie la plus amère.

Un de ses actes les plus malheureux fut l'incarcération de M. Cuvillier, un traitant de Madagascar accusé d'avoir eu en sa possession des noirs nouveaux. Celui ci fut envoyé à l'hôpital bien souffrant. On demanda à l'autorité sa sortie de l'hôpital; le général Hall refusa. Il mourut trois jours après son entrée dans cet établissement; ce fut un évènement. Le corps de M. Cuvillier, suivi par un cortège immense, passa devant l'hôtel du gouvernement. C'était une démonstration, que l'on voulait faire voir au gouverneur Hall. Cette démonstration l'exaspéra.

Quant aux hommes sensés de l'époque, ils déploraient que ce gouverneur ait eu le caractère aussi irrascible. La liberté était le but de toutes ses actions ; mais, triste anomalie, il voulait y parvenir par les moyens les plus absolus et les plus révoltants. Il n'y avait que l'aveuglement le plus grand qui pût seul admettre les deux choses les plus inconciliables et les plus contradictoires qui fussent au monde : l'absolutisme et la liberté.

Des plaintes partirent de tous les points de la colonie. Cette fois là, tous les chefs de département furent en première ligne. Il n'était pas possible que le général Hall ne fût pas rappelé. Le gouvernement de la métropole ne prit aucun ménagement avec lui, car tous ceux qui avaient été suspendus sous son administration, furent réintégrés par ordre des ministres. Les réflexions du général Hall furent caractéristiques et dignes de lui, malgré les ordres du ministre, disait-il, si j'étais resté à mon poste de gouverneur, j'eusse maintenu la suspension de toute cette canaille.

Sait-on comment était composée cette canaille ?

De tout ce qu'il y avait de plus haut placé dans l'administration : du Commissaire de Justice, du Colonel Draper,
du Secrétaire Colonial, du Procureur Général, etc., etc.

Il est malheureux pour la colonie, qu'en 1818 la traite
des noirs se faisait sur une si grande échelle—On a reproché
au Gouverneur Farquhar sa trop grande complaisance pour
les contrebandiers de cette époque. Le Général Hall, nommé
par l'influence d'une société puissante en Angleterre, la
société de l'*Anti Slavery*, ne trouva rien de mieux que
d'exécuter, et de la manière la plus rigoureuse, les ordres de
ceux dont les sympathies lui étaient acquises. Du reste, le
Général Hall, lui même, était un des plus fougueux partisans
de la société de l'*Anti Slavery*— Société qui était toute
puissante en Angleterre.

Comme nous n'avons rien négligé pour mettre à nu
toutes les fautes commises par le Gouverneur Gages Hall,
faisons connaitre un acte de son cœur reconnaissant.

Il était dans l'armée anglaise à la tête de son régiment;
et il a été fait prisonnier par le Général Brue qui avait été
obligé de fuir en 1815, après la bataille de Waterloo.

Le Général Hall, prisonnier du Général Brue en
Espagne, n'eut qu'à se louer de la noble conduite de celui
qui l'avait fait prisonnier.

Il garda toujours le souvenir de celui qui l'avait si bien
traité en Espagne— Aussi combien grande fut sa joie, sa
satisfaction, lorsqu'il vit sur des offres le nom de M. Brue.
Il donna ordre d'écrire à M. Brue pour le prier de venir à
l'Hôtel du Gouvernement. On doit comprendre combien, des
deux côtés, on évoqua des souvenirs.

Le Général de l'Empire crut devoir s'afflubler de son vieil
habit de général en se rendant au gouvernement— Il fut
reçu par le Général Hall de la manière la plus cordiale

et la plus heureuse pour l'ex-général Brue, puisqu'il obtint les offres qu'il avait faites pour obtenir les fournitures de viande de boucherie aux militaires.

Dans cette première visite l'ex-général Brue obtint du général-gouverneur toutes les offres de service pour le bien-être du Général Brue et de sa famille.

Cet acte de si profonde reconnaissance, rachète bien des défauts de caractère.

Les privilégiés coloniaux, après le départ du Général Gages Hall, respirèrent plus librement. Occupés qu'ils étaient de leurs intérêts les plus chers, de la conservation de leurs fortunes, de leur liberté individuelle qui n'était certainement pas respectée par le Général Hall, ils ne purent songer à leurs sots préjugés, leurs maîtres, leurs dominateurs.

Quant à la classe intermédiaire, elle ne put faire un seul pas en avant—Mais, dans la situation où elle se trouvait, le repos, c'était le bonheur.

Au départ du Général Gages Hall, c'est le Colonel Dalrimple qui prit les rênes de notre administration ; mais pendant les deux mois qu'il se trouva à la tête du pays, il ne fit presque rien, si ce n'est de réintégrer le Procureur Général Virieux ainé, les commissaires civils destitués par le Général Hall, et les commandants de quartiers par ordre du ministre.

On le regretta beaucoup, non pas pour ce qu'il avait fait, mais parce qu'il n'avait rien fait.

Le Général Darling arriva sur nos bords, d'Angleterre, le 5 Février ; le 6, une proclamation a fait connaître ses bonnes intentions. Ce général était comme sont presque tous les militaires anglais : tenue correcte dans ses réceptions ; il était froid, mais d'une grande politesse ; il était grand travailleur, disait-on, et d'une rigoureuse exactitude dans tout ce qu'il faisait. Nous allons le voir à l'œuvre.

Par la traite qui se continuait ici en 1816, 17 et 18 la verette était devenue endémique ; il était fort heureux que le vaccin fût en honneur parmi nous ; sans cela, toutes nos populations, surtout la population de couleur et les esclaves auraient été décimés, anéantis. En 1818, on osait nier la traite des noirs malgaches et mozambiques, qu'elle ne se faisait pas. C'est le contraire qui avait lieu : la traite se faisait encore sur une grande échelle, nous le certifions. Quant au choléra qui éclata parmi nous en Novembre 1819, il a été dûment constaté que c'est la frégate *La Topaze* qui nous l'a porté, quoique le Docteur en Chef de cette époque et tous ceux qui étaient avec lui, les principaux médecins du pays, fûrent de l'opinion que la maladie qui tuait tous ceux qui en étaient atteints, n'était ni contagieuse ni introduite du dehors. Ils avaient fait la remarque, ces savants médecins, que la maladie ne sévissait que sur les noirs et sur les gens mal nourris, exposés à l'air et au soleil, et habitant des lieux humides. On doit comprendre ce que des cholériques pouvaient attendre de tels Docteurs. L'alarme était si grande, provenant de la mortalité qui allait toujours croissant, que la ville fut désertée, les habitants fuyant partout dans les habitations.

Toutes les affaires furent arrêtées ; aussi le Général Darling fit une proclamation par laquelle il ordonna la suspension de tous paiements. Les officiers ministériels faisaient partout défaut.

La terreur était si grande partout, que la ville était devenue comme un désert.

Les tribunaux ne fonctionnaient plus. La police était entièrement nulle : à peine si les coquins pouvaient exercer leur sale métier, celui de voler.

A ce moment, des adresses furent envoyées de par tous

la colonie, au Conseil de Commune, même, au Général
Darling. Il fut sommé de prendre des mesures pour arrêter
le fléau, du moins ses progrès. On était tellement exaspéré
qu'on mit de côté toutes les formes que l'on devait observer,
en écrivant à un chef, à un gouverneur. C'était une grande
faute.

Pour être écouté, on ne doit jamais s'écarter du respect
que l'on doit au chef d'un pays. Aussi qu'advint-il, une
rupture complète entre le gouverneur et ses administrés.

Ici, nous allons donner la lettre du Major Général
Darling et la longue réponse du Président de l'Assemblée
Général de commune, M. J. Saulnier, mais lettre écrite par
le Secrétaire de cette assemblée, M. Thomi Pitot ; ce secrétaire a été jusqu'à sa mort, arrivée le 25 mai 1821, le *leader*
de la population blanche, dont la parole était des ordres
pour le maintien des préjugés coloniaux. Il est malheureux
pour cet homme, qui aimait tant la liberté, au dire de ses
partisans, qu'il soit mort si jeune ; il eût vu les jeunes gens
de la population de couleur, jeunes gens qu'il traitait de
brutes, lutter avec les plus intelligents parmi leurs fils et
remporter des palmes dans les arts, les sciences et la littérature.   Ce fils de Maurice méconnaissait le premier ce
langage qu'on lui prêtait. " Tout faire pour obtenir et conserver cette liberté achetée si chèrement par des siècles
d'esclavage, mais en user avec modération, afin d'en jouir
pour toujours." C'est ce que M. Thomi Pitot et le successeur
choisi par lui, avant de mourir, n'ont jamais voulu comprendre—c'étaient des hommes qui aimaient la liberté, mais
pour eux, leurs fils, leurs amis et ceux des hommes qu'ils
considéraient comme des hommes de même nature qu'eux.—
C'étaient de pauvres esprits qui n'avaient pas l'intuition
de l'avenir.

Ces hommes étaient considérés et sont encore estimés comme des colosses en politique.

C'étaient des hommes très bornés, sans prévoyance ; qui croyaient que la liberté n'était que pour eux, parce que le pouvoir était entre leurs mains. Entourés comme ils étaient de flatteurs, de parvenus qui se voyaient, tout à coup, fêtés, chôyés, ils ne pouvaient réfléchir le moins du monde sur la constitution d'une société qui n'avait pour base que l'absolutisme, la tyrannie et l'égoïsme le plus détestable.

Ces deux pièces historiques que nous mettons sous les yeux des lecteurs feront connaître la situation de la colonie en 1818 et 1819.

Lettre du Major Général Darling au Président et aux Membres du Conseil Général de Commune.

Messieurs,

Le degré d'impudence auquel est parvenu dans cette colonie le commerce des esclaves, commerce tout à la fois contraire à l'humanité et flétrissant pour la population au milieu de laquelle il s'exerce, me porte à m'adresser au Conseil Général de la commune, afin d'avoir son avis sur les moyens les plus efficaces pour y mettre un terme.

Il est dur de penser qu'au moment où la colonie est en proie au fléau qui la ravage, ses habitants, emportés par une avidité qui tient de la fureur, osent, comme ils le font, s'associer à des misérables qui se sont couverts d'infamie pour l'abandon de tout principe de morale et d'humanité.

Quelque pénible que soit cette réflexion, c'est cependant un fait incontestable que, dans les jours mêmes où les malheurs causés par la contagion étaient à leur comble, et comme pour braver la vengeance divine, des noirs avaient de nouveau été débarqués dans l'Ile, non seulement par la connivence secrète de quelques habitants, mais encore par le concours et l'assistance publique des personnes qui résident sur les côtes.

Je ne crois pas nécessaire d'avertir le Conseil que le gouvernement de la Grande Bretagne ne souffrira jamais une si scandaleuse violation de ses lois, fondées sur des principes de justice et d'humanité ; je n'ai pas besoin non plus de vous faire observer, Messieurs, que si les marchands d'esclaves, n'étaient pas encouragés, on verrait bientôt cesser ce honteux trafic. Mais l'empressement avec lequel on achète ici les noirs nouveaux sera toujours un véhicule assez puissant pour le continuer et le peu de succès des efforts qui auront été faits pour découvrir les coupables est la preuve irrévocable de la protection que reçoivent les infracteurs de la loi.

Quelque sensibles que paraissent les habitants aux plaintes qui s'élèvent contre le commerce des esclaves, tant qu'ils le favorisent, comme ils le font maintenant en aidant les marchands à se soustraire aux recherches de l'autorité, il serait absurde d'espérer qu'ils pourront se soustraire aux conséquences inévitables d'une pareille conduite, et éviter le blâme qui en rejaillit sur la population entière. C'est une tâche que leur persévérance rendra ineffaçable ; qui flétrira le nom et le caractère des habitants de l'Ile Maurice, aussi longtemps que cette Ile existera.

Si la colonie ne renonçait pas au trafic infernal dans lequel elle est engagée, il me serait aisé de lui prédire qu'elles en seront les terribles et inévitables conséquences. Les habitants peuvent être certains que le gouvernement anglais, auquel ils ont prêté serment de fidélité, et qui sera toujours prêt à les protéger, à défendre leurs justes et légitimes droits, le sera également, pour faire respecter les lois qui ont été établies au bénéfice de l'espèce humaine, et qu'il persévérera dans cette volonté jusqu'à ce qu'il ait accompli ce grand projet du monde civilisé.

Les habitants de l'Ile Maurice voudraient-ils donc laisser dire à la postérité qu'ils ont été les derniers à répondre à l'appel de l'humanité et de la justice ? Une telle flétrissure ne pouvait être acceptée que par des hommes capables de trouver quelque compensation aux plus grands crimes dans la satisfaction d'un sordide intérêt.

Mais j'ai confiance en Dieu ; une lueur de raison viendra, je l'espère, dessiller tous les yeux, et sauver la colonie d'une honteuse dégradation.

Je ne vous rappellerai pas, Messieurs, que le gouvernement de Sa Majesté a toujours montré les plus vives sollicitudes pour assurer la prospérité de l'Ile et de ses habitants.

Dans le court espace de deux années, le port est ouvert pour la seconde fois, et les nations étrangères ont été invitées à former avec nous des relations commerciales fondées sur des principes tout à la fois calculés d'après vos intérêts et les besoins de la colonie.

Cette bienveillance semble être particulière à ce pays et prouve la faveur spéciale dont il jouit auprès du gouvernement de la Grande Bretagne ; et sous tous les autres rapports, le Conseil doit être sensible à l'empressement à prendre toutes les mesures qui avaient pour objet de faire prospérer la colonie et d'assurer son bonheur :

Qu'il me soit permis maintenant de demander sur quels principes de justice les habitants, en persévérant comme ils le font par la violation des lois, à contrarier les vues du gouvernement, pourraient se croire quelque droit à la continuation d'une telle bienveillance.

Persuadé, Messieurs, de l'influence que peut exercer le Conseil composé de membres en rapport avec tous les habibitants de la colonie, permettez moi de les exhorter à inspirer par tous les moyens qui sont en leur pouvoir, une juste horreur de ce commerce odieux et dégoutant dans lequel la population est à présent si généralement engagée, et de faire tous leurs efforts pour détourner les conséquences qui doivent infailliblement résulter de leur persévérance dans un trafic que le gouvernement est décidé à détruire par tous les moyens possibles.

Que le Conseil remplisse pleinement et sans réserve, un des principaux objets de son institution, la répression du commerce des esclaves ; qu'il indique au moins les moyens par lesquels on peut l'atteindre d'après les connaissances, que les localités peuvent donner à chacun de ses membres, et qu'ils désignent au gouvernement les personnes qui se livrent plus particulièrement à ce commerce.

Je n'ai pas besoin de vous faire observer, messieurs, que la frégate de Sa Majesté, la *Topaze*, stationnée ici, pour la protection spéciale de la colonie, et de son commerce légitime, vient de quitter ces bords, afin de satisfaire les habitants qui ont exprimé des craintes sur les conséquences que pouvait avoir son entrée dans le Trou Fanfaron. Le rappel au moment de son départ, des embarcations qu'elle avait sur la côte, paraît avoir été le signal de la conduite la plus licencieuse et la plus effrénée de la part des marchands d'esclaves. Dès ce moment, ils se sont, sans interruption, occupés de débarquer leurs cargaisons, et non seulement ils ont été protégés, mais encore assistés dans leurs opérations par les habitants. Serait-ce alors tirer une conclusion forcée un peu naturelle de prétendre que les appréhensions nées de la présence de cette frégate étaient faites et servaient à masquer le véritable motif qui faisait désirer son éloignement et que l'on ne craignait réellement

de son séjour, ici, que les entraves qu'elle mettait au commerce des esclaves.

Si vous trouvez quelque vivacité dans mes expressions,
vous conviendrez, messieurs, qu'elles sont dictées par le
sujet et par les circonstances. Personne ne peut prétendre
cause d'ignorance des faits que je viens de rapporter, il est
instant de s'en occuper et il serait absurde de mettre en
question si tant que le commerce des esclaves sera continué
et encouragé, comme il parait l'être plus particulièrement
dans cette conjecture, la colonie ne doit pas se considérer
comme ayant perdu tout droit à la bienveillance du gouvernement et si les habitants dont le caractère ne peut
que souffrir de l'assistance qu'ils donnent à ce commerce,
n'auront pas à se repentir de leur coupable indifférence pour
toutes les conséquences qui peuvent en résulter.

Je remplis donc mon devoir en requérant le conseil de
prendre cet objet dans la plus prompte et la plus sérieuse
considération, et de soumettre au gouvernement les mesures
qu'il jugera les plus efficaces pour arriver à la découverte
des noirs récemment introduits, des personnes par lesquelles
ils ont été importés, comme aussi de donner son opinion en
général sur les moyens de favoriser les vues du gouvernement de Sa Majesté, et d'assurer ses véritables intérêts dans
cette importante matière.

(Signé)

DARLING.

Par la réponse que l'on va lire, on verra l'importance
que le Conseil de Commune a cru devoir mettre, pour
détruire toutes les allégations qui y sont contenues.

Réponse au Général Darling.

Général,

Après avoir pris connaissance de votre lettre sous la
date du 15 Janvier dernier, nous nous sommes demandé par

quelle fatalité chacun des fléaux qui accablent notre malheureuse colonie, devient un signal d'une persécution nouvelle, et comment, au lieu des consolations dont nous avons besoin au milieu de nos infortunes, nous n'avons entendu sortir de la bouche de nos chefs, qu'injures, accusations et menaces.

Lorsqu'à la suite d'un désastre qu'il n'avait pas du moins à se reprocher, le Major Général Hall nous écrit sur le même sujet qui donne lieu aujourd'hui à notre correspondance avec vous, nous crûmes avec l'Europe entière qu'il était impossible de pousser plus loin que lui la prévention, l'injustice et la cruauté. Votre lettre nous a désabusés.

Etonnés, indignés de l'inculpation qu'elle renferme et des termes révoltants dans lesquels vous n'avez pas craint de l'énoncer, nous répondrons avec la fermeté qui convient à de fidèles sujets de Sa Majesté, outragés dans le seul bien qui leur reste, dans leur honneur, qu'il n'est pas en votre pouvoir et qu'il n'est pas au pouvoir de personne de leur ravir.

Lorsque vous prîtes les rênes de l'administration de cette colonie, vainement essayâtes vous d'étouffer notre voix accusatrice ; vainement cherchâtes vous à nous empêcher de porter nos justes plaintes contre vos prédécesseurs au pieds du prince auguste qui nous compte aujourd'hui parmi ses enfants.

Nous connaissions dès lors le chemin du trône; nous ne l'avons pas oublié ; et nous vous prouverons encore une fois dans cette circonstance, que nous ne craignons pas à la fois l'accusation et la défense devant ce tribunal suprême où la voix du faible opprimé ne fut jamais étouffée par les clameurs de l'homme puissant.

Nous appellerons aussi à notre nouvelle patrie, nous demanderons que l'on nous apprenne enfin s'il suffit d'être colon pour être voué désormais à l'opprobre, aux humiliations, à l'inimitié de tous ? Nous demandons si lorsque l'immense majorité des habitants de cette ile respecte et exécute les lois, le crime d'une poignée d'hommes qui s'y montrent rebelles suffit pour nous mériter à tous l'indignation de notre souverain et la haine de nos compatriotes ?

Nous demandons quel peut-être le but de ces déclamations sans fin, de ces inculpations toujours renaissantes et toujours dénuées de preuves, lorsque jamais la colonie ne s'est montrée plus fidèle, plus soumise et plus patiente sous le faix des malheurs les plus grands et les plus répétés ?

Veut-on nous forcer de jeter en arrière de douloureux regards et nous arracher des cris de désespoir qui apprennent au monde que sous tous les gouvernements qui se sont succédé sous celui même de la convention de sanglante mémoire, nous étions plus heureux que nous le sommes sous le sceptre d'un monarque anglais ?

Oui, vous nous contraignez à le dire, jamais population plus paisible et plus innocente. ne fut abreuvée de plus d'outrages, ne fut exposée à plus de vexations, ne vit violer plus ouvertement les lois qui lui étaient conservées, ne fut soumise à une autorité plus arbitraire et plus despotique. Et cependant nous faisons partie de la nation la plus libre de la terre, la plus jalouse de ses droits ; nous sommes les compatriotes du peuple dont l'immortelle constitution est un objet d'admiration et d'envie pour le reste du monde. Au lieu d'acquérir de nouveaux droits en appartenant à la Grande Bretagne, nous avons vu successivement disparaître les faibles barrières opposées à la tyrannie sous nos gouverneurs précédents ; alors il existait un contre-poids à l'autorité du chef de la colonie ; il n'en existe plus aujourd'hui, et la volonté d'un seul homme pourtant dispose de tout ici sans restrictions

et sans entraves. A mesure que nos moyens, nos fortunes
ont disparu, nos charges publiques, arbitrairement imposées
s'etant accrues d'une manière inaltérable, et nous fléchissons
aujourd'hui sous le fardeau des impôts décuplés depuis le
jour où notre île a changé de pavillon. Plusieurs branches
d'industrie, naguère libre et exercées partout sont devenues
des monopoles lucratifs pour quelques-uns moins écrasants
pour le reste de la population ; le trésor colonial regorge
de richesses et la misère et le besoin sont dans toutes les
familles.

L'or et l'argent ont disparu, et des valeurs fictives ou
des monnaies étrangères que l'on nous a forcés de recevoir
au dessus de leur valeur réelles les ont remplacés ; les
flammes ont ravagé la moitié de la ville, et la majeure partie
des terrains réunis au domaine n'ont point encore été payés
aux malheureux propriétaires dont ils sont devenus presque
l'unique ressource.

La tempête a joint ses ravages à l'incendie, et l'on nous
a répété que nous étions encore plus heureux que nous le
méritons. Trois fois des maladies pestilentielles apportées de
l'exterieur et reçues dans la colonie avec une imprévoyance
inexplicable, ont deciné nos familles et nos ateliers, et l'on a
trouvé, à nous dire pour nous consoler, que des paroles enve-
nimées de haine et de mépris.

Il suffit de jeter les yeux sur notre conduite depuis que
nous appartenons a l'Angleterre pour se convaincre que nous
n'avons pas voulu, comme votre lettre le donne à entendre,
être les derniers à nous soumettre aux lois de l'abolition, et
que nous ne sommes point de ces hommes qui se consolent
des crimes les plus honteux par le bénefice qu'ils en retirent.

Les bills qui ont fait cesser le commerce des esclaves,
n'ont été mis en rigueur dans les colonies anglaises qu'a-

près vingt ans d'avertissements, après les précautions les plus sages, avec tous les ménagements qui devaient assurer à la fois à la conservation des noirs et ménager les intérêts des colons. Elle nous fut appliquée au jour même de notre capture, sans examen de la proportion des sexes dans notre île, sans connoissance de notre situation locale, sans considération des circonstances qui avaient suspendu pour nous, depuis vingt ans, au commerce que les Antilles, riches et protégées par une marine puissante avait fait sans obstacles et sans interruption averties qu'elles étaient, depuis si longtemps, que le jour où la traite devait cesser ne tarderait pas à paraître. Nous n'avons pas même réclamé contre la différence de notre sort à celui des colons anglais, et nous avons obéi sans la moindre résistance à une loi qui, lorsqu'elle fut imposée aux îles occidentales, les avait presque mises en état de révolte contre leur métropole.

Les peines prononcées par les lois contre les marchands d'esclaves, de jour en jour sont devenues plus sévères ; nous n'avons pas fait entendre une seule plainte, nous nous étions soumis franchement à la loi, nous voulions l'exécuter ; que nous importait dès lors la rigueur de ses clauses pénales.

La loi de l'enregistrement des esclaves, a été rejetée au moment dans la plupart des autres colonies ; presque seuls, nous l'avons exécutée, sinon sans quelques réclamations, au moins avec une soumission entière aux volontés de notre métropole et cependant après tant de résignation, chaque jour on cherche à nous flétrir aux yeux de notre nouvelle patrie ; on nous représente comme des criminels rebelles à la loi, voués sans exception à un commerce prohibé, et ne méritant plus que haine, mépris ou proscription.

Mais ce n'est pas seulement aux yeux du souverain à ceux du parlement anglais, que de pareilles attaques pèsent sur nous et tentent à nous perdre, n'est-il pas évident que les hommes qui nous entourent en sont eux·mêmes frappés, et ne verront plus en nous que des criminels et des bourreaux sans vertus publiques ni privées et qui ne peuvent plus espérer ni faveur, ni protection même de la part de l'autorité ? N'est-il pas évident que ces accusations vagues et téméraires chaque jour renouvelées finiront par armer l'esclave contre le maître et par renouveler les scènes sanglantes de Saint Domingue, des Barbades, de Bourbon et de tant d'autres malheureuses colonies ?

Ignore·t-on que nos esclaves, bercés constamment, depuis plus de vingt ans de l'espoir d'obtenir la liberté par des moyens sanglants ; témoins de tous les ordres illégaux du général Hall, appelés à la délation de leurs maîtres, récompensés de leur trahison, ont brisé la majeure partie des liens de la discipline coloniale ; qu'ils répètent déjà ce qu'on leur apprend à dire, que si la traite des noirs est un crime aujourd'hui, elle fut un crime hier ; qu'ils ont droit de reconquérir à tout prix un droit que l'inhumanité et l'injustice ont pu seules leur ravir, et que le sang du dernier des colons, versé par la sagaie africaine ne suffira qu'à peine pour expier les crimes de leurs pères.

Et si l'on prétendait encore ici que nous affectons des craintes chimériques sur notre existence coloniale, nous montrerions la liste de ceux qui se hatent de fuir loin de nos rives vouées au fer à et la flamme ; nous ferions voir à quel point nos propriétés sont dépréciées, quels sacrifices se font journellement pour ne pas rester exposés à tous les maux que l'avenir nous tient en réserve.

En vain un gouvernement sage et bienveillant paraît-il chercher à nous mettre à l'abri des audacieuses entreprises de nos ennemis, avec une impatience voisine du fanatisme,

nous les voyons chaque jour renouveler leurs attaques,
contre une population innocente et malheureuse verser sur
elle tous les poisons de la calomnie, et s'efforcer de l'identi-
fier avec des misérables couverts de honte et d'infamie, par
l'abandon qu'ils ont fait de tout sentiment et de tout principe de morale. Et pourtant nous vous sommons de le
déclarer au nom de la justice et au nom de la vérité ; quels
rapports avons-nous avec ces hommes dont les funestes
spéculations, ourdies dans les ténèbres n'ont jamais été
favorisées par nous, nous ont au contraire attiré tant de
persécutions, de vexations, d'outrages, et nous font aujour-
d'hui courir tant de nouveaux dangers ? Où sont vos
preuves ? Quels témoins avez-vous à reproduire ? Quels
faits citerez-vous pour étayer cette accusation qu'il vous
plait de faire peser sur nous ? Apprenez à notre gouvernement commun, à notre commune patrie, quels sont ceux
d'entre nous qui ont pris part à ce trafic, éternel sujet de
vos déclamations, éternelle source de nos malheurs ; dites
quels hommes vous avez vus jusqu'à ce jour assister les
pervers qui ne craignent pas de s'y livrer encore ? Tracez
enfin cette liste accusatrice des auteurs, des fauteurs et
complices de ce délit tant de fois reproché ; faites connaître
à quelle classe de la société ils appartiennent.

Mais dites-vous " des noirs nouveaux sont débarqués
journellement sur nos côtes ; " le fait est incontestable, et
vous faites de vains efforts ; toutes vos mesures, toutes vos
poursuites sont inutiles pour arrêter, pour convaincre ceux
qui se livrent à ce commerce dégoutant et si ces noirs
n'étaient pas achetés par les habitants, on n'en apporterait
plus, et l'on verrait bientôt un terme à ce trafic infâme.

Eh ! bien suivez ce raisonnement que vous croyez
victorieux sans doute et ajoutez : Il se commet à Londres, à

Vienne, à Paris des vols, assassinats fréquents, mais si personne n'achetait les dépouilles des victimes, s'il n'existait pas de receleurs, si les criminels ne trouvaient plus d'asile, si la population entière était armée contre eux, il n'y aurait plus bientôt ni de voleurs ni d'assassins. Or les papiers publics annoncent journellement encore des vols et des assassinats : donc suivant votre raisonnement, Londres, Vienne, Paris ne sont peuplés que d'assassins et de voleurs.

Il s'est introduit en France, en Angleterre quelques marchandises prohibées par les lois ; et certes si personne n'achetait des marchandises prohibées on n'en apporterait plus et la contrebande cesserait : or la fraude existe ; donc suivant votre raisonnement ; tous les commerçants anglais, français, que disons nous ? La France et l'Angleterre violent audacieusement les lois du Souverain et font ou favorisent un commerce illicite et anti-national.

Les rapports de l'Institution africaine font mention de diverses opérations de traite faite par des négociants et des marins anglais sous le pavillon portugais ; donc encore une fois et toujours suivant votre raisonnement voilà la Grande Bretagne toute entière compromise par le délit de quelques individus ; et son nom, comme le nôtre, doit aussi descendre à la postérité chargée d'opprobre et d'infamie.

Rassurez-vous, toutefois, Monsieur le Gouverneur, les jugements de la postérité sont plus équitables que les vôtres ; elle ne se laisse point aveugler par la passion ; elle n'a pas couvert tous les juges anglais d'ignominie ; parce qu'un Jeffrays a tenu d'une main sanguinaire la balance de Thémis ; elle ne déshonorera pas des armées malheureuses, parce que le nom d'un Gouverneur Hall a été inscrit sur leur liste ; elle absoudra l'innocent et l'homme vertueux injustement accusés au sceau d'une éternelle réprobation.

Vous nous demandez si ce serait une conséquence forcée et peu naturelle à tirer de la prière que nous vous avons faite par l'organe du Président de la Commune de Port-Louis, de repousser de nos rives le funeste vaisseau qui y a vomi le désespoir et la mort, que de supposer que nos craintes étaient simulées et que nous ne voulions que favoriser le commerce des esclaves, en éloignant le seul vaisseau de l'état qui pouvait y mettre obstacle ?

Vous ne vous êtes pas servi ici, Monsieur le Gouverneur, permettez-moi de vous le dire, de l'expression propre à caractériser une telle conséquence ; elle ne serait pas seulement forcée et peu naturelle comme vous le dites, elle serait horrible, infernale et de pareilles suppositions ne ferait tort qu'à celui qui ne rougirait pas de les émettre.

Ah ! pourquoi faut-il qu'une funeste erreur, qu'il vous eut été facile peut-être de renvoyer à ceux qui vous ont abusé par des rapports ; ou l'on ne sait qui l'emporte de l'impéritie ou de l'imprévoyance, vous fasse croire aujourd'hui qu'il est nécessaire à votre justification personnelle de nous appeler à cette lutte où nous nous trouvons engagés avec tant de douleurs mais que notre honneur compromis ne nous a pas permis d'éviter.

Que ne prêtiez vous l'oreille un mois plus tôt à ce cri d'effroi poussé par la colonie entière ? Pourquoi ne vous rendiez-vous pas aux remontrances réitérées de la commune du Port Louis, et ne repoussiez-vous pas de nos bords cette frégate meurtrière, dont les journaux de l'Inde ont annoncé le séjour à Ceylan, à une époque où l'épouvantable fléau dont nous avons essuyé les ravages y moissonnait tant de victimes ?

(Extrait de l'asiatic Miror, du 24 Novembre 1819 rapportant les ravages causés par le choléra morbus.) Que ne sauviez-vous de l'horrible maladie qu'elle recellait dans son sein, nos familles, nos esclaves ? Par quel malheur a-t-il fallu que le chef de la colonie en ignorât les lois les plus importantes, celles qui régissent tous les peuples civilisés de la terre, et fût réduit à nous dire, quand nous les lui avons mises sous les yeux. " Je ne les connaissais pas " ; vous ne les connaissiez pas et vous êtes gouverneur !...

Enfin, vous avez cédé, vos yeux se sont ouverts à une terrible évidence. Vous ne pouviez plus douter, en effet, lorsque vingt mille mourants joignaient leur voix à la nôtre lorsque des cadavres sans nombre jonchaient la ville et les campagnes ; et, cependant, lorsque tant d'horribles témoins se sont offerts à vos yeux, vous trouvez naturel de supposer que nos terreurs étaient feintes, et que nous n'affections de craindre la frégate *La Topaze* que pour voler au devant des esclaves, que, prophètes à notre tour, nous savions devoir paraître sur nos côtes, au moment où les bateaux de la frégate allaient cesser de les empoisonner.

Il fallait bien vous garder, Monsieur le Gouverneur, d'associer le nom et le souvenir de *La Topaze* à vos nouvelles accusations. Il est trop évident que, chargé du fardeau insupportable, d'une immense responsabilité, vous avez voulu étouffer nos plaintes sous vos cris, et accuser les colons pour que les colons ne vous accusassent pas. Votre espoir sera déçu : trop de tombeaux s'élèvent autour de nous ; le deuil enveloppe trop de familles ; trop de larmes ont coulé et couleront longtemps encore, pour que la fragile armure dont vous vous êtes revêtu, au moment du danger, ne vous soit pas arrachée par le juge suprême devant lequel nous allons tous paraître : vous, sans témoins, sans preuves et de vains mots à la bouche ; nous, couverts de voiles lugubres, et tenant à la main la liste épouvantable de nos parents, de nos amis, et de nos esclaves, victimes de votre fatale imprévoyance.

Les prophéties sorties de votre bouche n'ont d'ailleurs rien qui nous alarme. Le gouvernement, dites-vous, saura faire exécuter ces lois.

Soumis sans réserve à leur empire, nous ne lui en contestons ni le pouvoir ni le droit.

Il atteindra par une persévérance infatigable le but qu'il s'est proposé. Nous ne doutons ni du zèle, ni des efforts, de la persévérance de ses agents; et nous n'avons eu que trop de preuves que, par delà les moyens que les lois autorisent, ils se sont permis, au nom profané de la justice et de l'humanité, d'en employer d'autres qui n'étaient ni justes ni humains.

Il punira les coupables, il flétrira leurs noms. Vous n'entendrez sortir en leur faveur, de notre bouche, ni réclamations, ni murmures.

Telle sera, telle doit être, Monsieur le Gouverneur, la conduite d'un gouvernement juste et libéral; mais là s'arrête sa rigueur ainsi que sa puissance; là, si les dépositaires de l'autorité obéissent aux vœux d'un prince sage et éclairé, si la loi n'est pas un vain mot, si l'arbitraire ne remplace pas la justice; là, disons-nous, se borneront les actes d'un gouvernement qui sait distinguer l'innocent du coupable, et qui ne frappe ni ne flétrit une population entière, parce que quelques uns de ces membres ont mérité d'être frappés et flétris.

Lorsque d'une extrémité à l'autre, l'Amérique se soulevait, enfin, contre une métropole dont elle accusait les rigueurs et se vit menacée d'un châtiment sévère, tous les habitants ne furent pas frappés à la fois et sans distinction de l'anathème lancé contre des fils rebelles. Le despotisme seul refusa d'applaudir, au moment de lancer la foudre, à

ces paroles remarquables d'un de vos plus célèbres orateurs :
Je ne sais comment il est possible de dresser un acte d'accusation contre un peuple tout entier.   " I don't know an
" indictment against a whole people ".— MR. BURKE.

Sachez d'ailleurs, Monsieur le Gouverneur, que des voix
plus éloquentes que la nôtre ont déjà repoussé comme une
vaine chimère des déclamations non moins injustes, non
moins dénuées de solidité que les vôtres.

Encore quelques mois et notre position, maintenant si
déplorable, changera.   Les promesses que nous avons faites
à S. A. R. le Prince Régent, recevant leur exécution, de
meilleurs jours luiront pour la colonie. Vous cesserez, vous-
même, de croire à cet affreux avenir sur lequel vous vous
plaisez à diriger nos regards épouvantés et vous serez convaincu, comme nous, que le monarque qui reçut nos serments
a méprisé les paroles mensongères qu'on a voulu lui faire
entendre contre nous. Qu'il estime ses nouveaux sujets de
l'île Maurice ; qu'il ne leur retire pas, au gré d'un accusateur
téméraire, sa bienveillance et sa sollicitude paternelle ; qu'il
s'est ému au récit de nos malheurs, et qu'il veut les adoucir,
alors ce sera le supplice des méchants. Le calme renaîtra
dans nos cœurs ; d'utiles monuments remplaceront ceux que
les flammes ont dévorés, ceux que la tempête a détruits ; le
canal nécessaire à la partie la plus populeuse de notre ville
pourra s'effectuer. Enfin, une constitution sage nous régira.
Cette commune, qui ne semble jusqu'à ce jour être instituée
que pour être abreuvée d'outrages, pourra faire entendre sa
voix en faveur de ces concitoyens, et ses justes représen-
tations ne seront plus dédaignées. Peut être, même, cette
horrible masse d'impôts qui nous écrase sera-t-elle diminuée,
et nous ne courberons plus vers la terre nos fronts baignés
de sueur, pour verser, chaque année, dans l'abîme du fisc tous

les produits de nos pénibles travaux. Il sera,peut être,rendu à nos enfants quelques unes de ces places qu'ils occupaient naguère et que d'autres, qui y avaient moins de droit, sont venus, de toutes parts, leur ravir ; notre port ne sera plus abandonné et menacé d'une entière destruction, faute d'un entretien régulier ; les vaisseaux de la Grande Bretagne elle-même ne fuiront plus un pays où des frais insupportable, où des droits sans mesure les ont ruinés jusqu'à ce jour. Alors nous relèverons nos fronts consternés, et nous rendrons de nouvelles actions de grâces au prince équitable qui nous aura sauvés, ainsi que nos familles, du désespoir et de la ruine.

Ne cherchez donc plus, M. le Gouverneur, à déshonorer aux yeux de ses nouveaux sujets un gouvernement dont nous avons appris, jusqu'à ce jour, à respecter la haute sagesse.N'espérez plus nous faire croire que le prince qui nous gouverne, que cette réunion de sages à laquelle notre commune patrie doit ses lois basées sur la justice et l'humanité, sont assez tourmentés du besoin de trouver des coupables, pour que, désespérés de n'en point découvrir, ils insultent et accablent de toutes les sévérités réservées jusqu'à présent au crime convaincu, l'innocence malheureuse est déjà trop persécutée. La loi des suspects, si justement en horreur au monde, ne sera pas remise en vigueur sur le sol ombragé du pavillon de la Grande Bretagne, et le délit de quelques hommes coupables ne retombera pas sur la tête d'une population calme et soumise au lois. Quelle assistance, d'ailleurs attendez-vous de nous ? Quels secours pouvons-nous prêter à votre police, à vos croisières, à vos postes militaires, nous qui n'avons ni vaisseaux, ni espions, ni délateurs à nos ordres ; nous à qui notre souverain n'a pas imposé ce devoir, nous, enfin, qui ne recevons pas, mais qui fournissons le salaire dont Sa Majesté paie les services et le zèle de ses agents ?

Faut-il qu'à votre voix, nous quittions nos familles en
larmes, les morts et les mourants dont nous sommes entourés,
pour nous métamorphoser en archers de police, en infâmes
délateurs, et appeler sur nous l'opprobre et l'infâmie que
nos mœurs, nos préjugés, peut-être, attachent à cet ignoble
métier ?

Ignorez-vous que sous un règne de sang, les Marat et
les Robespierre ont aussi demandé des délateurs, et n'en ont
trouvé qu'à peine dans la fange de la société ?

Il était un moyen, peut-être, d'arrêter, d'entraver du
moins ce commerce, devenu pour nous un sujet de douleurs
et d'effroi, bien plus réel sans doute que pour ceux qui
affichent de grands principes à ce sujet, puisqu'il compromet
nos fortunes, nos familles et nous mêmes ; puisqu'il peut
ramener, chaque année, parmi nous, un fléau dont nous avons
déjà tant souffert. L'humanité, la justice, la saine politique,
notre intérêt se réunissaient pour rompre toute communication avec Madagascar, aussitôt que la contagion a régné
dans notre île.

Les peuplades malheureuses qui habitent cette île avaient
droit d'espérer de la loyauté, de l'humanité de notre gouvernement : que l'on prendrait, pour les préserver de ce fléau,
les précautions que leur état sauvage ne permettait pas de
prendre elles-mêmes. Mais, lorsque ce devoir ayant été
négligé, il est devenu certain que le typhus pestilentiel y
frappait de nombreuses victimes, comment, du moins, les
rapports entre cette île et la nôtre n'ont-ils pas cessé entièrement, ou du moins n'ont-ils pas été soumis aux mesures
les plus sévères ?   Comment voyons-nous un vaisseau, à
bord duquel la maladie avait exercé ses ravages, continuer
ses voyages entre cette île infortunée et la nôtre, et faire

tous les jours avec elle de douloureux échanges de miasmes empestés et de contagion ?

Voilà le premier soin que réclamait l'intérêt commun des deux îles ; voilà la mesure qui eût servi à la fois à faire exécuter les lois, et qui, en nous préservant du retour d'un fléau justement redouté, eût peut-être soustrait à la mort cent mille victimes, dont les véritables philantropes vous demanderont un compte sévère.

L'Ile Bourbon nous a, sous ce rapport, donné d'utiles leçons. La peine de mort elle-même n'a pas paru trop sévère à ses administrations, pour punir les hommes pervers qui cherchèrent à livrer ses habitants à tous les maux dont nous avons été victimes ; et jusqu'à présent sa population a reposé tranquillement sous l'égide d'un gouvernement sage, ferme et bienveillant à la fois.

Adoptez de votre côté les sages dispositions que les lois ont ordonnées, usez de tous les moyens que notre souverain a mis entre vos mains ; que vos troupes garnissent nos côtes, que vos bateaux les parcourent sans cesse ; découvrez, saisissez, punissez les coupables, s'il en est en effet ; mais respectez le citoyen qui n'a point démérité de sa nouvelle patrie, qui conserve tous ses droits, qui en acquiert tous les jours de nouveaux, quoique vous en puissiez dire, à l'estime et aux faveurs de son gouvernement, puisqu'il est à la fois innocent et malheureux.

Vous trouverez, peut-être, M. le Gouverneur, que nous nous sommes, à notre tour, exprimés avec force dans le cours de cette réponse ; mais nous vous dirons aussi que la circonstance nous en faisait un devoir. Accablés par tant de maux, blessés dans nos plus chères affections, nous n'avons pas voulu du moins qu'on pût regarder comme une vengeance

divine des malheurs dont les causes, pour la plupart, n'ont
pas besoin d'être cherchées si loin.

Nous avons voulu, surtout, conserver notre honneur
colonial et empêcher que le désir cruel des ennemis de cette
colonie ne se réalisent et n'amène enfin la destruction d'une
population toute entière, qui sera toujours jalouse et fière de
mériter l'approbation de son prince et de son gouvernement.

Nous sommes avec respect, M. le Gouverneur,

Vos etc., etc., etc.,

(Signé) Ch. T. PITOT,   (Signé) J. SAULNIER,
          Secrétaire.   Président.

Cette pièce, où l'on trouve tout entier l'esprit qui a dirigé
M. T. Pitot pendant dix ans, est un peu longue ; mais il
nous était nécessaire pour bien faire connaître celui qui a été
le *leader* de la population blanche et le président de la table
ovale, société qui a été jusqu'à sa mort, arrivée en Mai 1821,
le gouvernement occulte de la colonie.

Personne n'aimait plus la justice, l'indépendance, la
liberté que lui ; mais à une condition : que ce fut pour lui et
pour la population à laquelle il appartenait, la population
blanche d'origine française.

Toute sa politique n'avait qu'une tendance : faire jouir
à tous les siens de toutes les immunités attachées aux sujets
de Sa Majesté Britannique ; et empêcher l'homme de couleur
de faire le moindre geste pour jouir d'une parcelle de liberté
attachée au citoyen libre. Nous avons déjà dit que l'homme
de couleur jouissait de 1790 à 1803 de tous les droits de
citoyens libres. Que de 1803 à 1810, ils étaient considérés
comme des citoyens libres, mais ne jouissant d'aucuns des
privilèges attachés aux hommes de cette condition. Et que,
de 1810 à 1830 la caste privilégiée, la population blanche
d'origine française, dirigée sous l'administration anglaise, par

M. Thomi Pitot, de 1812 à 1821, et par M. Adrien d'Epinay de 1821 à 1832, a tout fait pour empêcher la population de couleur de faire un pas en avant pour améliorer sa situation morale et politique.

Cette réponse de la Commune à la lettre du Gouverneur Darling, donna lieu à sa suspension.

Cette réponse du Conseil de la Commune est datée du 14 Février 1820, la dissolution du Conseil de la Commune par le Général Darling Gouverneur est du 18 Février, quatre jours après—Plusieurs commandants de quartier, signataires de l'adresse, furent suspendus—mais, en somme, ceux qui menèrent la politique de ce temps avaient pleine confiance dans le Gouverneur Sir R. Farquhar, que l'on attendait d'Angleterre.

D'après ce qui avait eu lieu entre le Général Darling et les représentants de la population de Maurice, la colonie était dans un état de malaise qui n'était guère propre à rassurer ceux qui n'avaient pas pu se faire une situation depuis 1816, le grand incendie, l'ouragan de 1818 et le choléra de 1819 — à ceux-là, il ne restait plus qu'une espérance : l'arrivée prochaine du Gouverneur Farquhar.

Cependant, on constatera que l'arrivée de M. l'Evêque de Ruspa, fit un peu diversion à la tristesse dans laquelle on était. Ce prélat arriva, ici, accompagné de plusieurs prêtres—qui étaient indispensables au culte du catholicisme romain. Et comme on reçut en même temps la nouvelle de l'arrivée de Sir R. Farquhar, tous les mécontents se reprirent à l'espérance, quoique la colonie eût éprouvé de grandes pertes successives depuis trois ans.

La nouvelle de la mort du Roi George III, précéda l'arrivée de Sir R. Farquhar, ici. Pendant un instant on craignit que cette mort ne retardât le départ du Gouverneur

Farquhar ; mais on fut rassuré par des nouvelles positives.
En effet, Sir R. Farquhar arriva sur nos bords le 5 Juillet
au soir. Le lendemain, à midi, il fut reçu par toute la
colonie comme un triomphateur.*

Sa situation était bien difficile, cependant, ayant appris
tout ce qui s'était passé entre le Général Gages Hall, le Major
Général Darling et les habitants de la colonie.

Le Gouverneur Farquhar était parti de la colonie, lorsqu'elle se trouvait encore dans une situation déplorable.

Il était parti de Maurice pour obtenir l'ouverture du
Port ; des secours pouvant donner les moyens nécessaires
aux incendiés de la ville ; de faire rebâtir leurs propriétés
brûlées ; pour obtenir une constitution dont le besoin se
faisait sentir, la liberté étendant ses rameaux bienfaisants
partout.

Le Gouverneur Farquhar avait obtenu l'ouverture du
Port—Il avait échoué dans la demande de secours qu'il avait
réclamée en faveur des incendiés de la ville de Port Louis.
Quant à la constitution, qu'il avait été demander, il apportait
un projet de constitution qui devait être soumis à un comité
formé dans la colonie. C'est cette constitution qui à été la
source des libertés et immunités accordées à la population
de couleur, courbée sous le poids de l'esclavage depuis 1803;
nous étions en 1820.

D'une habileté peu ordinaire dans l'administration de
la colonie, il ne lui a pas fallu grand temps pour s'aperce-
voir des difficultés qu'il aurait à surmonter pour réussir dans
ses désirs de bien faire.

Nous allons le voir à l'œuvre.

Quoiqu'on sût que Sir R. Farquhar n'avait pas obtenu
entièrement tout ce qu'il avait été demander en Angleterre,
il inspirait tant de confiance et de sympathie, que les habi-

tants de toutes les parties de l'Ile affluèrent à la ville. On illumina une seconde fois la ville et l'on tira des feux d'artifices au Champ de Mars— en signe de réjouissance, tant son arrivée avait fait plaisir et causé de joie à ceux qui avaient à se plaindre des actes du Gouverneur Hall et du Major Général Darling.

Sir R. Farquhar s'occupa, sans retard, de notre papier monnaie dont la dépréciation causait tant de difficultés dans le commerce. Les décisions prises par ceux qui étaient chargés d'examiner cette question de finances, n'ont eu pour effet que de prévenir une plus grande dépréciation dans notre papier en circulation.

Le remède était pire que le mal : on prit la résolution de mettre en circulation des billets de banque pour trois fois la valeur de ceux que l'on avait émis, à condition qu'on les retirerait par quatorzième— tous les six mois, en numéraire— Après réflexion, on a cru devoir changer le mode de remboursements, le numéraire faisant entièrement défaut— Alors, de nouveaux arrangements furent pris et l'on accorda quatre années pour le remboursement total de ces billets de banque.

En gouverneur plein d'humanité, il s'occupa des nombreuses demandes qui lui étaient adressées par ceux qui mouraient de faim. Un comité fut nommé à cet effet ; mais comme il n'était composé que d'hommes de la population blanche, les familles blanches reçurent du riz, de la viande salée et quelques pièces d'argent, tous sans exception— Tandis que les pauvres familles de couleur ne reçurent que du riz et de la viande salée. A cette époque, un malheureux recevait quarante livres de riz, dix livres de bonne viande salée. On comptait au Port Louis huit cent pauvres.

Pendant quelques mois, des fêtes de toutes sortes se suc-

cédèrent—une centaine de jeunes filles de la population blanche firent leur première communion — L'Evêque, lui même,
faisant l'instruction de ces jeunes filles.

A cette occasion toutes les autorités se portèrent à cette
fête religieuse—Le Gouverneur Farquhar, le Général Darling
et leur dames assistèrent à cette première communion des
filles de colons français. Rien ne fut épargné pour rendre la
fête la plus somptueuse possible.

Non seulement l'affluence des habitants qui étaient
descendus de leurs habitations pour asister à cette grande
cérémonie de l'église catholique, mais la musique, les salves
d'artillerie, rien ne fut oublié pour la fête, si ce n'est le sentiment chrétien et de fraternité qui manquait, à cette époque
néfaste de notre histoire, à toutes les fêtes de l'Eglise catholique.

Beaucoup de questions restaient sans solution, surtout
sur la charte qui devait fixer la constitution de notre colonie,
où les intérêts étaient si différents et si opposés.

Les esprits superficiels ne voyaient rien de changé dans
la marche politique du Gouverneur Farqubar, encore moins
dans ses principes empreints de douceur. Mais pour ceux
qui voyaient ses préoccupations d'esprits, surtout depuis la
distribution des prix au Collège Royal, où il parla de l'état
de nos finances ; mais encore de la traite des esclaves et de
Madagascar. Ces deux derniers sujets sonnèrent mal aux
oreilles de nos colons, qui ne purent jamais pardonner à Sir R.
Farquhar toute son attention en faveur de Radama et de ses
envoyés.

Tous les colons, les plus infimes mêmes, considéraient le
Roi de Madagascar, Radama Ier, comme commandeur d'une
grande habitation, où il y aurait quelques milliers d'esclaves
à conduire.

Le Gouverneur Farquhar, qui était disciple d'une autre
école en politique et qui avait des principes sur la liberté
tout autre que ceux qu'affectaient Messieurs les colons de
Maurice, tout en se montrant favorable aux désirs des colons
d'origine française, ne repoussait pas ceux qui avaient en
politique des principes plus larges sur la politique coloniale
que ceux des colons qui l'entouraient.

Ce Gouverneur n'avait rien changé dans ses manières
polies, affables ; au contraire, on voyait qu'il montrait une
tendance, depuis son arrivée d'Angleterre, à accorder une
plus grande somme de liberté aux habitants du pays.

Mais cet esprit de libéralisme ne se fit bien voir que dans
la question de la charte de justice que l'on avait demandée
à la métropole.

Il y eut de grands débats parmi ceux qui formaient la
Commission chargée d'examiner cette charte.

Cette Commission était composée du Gouverneur Farquhar, président, du Grand juge Commissaire de Justice, du
Procureur Général, du Président de la Cour d'Appel et des
trois Juges de la même Cour, du Président du tribunal de
Première Instance, et de deux Secrétaires.

Dès la première séance, des opinions exprimées de part
et d'autres furent si tranchées dans leur opposition, et le
grand juge n'entendant nullement qu'on fit des changements aux dispositions de l'acte soumis à leur examen, que
le gouverneur crut devoir aviser un autre moyen, pour obtenir une solution à ce travail où les colons n'avaient en vue
que de sacrifier à leurs préjugés coloniaux.

L'opposition était si fortement prononcée par le grand
juge, qu'après quelques réunions générales, où de grandes
discussions ont eu lieu, les partis ont cru devoir, chacun,
faire un travail particulier.

C'est dans cet intervale que le Révérend Jean Le Brun eut une entrevue avec le Gouverneur Farquhar. Là il eut l'occasion d'entretenir Son Excellence de la situation malheureuse de la population de couleur ; de l'état d'abandon dans lequel on la laissait croupir ; de la politique coloniale, qui ne prenait nul souci de l'avenir d'une population qui, en un temps donné, serait la seule dominante dans le pays— population que le gouvernement devrait soutenir et protéger, non seulement dans son intérêt politique, mais encore dans un sentiment humanitaire et foncièrement chrétien.

Son Excellence Sir Robert Farquhar, se sentit un tout autre homme, en écoutant le Révérend Le Brun, et semblait s'éveiller d'un profond sommeil. Où sont donc vos hommes de couleur ? Je n'en vois pas un seul à mon hôtel du gouvernement. Il paraîtrait qu'il n'ont besoin de rien ; qu'ils sont satisfaits de leur situation. Dites leurs donc de venir me voir pour me faire connaître leurs vœux, leurs désirs, leurs besoins— C'est dans des pétitions sagement formulées à l'adresse de l'autorité, que l'on se fait écouter et que l'on obtient justice d'un gouvernement juste et honnête, comme est le nôtre, M. le Révérend.

Sans plus de retard, M. le Révérend Le Brun s'entendit avec le gouverneur, qui fixa un jour de la semaine pour lui présenter trois hommes de couleur.

Ces trois hommes de couleur furent Jean La Bonté, Félix Jacmin et Jn Bt Tabardin. Des trois hommes, c'est J. La Bonté qui, dans un résumé de la situation de la population de couleur, fit la peinture navrante où elle se trouvait.— Il parla des enfants de la population de couleur, qui ne pouvaient recevoir aucune instruction solide, un collége leur faisant entièrement défaut. Sans aide, sans appui, sans protection du gouvernement et sans fortune, puisqu'on leur ôtait tout moyen de travail ; n'inspirant aucune confiance, les lois étant contre eux, les parents ne pouvaient envoyer leurs enfants que dans trois petites écoles ; l'une située au Faubourg de l'Est, tenue pas M. Dorel, soldat retraité qui ne sait rien ; deux au Faubourg de l'Ouest, ayant pour chefs, un portugais, M. Corréa, et un M. Malet, un français, tous deux d'une profonde ignorance. Quant à nos jeunes filles, bannies de toutes les fêtes religieuses de l'Eglise catholique, elles restent isolées chez leurs parents. Votre Excellence ne vient-elle pas d'assister à la communion des jeunes filles de la population blanche et de la distribution des prix du Collège Royal, avec les pompes usitées à pareilles fêtes ? Dans la situation infime où nous nous trouvons, nous ne pouvions même pas être spectateurs muets de ces fêtes ; l'on nous aurait chassés, si nous nous fussions permis d'y chercher la plus petite place.

Comment alors pouvions nous chercher à pénétrer jusqu'au chef du pays, lorsque l'on nous chassait de tous les lieux publics ? Tout ce que nous pouvions faire, c'était d'opposer notre patience à tant d'injustice, assurés, que nous étions, que le temps n'était pas éloigné où le gouvernement libéral de la Grande Bretagne] prendrait en considération la situation si malheureuse de la population de couleur, si digne à tous égards par sa conduite et par ses sentiments à la protection du gouvernement anglais. Jean Baptiste La Bonté était un véritable mulâtre, fils d'un Français nommé Auvergne et d'une femme Ova.—C'était un homme de 5 pieds 10 pouces ; brun de teint, doué d'une mémoire prodigieuse, et de l'élocution la plus facile. Il n'écrivait pas purement le français ; mais il le parlait avec une facilité et une abondance remarquable. C'était un torrent d'élocution. Il n'était jamais embarrassé dans un discours ; quand un mot lui faisait défaut, il en fabriquait un à l'instant.

Lorsque Sir R. Farquhar s'aperçut qu'il allait entamer la question de nos tribunaux, il l'interrompit, pour lui faire connaître qu'il avait besoin d'une protestation pour empêcher que la Charte de Justice, dont il était porteur et que la population blanche avait demandée, ne vît le jour ; qu'il lui fallait, au plus tôt, cette protestation pour empêcher qu'on en proclamât la teneur. Le gouverneur, en s'adressant à un personnage, qui était à côté de lui pendant cette entrevue, le pria de vouloir bien assister Labonté et les deux autres pour la forme à donner à la protestation qu'il avait provoquée de ces trois hommes de couleur—Ce personnage n'était autre que M. Telfair, l'ami du Gouverneur Farquhar, le seul anglais faisant partie de la fameuse "Table Ovale," dirigée d'abord par M. Thomi Pitot, et après sa mort, par M. Adrien d'Epinay. Ce noble anglais, initié à la politique coloniale, savait tout ce qui se passait à l'égard des deux populations blanche et de couleur— Et, comme les hommes de couleur ne jouissaient d'aucun des privilèges attachés aux citoyens actifs, il leur a prêté volontiers son concours pour leur donner les moyens de ne pas rester, plus longtemps, dans le dur esclavage moral où croupissait toute la population de couleur.

Cet acte de justice, de libéralisme, d'humanité de la part du Gouverneur Farquhar fut connu de la population blanche—Aussi, on ne le lui pardonna pas ; on le lui fit bien voir à son départ en 1823.

Malgré l'annulation de cette charte de justice et les pétitions faites par la population de couleur, dirigée par Jean Labonté, Jacmin, Tabardin et plusieurs autres, cette population resta dans un dur esclavage moral de 1803 à 1810, sous l'administration française du Général Decæn et de 1810 à 1830 vingt ans, sous l'administration anglaise, du Gouverneur Farquhar au Général Colville ; aussi, avant d'aller plus loin, rendons un sincère hommage au Révérend Le Brun qui a ouvert le chemin des revendications à la population de couleur, sur ses droits méconnus comme sujets de Sa Majesté Britannique.

Le Révérend Jean Le Brun était un missionnaire de l'Eglise indépendante. Arrivé, ici, en 1814, il prêcha l'évangile à des personnes peu habituées à entendre la parole du fondateur du christianisme.

Cette parole fit tant d'impression sur elles, que les prêtres catholiques tenaient toujours à distance de la Sainte Table, qu'elles ne pouvaient manquer, naturellement, de faire une comparaison tout à fait en faveur du prêtre qui montrait tant de bonté, de douceur et de bonne volonté à instruire ceux qui venaient pour entendre la parole de Dieu. La différence était si grande dans les actes des deux clergés, qu'un grand nombre de familles de couleur, ayant pour chef les Vilbro, les Auguste Icery, les Hégésipe Géraud, les Henry Bruils, les Boudard, les J. B. Courtois, les Etienne Roussel, les Abrard, les I. F. Houët et cent autres familles changèrent de confession. C'est dès ce moment que l'Eglise indépendante du Révérend Le Brun père reçut dans son sein des milliers de disciples. C'est aussi à cette époque que le Révérend Le Brun fonda des écoles de la mission, écoles où beaucoup d'enfants pauvres reçurent les premiers éléments de la langue française et de l'anglais.

Ce bienfait de l'instruction provenant du Révérend Jn. Le Brun, après l'appui qu'il a donné à la population de couleur, dans la réclamation de ses droits, lui donne des droits éternels à la reconnaissance des hommes du sang mêlé, à quelques classes qu'ils appartiennent.

Sait-on ce que ces Ecoles de la mission, du Gouvernement, ont produit ? Nous allons citer des noms, pour ne pas être taxé d'exagération dans le sentiment que la colonie doit avoir pour le Révérend Jean Le Brun.

Les jeunes gens sortis de ces Ecoles et qui sont devenus des hommes recommandables dans les arts, les sciences et les lettres sont

MM. Brown Séquard, professeur à l'Université de Paris, Rogers Vilbro, D.D., L.L.B., 1er professeur de l'Université.

2 Professeur à l'Université de Strasbourg
3   „   „   de Paris
4   „   „   de Londres

MM. Aristide Legall, avocat, Fulcher Brunot, avocat, Ths Lionel Jenkins, avocat, Daniel Jenkins, avocat.

Docteur Eugène Crétin, lieut.-colonel dans l'armée anglaise, ;

MM. Henry Kennedy, lieut-colonel dans l'armée anglaise.

John Crétin, professeur, Eugène Dupuy, magistrat à Maurice, Léonce Allas, docteur en médecine, Le Dr Jules La Bonté, M. D., F. R., C. S., Jean La Bonté, secrétaire de la ville, le Révérend Wil. Anderson, surintendent des écoles, Henry Forster, inspecteur des écoles, Julius Blackburn, inspecteur des écoles, David Labonté, surintendant des pompes (Maurice,) Nemours Decotter, surintendant de la marine marchande, Hubert Benson, lieutenant de la marine royale, Henry Martinet, lieutenant dans la marine brésilienne, Dorély Papillon, B. A. de Londres, professeur au Collège Royal, Léon Louis, lauréat du Collège Royal, Samuel Jenkins, chef clerc au bureau du port, Eugène Gassin, chef clerc un chemin de fer, Léonidas Grégoire, inspecteur de police, Henry Senèque, D.M.

Tous les professeurs actuels des Ecoles du Gouvernement ont fait leurs études dans ces écoles du gouvernement.

MM. Aldor Rohan, avoué, Jules Elie, avoué, Virgile Rohan, D. M., membre du Conseil Législatif, Robert Rohan, dentiste, Etienne Pellereau, procureur général et chef, juge, Elie Pellereau, D.M., Le Révérend J. J. Le Brun fils, E. Poisson, professeur à l'Université de Dublin, Arthur Hamon, avocat, Eugène Serret, avocat, Gustave Lalandelle, avocat, Arthur Marceau, greffier, N. Graves, Greffier, N. Tuckwell, prêtre catholique romain en Australie, Félix Dormond, directeur des frères de la doctrine chrétienne, Célestin, surintendant des guil-dives, Luther Crétin, clerc au Trésor, Frédéric, clerc à l'Audit, John Terence Nicholls O'Brien, notre ancien inspecteur général de police, actuellement gouverneur de Terre Neuve— Et cinquante autres que nous pourrions nommer, sortis de ces Ecoles du Gouvernement, lorsque l'on ne pourrait citer un seul élève des écoles subventionnées sachant quelque chose.

Ainsi, donc, pendant plus de vingt ans, ce sont ces écoles fondées par l'initiative du Révérend Jn. Le Brun, où les enfants de la population de couleur ont été puiser leur instruction, écoles qui les ont mis à même d'occuper les emplois où ils se sont distingués et qu'ils tiennent encore aujourd'hui.

Dans toutes les questions, soulevées depuis l'arrivée de Sir Farquhar, les habitants étaient fort peu d'accord entre eux, et les deux partis semblaient avoir des récriminations contre le gouverneur.

Il y a eu un moment de statuquo, que la nouvelle de

de la mort de Napoléon à Ste Hélène, reçue d'un navire, parti de ce pays le 22 Mai, prolongea d'avantage.

Cette mort de Napoléon causa de grands chagrins à beaucoup d'habitants de la colonie. Le souvenir de Napoléon était buriné dans le cœur des Mauriciens. Aussi leur affliction fût-elle bien grande. Cette mort du conquérant a causé de grandes discussions parmi les hommes de la classe privilégiée.

En simple et véridique historien, nous constatons qu'il n'y avait rien de plus curieux que de voir des hommes de couleur se lamenter de la mort d'un homme incomparable, sans aucun doute, mais qui était l'auteur de leur esclavage moral et politique dans toutes les colonies françaises et voulant se venger de la perte de St Domingue. On oublia, pour un moment, toutes les affaires, pour ne s'occuper que de cette mort. Les Anglais se sont aperçus des sentiments français, à leur égard ; mais que ce fut par politique ou par indifférence, ce sont les autorités françaises qui dirigeaient l'administration de la colonie :—Justice, police et les hauts emplois du gouvernement étaient entre leurs mains.

A la même époque une assez grosse somme, en monnaies d'argent, monnaies fabriquées pour la colonie arrivèrent d'Angleterre. C'étaient en seizième, huitième et quart de piastres.

Mais à peine étaient-elles mises en circulation qu'elles disparaissaient entièrement du commerce.

Il y a beau temps, que l'on s'est aperçu que pour changer, c'était toujours la même chose.

Le Gouverneur Farquhar a été fait Baronnet comme dédommagement au refus qu'il se trouva dans l'obligation de faire à Sa Majesté Louis XVIII qui voulait le nommer Commandeur de la légion d'honneur, la loi anglaise ne permettant pas que des sujets anglais acceptassent des décorations étrangères pour des services civils. Cette faveur que S.M. Louis XVIII voulait accorder à Sir R. Farquhar, était en raison de la visite que le gouverneur fit au roi de France en 1819, lors de son voyage en Europe.

A la fin de 1821 on reçut à Maurice la nouvelle d'une expédition française, dirigée par un ancien agent français à Madagascar. Cette expédition ne fit, ici, aucune sensation, sachant qu'elle serait sans succès, Ste Marie étant connue pour l'endroit le plus malsain de Madagascar. En 1822, à l'arrivée d'un ambassadeur de Radama, on s'attendait à un grand changement dans notre petite colonie. Cet ambassadeur, du nom de Rafarla, avait été le tuteur de Radama, son premier ministre et son général.

Il venait de débarquer (3 Janvier) de la corvette *Le Menay*, Capitaine Moresby. Il venait à Maurice, de la part de son Roi, pour apporter de nouvelles assurances sur les bonnes dispositions de son maître envers la nation anglaise. Et aussi pour que le Gouverneur Farquhar eût l'obligeance de faire parvenir à la métropole les remercîments du Roi Radama pour l'accueil dont le Prince Ratafa a été l'objet : comblé d'honneur et de présents, et ayant donné à Radama une idée de la grandeur et de la magnificence de l'Angleterre. Radama voulut donner une marque de confiance à la nation anglaise en envoyant un certain nombre de ses sujets à Maurice pour y être instruits dans nos arts, métiers, industries. Si les dispositions et les vues du Roi de Madagascar souriaient à Sir R. Farquhar, les colons d'origine française ne pouvaient voir un projet semblable d'un œil favorable :— leurs honnêtes préjugés auraient eu trop à souffrir qu'un roi malgache eût des relations suivies avec une colonie où ils exerçaient encore leur puissance morale. Le gouverneur n'aurait pas pris en considération les manifestations des colons, si un évènement malheureux ne fut survenu :—C'était trop dans ses vues et désirs pour ne pas accéder à ce que Radame désirait aussi. Mais un évènement fâcheux, imprévu, inattendu, vint tout mettre à néant.

Un chef, nommé Ratsitatane, avait été conduit ici par M. Hastie, un agent du gouvernement anglais à Madagascar. — Ce chef avait voulu se révolter contre son Roi Radame— L'agent anglais lui conserva la vie, mais à la condition qu'il le mènerait comme prisonnier à Maurice en le faisant mettre en lieu de sûreté. On le logea au bagne, sous la surveillance du gardien de cet établissement ; en vérité, on faisait bien peu de cas de sa personnalité ; du reste, sa présence à Maurice, était entièrement ignorée.

Un malgache nommé Laïsaf, un apprenti de gouvernement, après avoir eu quelques conversations avec cet ex-chef malgache, crut pouvoir tirer avantage de sa situation, en insinuant à ce chef imbécile, que s'il voulait se mettre à la tête de tous les malgaches de Maurice, il deviendrait le roi de Maurice. Il fallait véritablement que ce Ratsitatane fût bien idiot pour prêter une oreille attentive au conseil inconsidéré et absurde de Laïzaf. Celui-ci lui avait donné l'assurance que s'il voulait se mettre à la tête de ses compatriotes, rien ne lui résisterait. Que lui, Laïzaf, répondait de tout, si Ratsitatane voulait le suivre sur la montagne de Port-Louis, là où tous les malgaches s'étaient donné rendez-vous, et l'attendaient. Ce pauvre Ratsitatane sortit furtivement des Bagnes où il n'était certainement pas surveillé, et suivit Laïzaf sur la montagne, dite de la découverte, entre la montagne de Port-Louis et le Pouce. Là, sept ou huit pauvres noirs malgaches les attendaient ; il était midi, lorsqu'ils rencontrèrent sur le haut de la montagne, les cinq ou six prétendus révolutionnaires. Ratsitatane, loin de s'étonner du nombre d'hommes qu'il voyait, se croyait déjà maître de la colonie, surtout lorsque Laïzaf lui dit qu'il allait descendre pour chercher tous les hommes qui avaient promis leurs concours. Il avait été entendu, entre eux, qu'à quatre heures un pavillon blanc se ferait voir là où Ratsitatane se tenait, que Laïzaf fut présent ou absent.

Laïzaf n'a eu rien de plus pressé que de se rendre à la Police générale, pour faire connaître la prétendue révolte des malgaches, ayant Ratsitatane à leur tête. Ce malheureux avait été dénoncer à la Police le complot dont il était seul l'auteur, dans l'espoir de recevoir une certaine somme d'argent pour sa dénonciation criminelle, et malgré les serments de fidélité faits à Ratsitatane.

En écoutant Laïzaf, le chef de la Police avait voulu le faire arrêter ; mais Laïzaf prévoyant le cas : lui dit, si je ne retourne pas là où se trouve Ratsitatane, ils se disperseront et tout sera manqué et remis à une autre fois. Il est indispensable que je retourne, afin qu'ils n'aient aucun soupçon. Ce que je fais là n'est pas bien : mais c'est un sentiment de reconnaissance pour les blancs qui m'a porté à venir vous faire connaître ce complot, qui n'a qu'un but, incendier la ville et tuer tous les habitants blancs. En 1821, 22 et 23, le chef de la Police était M. Journel et le second M. Denis Virieux, c'est ce dernier qui s'occupa de cette affaire ; tout fut préparé par lui. C'était le frère du Procureur Général. Autant le Procureur Général était poli, et plein de douceur, dans les manières, autant l'assistant de la Police était dur et grossier dans le langage et dans les actes ; mais il ne manquait pas d'habileté. Le gouverneur donna des ordres pour que la tranquillité ne fût pas troublée ; mais encore pour empêcher qu'un commencement d'exécution n'eut lieu, en dissipant, avant la nuit, le prétendu attroupement. D'après ce qu'on lui avait dit de Laïzaf, il se rendit au raisonnement de Laïzaf. On le laissa libre d'aller rejoindre Ratsitatane et sa prétendue bande, après lui avoir promis qu'il serait gracié, même pris dans les rangs des hommes de Ratsitatane. Pour que l'on n'eût aucun soupçon sur lui, Laïzaf porta des provisions de toutes sortes sur la montagne où Ratsitatane et ses compagnons l'attendaient. Après avoir bien bu et mangé et s'être ingurgité d'arak, il était à peu près quatre heures de l'après-midi, un coup de fusil se fit entendre de la montagne et un mouchoir blanc, en guise de pavillon, se fit voir à l'endroit qu'ils avaient choisi pour se réunir et pour prendre la ville d'assaut. Tout cela était si absurde et si ridicule que les sept huitièmes des habitants de la ville s'amusèrent, en voyant de pareilles choses.

Jeune homme de dix-sept ans alors, et nous occupant de tout ce qui se passait dans notre sale petit pays, nous parlons de tous ces faits pour les avoir vus.

Ceux qui ont donné des proportions étendues à cette action de l'imbécile Ratsitatane avait leur but : empêcher que la liberté n'étendît ses rameaux plus largement sur cette colonie. On va voir ce qu'il advint de cet acte dont Laïzaf seul fut l'auteur.

Après avoir tiré un coup de fusil et arboré un pavillon blanc ; de la ville, on vit évoluer 7 à 8 hommes parmi lesquels un homme colossal, de 5 pieds dix pouces, d'une corpulence analogue à sa taille, qui gesticulait au milieu de ces quelques hommes. De quatre à six heures, la ville n'était pas sans inquiétude, ne sachant pas ce qui se passait sur la montagne, où ces quelques personnes ne faisaient, cependant, que quelques démonstrations ridicules ; mais à six heures, lorsqu'on a vu vingt cinq ou trente soldats dirigés par un officier et des constables de Police, ayant à leur tête l'assistant de la Police, M. Denis Virieux, se diriger sur la montagne ; à l'instant, ceux là mêmes, qui avaient intérêt à grossir cet acte de prétendue révolte, gardèrent le silence. Voulant tout voir, par nous même, nous avons été au haut de la montagne où nous avons vu le reste d'un repas, une tabatière dans laquelle se trouvait du tabac en poudre dont M. Denis Virieux a fait usage, devant tous ceux qui étaient montés sur la montagne. Cet acte a surpris tout le monde.

Quant aux révoltés, qui voulaient mettre le pays à feu et à sang, on n'a même pas eu trace de leur fuite.

Le lendemain, le 23 Février, le gouverneur avait ordonné la publication d'avis pour l'arrestation de Ratsitatane et ses compagnons, en mettant leurs têtes à prix. Et, aussi, des mesures furent prises pour assurer la tranquillité publique qui, certes, n'avait pas été troublée par ce coup de tête de Laïzaf. Mais ce que faisait le gouverneur ne pouvait nullement convenir à ceux qui dirigeaient le gouvernement occulte de cette époque ; il fallait lui donner une bonne leçon et aussi le semencer pour les relations qu'il entretenait avec le roi de la grande île africaine.

Le gouverneur Farquhar s'occupait de ces mesures, lorsqu'il reçut une députation de quelques hommes se portant comme les députés de la population de la ville.

Celui qui était considéré comme le leader des habitants du pays, s'exprima avec tant de véhémence contre le gouvernement, que le gouverneur Farquhar ne put cacher son ressentiment contre celui qui avait parlé avec si peu de ménagement. Les résultats de cette députation ont été déplorables ; au lieu de paix et de tranquillité, cette députation à été cause de bien des difficultés telles que les divisions qui ont régné parmi ceux qui voulaient faire la leçon au

gouverneur. Il fallait de peu que nous eussions de grands
malheurs à déplorer.

Nous avons déjà fait connaître que Rafarla, l'ambassadeur de Radama était arrivé, ici, avec quelques hommes de
sa suite.

Cet ambassadeur malgache et sa suite étaient logés au
Champ de Mars, dans la grande Maison du gouverneur
Farquhar ; M. Hastie, l'agent Anglais, demeurait aussi
dans cette grande maison.

Ceux des mécontents qui voulaient trouver un complot
bien ourdi dans l'acte de Laïzaf, dont l'imbécile Ratsitatane
devenait le premier acteur, ceux-là firent courir le bruit
que des chansons de guerre s'étaient fait entendre dans la
demeure de l'ambassadeur. Aussi, il s'en fallait de peu qu'on
ne demandât à l'autorité de mettre en état d'arrestation
l'ambassadeur malgache et sa suite.

Il est heureux que quelques hommes sages firent
entendre la voix de la raison, et heureux aussi qu'on fit la
capture de Ratsitatane et de ses complices.

Par l'interrogatoire des coupables on sut à l'instant la
vérité. On vit clairement qu'il n'y avait dans cette prétendue révolution qu'un misérable, auteur de cette comédie
burlesque.

Dans les six accusés, Ratsitatane et cinq des complices
furent condamnés à mort. Trois, au nombre desquels se trouvaient Laïzaf, furent graciés. Nous avons assisté à cette
exécution. Ce pauvre Ratsitatane a été martyrisé : il a
reçu trois coups de hâche.

Franchement, les complices de Ratsitatane auraient dû
être chatiés, en recevant une cinquantaine de coups de fouet
sur le dos ou sur le derrière, et l'imbécile Ratsitatane livré

à Radama, comme un niais, incapable de faire quoique ce soit, tant il était denué de sens commun.

Quant à Lazaïf, c'était un profond scélérat, qui méritait certainement une punition exemplaire.

Mais la parole du gouverneur étant comme une parole royale, il fallait la tenir, même à l'égard de ce grand criminel.

Voilà ce complot qui fît tant de bruit à Maurice. Ce pauvre noir Laïzaf n'était pas à son coup d'essai, car il avait été voir plusieurs fois les hommes de couleur qui réclamaient par voie de pétition leurs droits de citoyens actifs, de sujets britanniques... La première fois qu'il vint se proposer comme agent, on le conduisit avec douceur, en lui faisant connaître, que le moment n'était pas éloigné où la liberté serait le partage de tous les habitants de Maurice indistinctement et de rester tranquille. A quelques mois de cela, il revint encore. Cette fois, on le menaça de l'arrêter et de le conduire à la police, s'il persistait à agir comme il le faisait. On le voyait si sot et si niais, qu'on eut pitié de son pauvre individu. Dans la situation où la colonie se trouvait, eu égard aux différentes populations qui se détestaient, on eût fait une affaire d'état de la proposition de se révolter contre la population d'origine française ; proposition criminelle sans aucun doute, mais qui était considérée comme ridicule et absurde par des hommes de sens et de raison qui dirigeaient les hommes de 1818 à 1832.

Pendant la dernière administration du gouverneur Farquhar, à son retour d'Angleterre, administration qui a duré environ trois ans, la colonie a reçu deux fois de l'argent monnayé de l'Inde pour le trésor colonial.

La salle de spectacle a été construite.

Le marché central a été transporté là où il est maintenant.

Un traité avec l'Iman de Mascate, par lequel il s'engageait à coopérer à l'abolition de la traite, a été signé.

La charte de justice, qui a soulevé tant de difficultés parmi ceux qui avaient été appelés à son examen, n'a pas été publié par le gouverneur Farquhar. Cette charte de justice avait été demandée par les colons d'origine française.

Cet acte de justice de la part du gouverneur Farquhar à l'égard de la population de couleur, a tellement mécontenté la population blanche qu'elle n'a pu dissimuler ses sentiments de récriminations contre le gouverneur Farquhar ; aussi, à son départ, est-il parti sans aucune démonstration de regrets. On s'est fait beaucoup plus de mal que de bien.

Je ne ferai pas moins pour le bonheur, pour le bien être des habitants de la colonie en Angleterre, a dit le gouverneur Farquhar. Il tint parole, car il n'a jamais cessé de parler en faveur du pays.

C'était se venger bien noblement de ceux qui avaient oublié tous les bienfaits répandus sur eux par lui, gouverneur Farquhar. Le Gouverneur Farquhar partit de Maurice le 20 Mai sur la corvette le " Menay ", capitaine Moresby. Après son départ, on s'occupa beaucoup de l'arrivée des commissaires d'enquête qui étaient au Cap, disait-on, et du nouveau gouverneur qui allait succéder au gouverneur Farquhar.

Ce gouverneur du nom de Galbraith Lowry Cole, arriva sur le vaisseau le " Charles Grant " le 12 Juin, et prit possession de son gouvernement le 13, selon l'usage. Le 24 du même mois il tint un lever où tous les fonctionnaires se trouvèrent, ainsi que ceux qui étaient satisfaits du départ de Sir Robert Farquhar.

Sir Lowry Cole était un véritable anglais, de par le caractère et par son mauvais côté : froid, rude, sec, inflexible, dur, entêté, opiniâtre.   Les classes intermédiaires, pour lui, pouvaient vivre dans l'ignorance ; s'améliorer, s'instruire, s'élever seules, cela lui était indifférent ; mais il n'entendait rien faire pour elles, ni contre elles, il ne s'en préoccupait pas.   Par tous ses actes, on voyait bien la tendance de son esprit ; la protection qu'il accordait à la classe privilégiée, qui n'avait qu'un désir : restreindre encore le peu de liberté qui était laissée à la population de couleur. De 1821 à 1825, cette population s'était rapprochée, avait senti la necessité de s'entendre, de s'unir pour résister aux désirs de la population blanche, désirs qui avaient pour but de les tenir sinon tous, du moins les trois quarts, dans un état de domesticité tel qu'il ne leur serait pas possible d'en sortir, pendant un siècle. La passion rend tellement aveugle que les leaders de cette population, hommes capables, fort intelligents, de beaucoup de talents même, ne voyaient pas la transformation de la population et encore moins le changement qui allait avoir lieu par la marche naturelle de la civilisation et de la liberté.

Une occasion se présenta où ceux qui s'occupaient de réclamer les droits civils et politiques de la population de couleur crurent devoir mettre à l'épreuve Son Excellence Sir Lowry Cole.   Celui-ci se dessina parfaitement.

Une députation d'hommes de couleur alla lui présenter des doléances, ayant pour but le redressement de quelques griefs, tellement graves, que l'homme de couleur ne pouvait faire un pas en avant, politiquement parlant.

Sir Lowry Cole reçut la députation avec hauteur et dédain. Il écouta avec assez de tranquillité,   mais avec des mouvements d'impatience, la lecture de la pétition qu'on lui présentait, sans faire la moindre observation, et sans dire un seul mot ; puis, il recula d'un pas, et se tenant sur le

bout des pieds, il montra la porte aux pétitionnaires, et tout
fut dit. Son geste était si impérieux que ceux qui composaient la députation sortirent découragés d'une réception si
peu digne d'un gouverneur qui ne respectait ni l'étiquette,
ni les convenances, ni son caractère de chef du pays.

Sous son administration le sucre venait d'être admis
en Angleterre ; la plantation de cannes venait de s'étendre ;
le manque de bras se faisait sentir sur les habitations
sucrières. Les propriétaires d'usines, habitués qu'ils étaient
à toutes les commodités de la vie et à toutes les aisances
d'une existence luxueuse, voyaient avec effroi les embarras
de la grande culture qui, à cette époque, se trouvait
entre les mains d'anciens colons, tristement imbus de
préjugés absurdes qu'ils eussent modifiés sûrement s'ils
avaient vécu de nos jours, 1896. Ces propriétaires, dans
une réunion générale s'entendirent. La Table ovale, société
politique et littéraire, composée de ceux qui formaient le
gouvernement occulte de la colonie, avait pour président M.
Adrien D'Epinay, celui qui avait succédé à M. Thomi Pitot
dans la présidence de cette société. Les membres de cette
société prirent l'initiative d'une pétition que l'on présenta
à Sir Lowry Cole.

Après avoir fait connaître la misère dans laquelle on
s'était trouvé, il y a quelques années, et les besoins du
moment, on lui demanda, entr'autres choses, une loi par
laquelle le travail de la terre serait obligatoire pour tous
ceux qui ne paieraient pas un cens que l'on déterminerait
dans une assemblée ultérieure, régulièrement tenue, et qui
serait fixée d'ailleurs à la volonté du Gouverneur. Il ne
s'agissait de rien moins que de mettre la moitié de la population de couleur d'alors à la gratte et à la pioche. Sir Lowry
Cole ne se mit pas en colère, en écoutant de pareilles infa-

mies : il se contenta d'employer l'ironie, ce qui ne déconcerta pas les pétitionnaires, qui mirent en œuvre tous les moyens pour arriver à leur but.

Ce n'était pas à l'inflexibilité de son caractère qu'il fallait attribuer le refus qu'il opposait à la demande réitérée de la population blanche ; mais bien à la crainte de son rappel, par l'influence de l'*Anti Slavery Society* de Londres. Comme il était sans fortune, ayant de la famille, il tenait considérablement à sa place de gouverneur des colonies.

Sir Lowry Cole donnait tous les mois, à son château du Réduit, un dîner, où toutes les autorités de Moka, étaient conviées. Monsieur le commandant du district des Plaines Wilhems, Rivière, était un des convives les plus assidus. On saisit le moment le plus proprice pour toucher et gagner le Général.

Ce jour là Sir Lowry Cole s'était déridé le front : il avait presque souri à ses hôtes qui, eux aussi, redoublaient de gaieté et d'amabilité. Le commandant Rivière, dans une allocution bien ménagée et bien calculée, fit entrevoir que tout serait perdu dans la colonie, si l'on ne remédiait pas, au plus tôt, à cette pénurie de travailleurs qu'on avait déjà signalée à celui qui serait nommé le bon, le loyal gouverneur, le sauveur du pays. Sir Lowry Cole, poussé par une flatterie, de la part de ses nombreux convives, répondit d'abord qu'il ne lui était pas possible de faire aucune concession a ce sujet. Eh bien, dirent quelques uns de ces habitants, qui ne voyaient que le moment présent, sans prévision pour tous les changements que le temps apporte forcément par le progrès indéfini qui est dans l'humanité : que deviendront nos enfants, Excellence, si tout espoir est perdu pour nous, et que nous soyons obligés d'abandonner nos terres et nos

usines ? Prenez vos enfants, a répondu le Général, sans me-
surer la portée de sa réponse, et faites en des piocheurs,
messieurs, je ne puis rien.

Ce dîner a été le dernier donné par Sir Lowry Cole à
son château du Réduit.

Ce gouverneur n'avait aucune sympathie pour les
classes souffrantes. Aussi, était-il toujours hostile à ceux
appartenant à la population secondaire, qui venaient lui faire
quelques demandes. Il était d'autant plus sévère envers les
hommes de couleur, qu'il encourageait les autorités à maintenir toutes les lois restrictives qui entravaient la marche des
hommes de cette population qui faisait les plus grands efforts
pour sortir de l'esclavage moral où les lois les maintenaient
avec rigueur, quoique ce Gouverneur sût parfaitement tous
les changements qui allaient s'opérer, ici, en faveur de la
caste de couleur. Nous étions à la fin de l'année 1826.

La partialité qu'il montrait en faveur de la caste
blanche, qui était la caste privilégiée, était pour lui chose
si naturelle, qu'il ne craignait pas de le faire connaître
hautement. Et s'il s'est trouvé dans l'obligation de refuser
aux habitants la demande qui lui avait été faite, ayant pour
but de faire travailler à la terre tous ceux qui seraient
malheureux, c'est que des ordres impératifs lui avaient été
donnés par la Métropole pour l'empêcher de sanctionner,
même temporairement, toutes lois restrictives quelles
qu'elles fussent. Puis encore, cette loi était si imprévue, si
tyrannique, si exhorbitante, qu'il en était hébété, lui-même,
tout despote qu'il était.

C'est sous son administration qu'eut lieu l'admission
des sucres de Maurice à la consommation en Angleterre.

Qu'on créa un dépôt pour mettre les doubles minutes
des actes notariés, et les registres de l'Etat Civil.

Qu'on rétablit les conseils de fabrique dans chacune des paroisses de la colonie.

C'est à la fin de 1826, que deux des commissaires d'enquête, le major Colebrook et M. H. Blair arrivèrent à Maurice, où ils étaient attendus depuis plus de deux ans.

La présence de ces deux personnages devint un sujet d'attention et de toutes sortes de conjectures. Leur installation se fit avec beaucoup de pompe au Palais de Justice le 1er Octobre 1826.

Deux lois avaient été publiées. L'une prononçait la suppression demandée du Tribunal Spécial formé et organisé le 11 du mois de Frimaire de l'an XII, pour l'instruction et le jugement des crimes commis par les esclaves ; l'autre, rapportait l'article 51 des lettres patentes du mois de Septembre 1723, et les articles 67 et 68 de l'arrêté supplémentaire du Code Civil, en ce qu'ils défendent la disposition de leurs biens par actes entre vifs ou par testament, de la population blanche, au profit de la population de couleur, et de la population de couleur en faveur de la population blanche.

La suppression de ces articles de lois, était trop caractérisque pour que les leaders de la population blanche pussent se méprendre sur tout ce qui allait arriver.

C'est la connaissance de ces changements et de bien plus grands encore, qui ont empêché Sir Lowry Cole d'accéder aux demandes ridicules et absurdes qui n'avaient qu'un but : rendre des hommes libres, esclaves.

Il fallait que la passion rendit bien aveugles des hommes intelligents, pour se permettre pareilles incartades.

Croira-t-on qu'en 1827, 28, 30, 32, il y avait une centaine d'hommes de couleur, misérables valets des meneurs de la population blanche, qui allait dénoncer à ces meneurs les hommes de couleur qui faisaient tous leurs efforts pour faire obtenir à la population de couleur tous les droits qui leur appartenaient, se réclamant comme sujet anglais.

En 1826, 27 et 28, Buxton, Lushington, Macaulay, faisaient tous leurs efforts, en Angleterre, en faveur des hommes de couleur de toutes les colonies anglaises, et aussi de l'émancipation des esclaves de ces colonies. Ces trois grands orateurs, ne craignirent pas de parler contre Maurice. Eh bien ! Aurait-t-on pu supposer, d'après ce qui a eu lieu ici, au départ de son Excellence Sir R. Farquhar, entre lui et les colons de Maurice, que c'est lui qui a fait entendre sa voix pour défendre la colonie, mais, cependant, tout en parlant en faveur des droits que réclamait la popu-tion de couleur, et aussi en faveur de la grande mesure ayant pour but l'émancipation des esclaves dans toutes les possessions anglaises.

Ce qu'il y avait d'extraordinaire, c'est que pendant ces trois années où l'on s'occupait de la liberté des classes secondaires et de l'émancipation des esclaves en Angleterre, l'on était comme ébloui, ici, par l'accroissement que l'on avait donné à la plantation de la canne. Non seulement les habitations avaient pris faveur, mais les esclaves se vendaient à des prix exhorbitants.

Pendant ces quelques années, où la population blanche devait le plus appréhender les grands changements devant s'opérer à Maurice, c'est à ce moment que tout semble prospérer par une vision d'optique.

Quoiqu'il en soit, Sir Lowry Cole a été considéré comme un gouverneur modèle à Maurice par une grande partie de la population blanche, tandis qu'il était regardé par la population de couleur, comme l'un des pires gouverneurs anglais qu'on eût vus jusque là. Les hommes

de couleur qui avaient conscience de leur dignité d'hommes
l'ont considéré comme un chef indigne de représenter à
Maurice le roi Guillaume IV.

Il est juste de dire que, sous son administration, on a
fait de nouvelles routes, et que des ponts ont été mis sur
plusieurs passages impraticables,

Quelques édifices publics ont été aussi réparés.

C'est encore sous son administration que Radama, qui
s'intitulait l'ami du gouverneur Farquhar, n'ayant aucune
confiance dans le caractère de sir Lowry Cole, s'arrangea
avec une maison de commerce de notre place, qui devait lui
donner quarante mille piastres par an, pour jouir exclusivement du commerce de Madagascar.

Il est heureux que ce commerce n'ait pas duré plus de
quatre mois, car beaucoup de commerçants de notre colonie
seraient restés probablement dans l'inaction, sans travail,
et auraient perdu ce qu'ils possédaient.

C'est aussi sous son gouvernement que l'on fit venir
des mules du Poitou. La colonie, sous l'administration
française, avant le général Decaen, mettait à la charrette
des noirs esclaves. Un peu plus tard, on s'est servi d'ânes
et de mulets de Buénos-Ayres et de Mascate. C'est sous
l'administration de Sir Lowry Cole que les habitants de la
colonie, avons nous dit, faisaient venir des mules du Poitou.
Ces animaux furent d'une utilité incontestable au pays.

A la fin de l'administration de Sir Lowry Cole, arriva
sur nos bords un personnage historique, Sir Hudson Lowe,
qui était le gouverneur de Saint Hélène, lorsque Napoléon
était retenu comme prisonnier sur cette Ile. Il arriva, ici, le
28 avril 1828.

D'abord. il a pu se promener seul, du gouvernement, où
il demeurait, aux Casernes, où on ne fit nullement attention

à lui. Mais lorsque l'on apprit qu'il avait été reçu froidement au Mess, par les officiers de la garnison, on fut généralement satisfait de la réception que les officiers anglais lui avaient faite.

Ici, en historien sincère, nous ne rapporterons, que le bruit que l'on faisait courir ; mais l'évènement qui va suivre, n'a eu lieu que parce que ce bruit avait été répandu partout à la ville.

La généralité des habitants de Maurice était bonapartiste. La population de couleur de Maurice, si maltraitée par le fait des lois restrictives de Napoléon, provenant de ses ressentiments contre les hommes de couleur de St Domingue, était plein de respect pour sa mémoire. Si ces hommes ne se trouvèrent pas mêlés aux hommes de la population blanche, c'est qu'en 1827,28, et même depuis plusieurs années déjà, les deux populations avaient, l'une pour l'autre, une haine instinctive. Aussi le charivari dont Sir Hudson Lowe a été l'objet n'a eu pour acteurs que des hommes de la population blanche.

Nous pouvons affirmer que rien n'a été concerté ; que l'on ne savait pas le jour fixé pour son départ. Que ce jour, il n'y avait pas plus de monde sur la place qui se trouve devant le gouvernement, que les autres jours. Et que l'heure de son embarquement était celle où se trouvaient réunis les hommes d'affaires et ceux qui venaient chercher des nouvelles, chaque jour, pour les répandre par toute la ville.

A peine vit-on sortir de la grande porte de l'hôtel du gouvernement, Sir Hudson Lowe, accompagné d'un aide de camp, qu'un cri se fit entendre : Voilà Sir Hudson Lowe l'assassin de Napoléon. Ce cri s'est fait entendre, depuis l'entrée de la rue qui conduit ceux qui sont dans la rue Royale à l'embarcadère. Ces deux hommes ont été accompagnés de sifflets et de cris : Assassins ds Napoléon, par des centaines de personnes dont les plus remarquables étaient messieurs F. Barbé, A. Plassan, A. Latour, Bolger, Dromart père etc. etc.

Ce n'est donc pas, comme disent certains écrivains flatteurs et ignorants, à l'embarcadère que l'on a hué sir Hudson Lowe ; mais c'est à sa sortie de l'hôtel du gouvernement, qu'on lui a fait de si tristes ovations.

Si quelqu'un mérite des reproches dans cette circonstance, c'est bien le pauvre gouverneur imprévoyant qui n'a pas su faire son devoir. Dans la situation de sir Hudson Lowe, c'est lui, gouverneur, qui aurait dû couvrir, de sa protection, son hôte qui avait, du reste, subi des avanies dans beaucoup d'endroits.

Sir Lowry Cole fit publier un ordre du jour, en date du 7 mai, quelques jours après le charivari donné à sir Hudson Lowe; ordre aussi ridicule qu'injuste, puisqu'il s'adresse à toute la colonie, qu'il rend responsable de ce qui a eu lieu provenant, disons-le, d'une centaine de personnes.

Nous n'avons, ici, ni à excuser, ni à approuver ce que l'on a fait à Sir Hudson Lowe. C'est, ici, affaire d'opinions et de sentiments. Mais, quant à l'ordre du jour de Sir Lowry Cole, il avait cent fois tort de s'attaquer à toute la colonie, cette scène de désordre n'ayant été produite que par une centaine de personnes.

Pour ceux des hommes qui se tenaient en dehors de tout ce que l'on faisait de part et d'autre, rien n'était plus drôle que les parodies qui avaient lieu. Tantôt on était mécontent de ce que Sir Lowry Cole faisait, et tantôt on lui faisait des adresses pour le complimenter. Lui, de son côté, faisait des brioches en généralisant des faits sur lesquels il n'avait qu'à s'adresser à une centaine d'individus, et non à des populations inoffensives, n'ayant rien à se reprocher.

Sir Lowry Cole pouvait être un excellent militaire,plein de bravoure et de talents ; mais comme gouverneur d'une colonie comme la nôtre, c'etait un bien pauvre diable. Il était temps qu'il allât porter ses grands talents ailleurs qu'à Maurice.

C'est aussi sous son administration que le Commissaire de Justice avait formé le projet de faire prendre, par un règlement approuvé par lui, Sir Lowry Cole, un costume aux magistrats et aux officiers ministériels.

Quelque jours avant son départ, qui s'effectua le 18 Août 1828, les habitants lui présentèrent une adresse, en lui offrant une pièce d'argenterie, comme souvenir de leur attachement à sa personne.   Beaucoup de colons ont refusé de signer cette adresse.

Il ne partit de la colonie que deux mois après l'arrivée de Sir Charles Colville, le 18 Août 1828, sur la frégate la *Tweed*, capitaine Spencer Churchill.

C'était un vaniteux, un orgueilleux, qui était sans pitié pour les malheureux.   Il était sans entrailles pour le petit peuple, et restait insensible à toutes leurs souffrances.

Sir Charles Colville arriva le 17 Juin dans la colonie, et le lendemain 18, il fut installé avec les cérémonies d'usage Il adressa aux habitants une petite proclamation courte et convenable.

En Août, on a appris la mort de Radama Manjaka, et l'avènement de sa mère, Ranavalo Manjaka, comme Reine de Madagascar.

Cette mort de Radama est considérée comme une grande perte, perte irréparable pour la grande Ile africaine.

Radama avait de grandes idées qu'il eut mises en

pratique, s'il n'était pas mort si jeune; Madagascar se serait
civilisé ; Ce grand pays, sous sa puissance se transformait
de jour en jour. Et il fut devenu un tout compacte entre
ses mains puissantes : il est mort trop tôt, pour l'idépen-
dance de son pays, qui deviendra, tôt ou tard, une dépen-
dance française ou anglaise.

C'était un roi absolu, disons le franchement ; mais,
dans son absolutisme, il n'avait qu'une pensée : civiliser son
pays et réunir tous les roitelets barbares qui le dépeuplaient
par leurs rapines et l'enlèvement des familles qu'ils
rendaient esclaves, et qu'ils vendaient à ceux qui faisaient
la traite des esclaves. Aussi, depuis sa mort, tout a changé
à Madagascar, et a été de mal en pis. Madagascar, qu'il
soit colonisé par les Français ou par les Anglais, ne peut
manquer de devenir un grand pays producteur. Madagascar,
à un temps donné, annihilera Maurice et l'île de la Réunion

Il ne se passa rien d'extraordinaire dans les premiers
mois de l'arrivée du gouverneur Sir Charles Colville. Mais
au commencementde l'année 1829, on sut qu'un officier,
sous le titre de Protecteur et Gardien des esclaves, sera
chargé de veiller à l'exécution des lois faites ou à faire en
leur faveur.

Cet officier remplacera le Procureur Général dans les
fonctions de surveillant, sur tous les faits et gestes des
esclaves, dans leurs intérêts, disons le franchement. Lui
soul aura le droit de les faire punir pour des fautes graves,
appelant un châtiment au dessus de celui qu'on leur
infligeait.

Une partie de ces fonctions était déléguée à un
officier dans chaque quartier ; officier qui aurait le
titre d'assistant protecteur et gardien des esclaves.

A l'annonce de ce grand changement, les habitants

furent dans une grande anxiété ; ce n'est qu'en Février, le
20, que l'on sut positivement ce que le Gouvernement de la
Métropole voulait sous le titre d'ordonnance No. 43 : les
habitants furent éclairés sur les grands changements qui
allaient s'opérer dans notre colonie.

Des clabauderies de toutes sortes et des imprécations
se firent entendre de partout. On plaignit Sir Charles
Colville d'avoir accepté le gouvernement de Maurice ; situation qui le rendra odieux à tous les colons ; et l'on sut gré
à Sir Lowry Cole de n'avoir pas voulu rester, ici, comme
gouverneur pour être l'instrument du Gouvernement de la
Métropole pour mettre à exécution toutes les mesures qui
allaient bouleverser la colonie, disaient-ils. Pour la plupart
des colons français, toutes les mesures que le gouvernement
métropolitain croit devoir prendre, pour étendre la liberté
dans la colonie, n'ont qu'un but : le bouleversement complet
de la colonie. Ces pauvres habitants ne voyaient toutes les
mesures libérales que l'on prenait dans l'intérêt de l'humanité, qu'à travers l'égoïsme le plus repoussant et le plus
absurde

Cette ordonnance No. 43, ayant pour objet l'établissement du Protectorat des esclaves, ne fut pas mis à exécution
dans certaines de ses dispositions, Sir Charles Colville,
ayant décidé, dans sa sagesse, qu'elles étaient d'une exécution non-seulement difficile, mais dangereuse pour le pays.
Ainsi, il en suspendit la publication jusqu'à nouvel ordre.

Dès 1826, 27, le manque de bras s'était fait sentir pour
la grande culture. Les habitants avaient obtenu du Gouvernement de la Métropole, le droit de faire venir des chinois
et des indiens comme cultivateurs. Un certain nombre de
chinois et d'indiens arrivèrent, ici, à cet effet. Mais ces
chinois et ces indiens se comportèrent si mal, qu'un an après

on ne vit pas un seul sur nos bords : on les renvoya tous dans leur pays respectif. Les chinois, surtout, furent des travailleurs bien indisciplinés. Si, quelques années plus tard, les habitants de Maurice ont été satisfaits du travail des indiens, c'est que ces nouveaux travailleurs se montrèrent beaucoup plus convenables que les premiers qui avaient pris pour modèles nos chinois cultivateurs.

En Décembre de l'année 1829, deux Ordonnances furent publiées. L'une portait qu'à l'avenir il n'y aurait que deux registres pour l'Etat Civil : l'un pour les personnes libres, et l'autre pour la population esclave.

Cette question a soulevé des difficultés telles, que M. John Jérémie, en 1832, a seul tranché ces difficultés.

Il y avait des affranchis auxquels les colons de la population blanche avaient donné des noms abominables, tels que: Louis Voleur, François Malpropre, Frontin Coquin, Azor l'ivrogne, Pierre Cochon, Jean K k, et cent noms, plus sales les uns que les autres.

Le Procureur Général, Prosper d'Epinay, s'était prononcé pour le maintien de ces noms, et avait défendu qu'on donnât d'autres noms à ces affranchis. Cette opinion absurde fit loi jusqu'à l'arrivée de M. Jérémie qui donna l'ordre, au Commissaire Civil de Port Louis, de changer les noms de ces nouveaux citoyens, en portant sur leurs actes de liberté un nom convenable, choisi par eux, substitué a celui que des maîtres barbares leur avaient donné...

Ce sont des actes semblables, accomplis par les magistrats français, à l'égard de toutes les populations autres que la population blanche, qui ont donné aux hommes de sang mêlé la mesure de la logique et de la passion aveugle des magistrats français de la colonie.

Les leaders de la population blanche ont tout fait pour empêcher le gouvernement de sanctionner la mesure préconisée et recommandée par le Procureur Général Jérémie ; mais le gouvernement n'a pas pris en considération les motifs et raisons allégués dans ces pétitions : les noms malpropres que ces affranchis portaient étaient de leurs faits ; ils étaient mal venus de vouloir empêcher le gouvernement de donner satisfaction à des hommes malheureux, dans l'esclavage, qui avaient subi toutes les tortures morales qu'on voulait leur infliger, même en leur donnant des noms honteux qu'ils étaient obligés de porter, considérés comme des brutes.

On était arrivé en Décembre ; la population de couleur attendait avec impatience l'ordonnance qui allait la relever de l'incapacité politique qui la retenait, depuis le général Decaen, dans l'esclavage le plus dégoûtant. Les commissaires d'enquête avaient promis à leurs leaders, Labonté, Jacmin et autres, que l'année 1829 ne s'écoulerait pas, sans que cette ordonnance ne fût proclamée.

Une nouvelle, qui nous arriva de Bourbon, fit diversion à l'attente de la promulgation d'une ordonnance qui allait changer, du tout au tout, la face de notre colonie.

Cette nouvelle était la fin des hostilités de la division française, sous les ordres de l'amiral Gourbeyre. La Reine Ranavalo Manjaka, désirant la paix avec toutes les nations, avait consenti que les navires français et anglais seraient reçus partout à Madagascar et continueraient leur commerce dans tous les lieux où elle avait des garnisons, et sans vexation de la part de ses sujets malgaches.

Depuis 1810, année où les Anglais ont pris possession de la colonie, il n'y a jamais eu d'aussi grands évènements que ceux passés en 1830, 31, et 32. Il s'en fallait de peu qu'on ne s'égorgeât en pleine rue. Mais, allons par ordre de date.

En 1830, quoique l'ordre en Conseil, qui relevait la population de couleur de ses incapacités politiques, fût publié dans la colonie en Décembre 1829, rien n'était changé: Cette population restait dans la situation pénible où elle se trouvait depuis 27 ans, de 1803 à 1830.

En Février 1830, voilà l'adresse que les représentants de la population de couleur ont cru devoir présenter à Son Excellence Sir Charles Colville, deux mois après la promulgation de cet ordre en Conseil.

A

Son Excellence Sir Charles Colville,
&c.,   &c.,   &c.

Excellence,

Avant la promulgation de l'ordre en Conseil de Sa Majesté, ayant été appelés par Votre Excellence pour nous faire connaître que Sa Majesté ayant pris en considération les différentes pétitions que nous lui avons présentées pour être relevés de notre incapacité politique, nous avons eu l'honneur d'exprimer, dans une adresse, et les sentiments de notre profonde reconnaissance et les dispositions paisibles avec lesquelles nous nous sommes fait unanimement un devoir de jouir des droits et des privilèges qu'il a plu à notre Glorieux Monarque de nous accorder par cet acte libéral; ce premier tribut payé, nous avons attendu, silencieusement, la promulgation de l'ordre en Conseil ; quoique connaissant les sentiments de loyauté et de fidélité qui nous animent, vous avez cru, neanmoins, qu'il était nécessaire, en publiant cet ordre en Conseil, de le faire précéder d'une Proclamation qui devait nous apprendre toute l'étendue des nouveaux devoirs que nous sommes appelés à remplir dans la société.

Chacun de nous a lu, Excellence, avec un religieux recueillement ce passage de la Proclamaion du 2 Décembre 1829.

" C'est en respectant les mœurs publiques, c'est en se conformant aux usages, &c.,et c'est alors,et seulement alors, que les sujets de Sa Majesté, appartenant à la population de couleur, jouiront pleinement des effets de la protection et de la faveur que Sa Majesté a daigné étendre sur eux " — Pleins de l'idée que cette Proclamation était en harmonie avec l'ordre en Conseil, nous nous sommes dit : devenus citoyens, et devant jouir désormais des mêmes droits et des mêmes privilèges que les autres sujets de Sa Majesté, nous devons nous conformer, ainsi que nous le recommande Son Excellence, aux usages de la société dont nous allons faire partie ; nous devons respecter ces usages, qui sont les fruits d'une civilisation éclairée et auxquels le système colonial nous avait jusqu'aprésent rendu étrangers.   Mais, quel fut notre étonnement, lorsque nous entendîmes, presqu'à l'instant même où nous interprétions ainsi votre proclamation, des personnes marquantes de la population blanche dire : La population de couleur a bien obtenu tous les droits civils, mais elle se tromperait, étrangement, si elle s'imaginait que les usages, les préjugés coloniaux n'ont pas été maintenus.

C'en était assez, sans doute, pour faire naître parmi nous de vives alarmes ; mais pour les faire cesser nous n'eûmes besoin que de relire l'ordre en conseil ; nous restâmes convaincus qu'ayant obtenu tous les droits civils, il était impossible qu'on pût nous contester toutes les prérogatives qui en découlent, naturellement ; d'ailleurs nous fûmes bientôt complètement rassurés par la proclamatin du 16 Décembre 1829, qui rapporte l'usage qui interdisait le mariage entre les deux populations ; nous avons trouvé dans le préambule de cette proclamation la garantie de l'entière exécution de l'ordre en Conseil de sa Majesté :—

Cependant, malgré cette garantie, non seulement l'ordre en Conseil n'a pas encore reçu son entière exécution, mais on parait être décidé à l'interprêter de manière à nous laisser toujours dans la même situation ; c'est à dire qu'on paraît être décidé à maintenir, au mépris de l'ordre en conseil et de votre Proclamation, les usages qui sont pour nous une source intarrisable de vexations. Si dans la conjecture actuelle, le préjugé vient maintenir des droits que l'ordre en conseil a frappé d'un sceau réprobateur , il nous semble, Excellence, que les malheureuses victimes de ce préjugé peuvent lui opposer une résistance, fondée sur des droits qu'on ne peut leur contester, sans offenser l'Auguste Monarque de la Grande Bretagne, puisqu'ils résultent d'un acte qui émane de sa volonté suprême.

Si l'on nous a vus, naguère, Excellence, respecter les usages vexatoires qui nous opprimaient ; si l'on nous a vus fléchir devant eux et repousser même la pensée que nous pouvions les heurter, c'est parce que nous voulions que la subordination fut la règle de notre conduite, alors même qu'on nous abreuvait de dégoûts, de vexations ; mais, aujourd'hui, forts de nos droits, on nous verra réclamer avec persévérance l'abolition de ces mêmes usages.

D'ailleurs, la solicitude vraiment paternelle que vous témoignez indistinctement à tous les Colons de Maurice, nous garantit que rien ne retardera plus l'entière exécution de l'ordre en Conseil, et qu'il suffira de vous signaler les usages qui nous oppriment encore, pour que vous décidiez qu'ils sont incompatibles avec cet acte qui réunit tous les caractères de ce noble libéralisme qui distingue la nation Britannique.

Permettez-nous, de vous dire, Excellence, que l'ordre en Conseil est publié et nos dépouilles mortelles sont encore avilies.

Pour preuve de ce que nous avançons :

L'ordonnance relative aux enterrements a été publiée le 6 Février 1783, par le Vicomte de Souillac. L'art. 6 de cette ordonnance qu'on nous applique est conçu en ces termes.

Les corps des *"noirs"* seront portés à la croix où à la porte de l'Eglise, où l'on remplira à leur égard les Cérémomonies ordinaires conformément à cette ordonnance ; nos corps sont déposés sur deux pierres, placés à une petite distance de l'Eglise ; c'est à cet endroit que les prêtres viennent les prendre.

Ainsi cette ordonnance qui nous assimile à l'esclave veut que nos dépouilles mortelles soient exposées pendant des heures entières aux regards des curieux et aux intempéries des saisons. On concevra, facilement, tout ce que nous devons souffrir, lorsque nous sommes appelés à assister aux funérailles de nos concitoyens ; et combien nous devons être humiliés en voyant leurs restes condamnés à une exposition aussi avilissante ! Des hommes imbus de préjugés ont pu publier une ordonnance de cette nature ; mais comment les membres du clergé de Maurice ont-ils pu la sanctionner, puisqu'elle est subversive de ce principe fondamental de la religion qu'ils professent : Devant Dieu, point d'acception de personne ! L'homme de couleur ne devrait-il pas fuir un temple sur les parvis duquel il trouve l'humiliation et l'avilissement ?

Mais non, il n'écoute que sa piété, et on le voit respecter le ministre qui l'humilie, et fréquenter assidument ce temple où l'on paraît vouloir créer un Dieu exprès pour lui.

La Grande Bretagne ne maintiendra pas une semblable ordonnance. Il suffira de la lui signaler, pour qu'elle en ordonne l'abolition.

L'ordre en Conseil, ce bienfait que nous tenons de notre bien-aimé Monarque, est publié, et nos cendres sont encore proscrites du lieu où reposent celles de nos pères !...

Le lieu de la sépulture des chrétiens, Excellence, est un lieu où toutes les inégalités de naissance et de rang disparaissent. En remontant même au berceau du Christianisme, on chercherait en vain une époque où ce lieu fut un lieu de distinction. Maurice, cependant, renferme un Cimetière où le préjugé a élevé une ligne de démarcation.

L'étranger que la piété conduit dans ce séjour de silence et de la mort, ne doit-il pas être étonné d'y voir un mur de séparation ? S'il demande la cause de l'édification de ce mur, on lui répond qu'il existe un usage qui proscrit les cendres de l'homme de couleur de l'endroit où reposent celles de leurs pères ! !... si son cœur n'est point imbu de ces préjugés barbares qui rendent l'homme injuste et impie, il quittera les rives de Maurice, en emportant une idée défavorable de ses habitants, et dans sa pieuse indignation il se dira, sans doute :

Que les hommes qui ont pu établir un usage qui porte le caractère de la plus révoltante impiété ne doivent avoir aucune notion des devoirs du chrétien.

Nous allons relater quelques faits qui démontreront l'évidence la plus complète que cet usage comble la mesure des vexations qui sont notre partage.

M. Bétuel, de la population blanche, mort en 1823, avait demandé, en expirant, que son corps fut mis auprès de celui de son fils, inhumé dans le cimetière destiné à la population de couleur. M. Chrétien, exécuteur testamentaire de M.

Bétuel, son ami, accomplit religieusement sa dernière
volonté, et sa dépouille mortelle fut réunie à celle de son fils;
mais bientôt les parents blancs de M. Bétuel, sous prétexte
que sa famille serait à jamais déshonorée si ses restes étaient
confondus avec ceux d'un homme de couleur, demandèrent
au Procureur Général l'exhumation de son corps. Ce magistrat s'emparrant d'un pouvoir exhorbitant, d'un pouvoir
qui n'appartient qu'au chef suprême de la colonie, ordonna,
au Commissaire en chef de la police, de faire exhumer, dans
le plus bref délai, le corps de M. Bétuel; cet ordre arbitraire
fut exécuté à l'instant, et l'asile des morts fut violé impunément.

Plus tard, à l'occasion d'une contestation civile qui
s'éleva entre les héritiers de M. Bétuel et son exécuteur
testamentaire, les juges de la Cour d'appel approuvèrent cet
acte dicté par le préjugé colonial.

Quoique dans la nuit "du tombeau, disent ces magistrats,
toutes les inégalités de naissance et de rang s'anéantissent
devant l'Etre Suprême, les mœurs et les usages des nations
policées n'admettent point la confusion des individus qui
reposent dans ce dernier asile. Nous respectons, ici, le préjugé
des Indous qui regardaient la terre destinée à leurs funérailles comme polluée par l'inhumation d'un individu d'une
autre religion."

Sont-ce bien des Magistrats Chrétiens qui ont tracé ces
mots !...

Nous respectons le préjugé des " Indous qui regardaient la terre destinée à leurs funérailles comme polluée par
l'inhumation d'un individu d'une autre religion. "

Cette autorité porte avec elle sa réfutation, car l'homme de couleur étant Chrétien, les indous Chrétiens de

Maurice ne peuvent bannir ses cendres du lieu où reposent les leurs ...   .

Tous les faits que nous venons de citer, et toutes les réflexions que nous avons faites, font ressortir, il nous semble, suffisamment, tout ce que l'usage que nous signalons a d'odieux. Il n'en faudra pas d'avantage pour obtenir du gouvernement son abolition.

Nous verrons donc bientôt s'écrouler ce mur qui sépare nos dépouilles mortelles de celles de nos pères !...

L'ordre en Conseil est publié, Et les qualifications de Monsieur et de Madame nous sont encore refusées !......

En 1,768 et 1,773, ou publia à la Martinique un arrêté qui défendait aux personnes de Couleur de s'appeler entr'-elles Monsieur et Madame. Cet arrêt ridicule n'a jamais été mis en vigueur à Maurice ; on nous a fait la grâce de nous laisser nous appeler entre-nous Monsieur et Madame ; mais on a pensé que, pour nous avilir, il fallait que nous eussions une qualification particulière dans tous les actes publics et judiciaires, celle de *nommé* a paru seul susceptible de remplir le but qu'on se proposait, et elle fut adoptée. Cependant ce n'était pas assez de donner à l'homme de couleur une qualification particulière ; il a fallu encore, pour le dégrader tout à fait, que cette qualification établit une parité entre lui et l'esclave ; ainsi la qualification do *nommé* leur appartient en commun.   Tous les actes Civils et judiciaires qui concernent un homme de couleur et un esclave se rédigent ordinairement de cette manière :

Le nommé Tel, homme de couleur libre, dit :

Le nommé Tel, esclave de, &c. &c. &c.

Ainsi le maître reçoit la même qualification que son esclave, soit dans les actes publics, soit devant les tribunaux. Il faut donc que l'homme de couleur respectable, que l'estime générale environne, ait la douleur d'entendre ou de lire ces mots dégradants pour lui : le nommé Tel appartenant au nommé Tel ... ...

Enfin, on refuse les qualifications de Monsieur et de Madame aux personnes de couleur, et on les accorde aux moindres individus de la population blanche ; on accorde même la qualification de monsieur aux muletiers que le gouvernement local considère comme appartenant à la classe la plus basse de la société.

Nous ne pensons pas qu'il soit nécessaire de faire d'autres réflexions pour démontrer que la qualification de nommé doit disparaître dans tous les actes publics qui concernent les personnes de couleur, et qu'elles doivent recevoir celle de Monsieur et de Madame...... Eh ! quoi ! l'ordre en Conseil de Sa Majesté est publié, et nous sommes privés des bienfaits de l'éducation ?

Nous allons répéter ce que nous avons exprimé dans plusieurs pétitions, qui vous ont été soumises ; que nous n'avons pas une seule maison d'éducation passablement organisée ; cependant le gouvernement britannique est un gouvernement bon, équitable ; et, tout gouvernement qui réunit ces deux précieuses qualités, considèrera toujours comme son unique et véritable intérêt déclairer ses sujets, sans acception de classe, ainsi que l'ont consacré dans les temps les plus célèbres philosophes.

Un Roi de Suède, qui plaçait ce principe au rang de ceux qui soutiennent l'édifice social, a dit dans un de ses édits.

" Eclairer et instruire ses sujets est l'un des premiers devoirs du souverain."

Pourquoi donc, sous le gouvernement britannique, la jeunesse de couleur reçoit-elle une éducation misérable et bornée ?

Pourquoi ne peut-elle pas acquérir ces lumières et ces connaissances scientifiques, qui, en ouvrant aux citoyens la route des emplois honorables, lui fournissent des moyens de servir leur pays et leur Roi ? Pourquoi ? Parceque telle est la volonté de la population blanche, et qu'elle a décidé que la jeunesse de couleur, en général, n'a besoin d'être encouragée et favorisée que dans les arts mécaniques pour lesquels seuls elle a des dispositions réelles. Resterons nous toujous sous le coup de cette décision injuste et arbitraire. Non, le moment est arrivé, nous le pensons, où l'autorité fera cesser les obstacles qui empêchent nos malheureux enfants de recevoir sur le sol qui les a vus naître les bienfaits de l'éducation.

Cette autorité paternelle agira parcequ'elle est convaincue que :

" La religion même fondée pour calmer les passions et procurer à l'homme le bonheur et les douces jouissances de la vertu, deviendrait, si l'on maintenait ce système affreux, un instrument qui cesserait d'agir, ou qui prendrait une action opposée au but sublime pour lequel elle a été instituée."

Mais terminons ces réflexions, pour ainsi dire, préliminaires, et entrons au fond de notre sujet.

Il existe à Maurice pour la jeunesse de la population blanche uniquement un collège connu sous la dénomination de Collège Royal. Ce collège est établi à l'instar des meilleurs collèges de l'Europe, puisqu'on y enseigne toutes les sciences en général.

Le collège destiné à la jeunesse de couleur est connu sous la dénomination de *Collège Primaire*, on y enseigne 1° le français, tant bien que mal ; 2° la géographie pour orner seulement la mémoire ; 3° l'astronomie pour connaître la grandeur du soleil et de la lune ; 4° enfin les premiers éléments de l'arithmétique.

Il y a encore deux collèges établis pour les enfants pauvres de la population de couleur. L'un dirigé par le révérend Lebrun, missionnaire ; l'autre par Mr Jenkins. Ces deux collèges sont organisés d'après le nouveau système d'éducation ou de l'enseignement mutuel. Cette circonstance seule suffit pour les placer bien au dessus du collège primaire dont nous venons de parler.

Que résulte-t-il de cet état de choses ? Que l'on voit d'un côté la jeunesse de la population blanche recevoir avec profusion tous les bienfaits de l'éducation et que de l'autre côté on voit la jeunesse de couleur condamnée à la plus grossière ignorance.

Dans une pareille situation, devons-nous faire entendre des cris de douleur ? Non, car ce serait nous dépouiller du noble caractère de citoyen. Que devons-nous donc faire ? Etablir d'une manière incontestable le droit que nous avons de faire recevoir nos enfants au Collège Royal. Pour atteindre ce résultat, remontons à l'époque de la fondation du Lycée Colonial, aujourd'hui Collège Royal, et examinons successivement toutes les proclamations qui concernent cet établissement.

Le général Decaen, immédiatement après avoir pris les rênes du gouvernement de Maurice, s'occupa de l'organisation du Lycée Colonial, et fit publier le 5 brumaire an 12 une proclamation dont voici le préambule.

" Considérant combien il est utile de procurer aux enfants des habitants des colonies françaises orientales une éducation locale qui puisse suppléer à l'impossibilité où ils se trouvent, en temps de guerre, d'aller chercher en Europe ce premier bienfait dont le gouvernement veut qu'ils ne soient pas privés ;

" Considérant qu'il existe déjà dans cette colonie un établissement institué pour ce but d'utilité générale et qu'il a déjà mérité la reconnaissance publique, etc., etc."

Les vingt deux articles qui suivent ce préambule ne contiennent aucune disposition exceptionnelle relativement à la population de couleur. Ainsi l'on voit que dès sa fondation le Lycée Colonial était destiné à recevoir les enfants de Maurice, sans aucune distinction ou exception.

Le 12 septembre 1806, nouvelle proclamation du général Decaen ayant pour objet la construction d'un édifice principal dans l'enceinte de l'établissement du Lycée ; le préambule de cette proclamation porte en substance.

" Qu'un établissement principal pour l'instruction publique est le plus grand bienfait que puissent recevoir ces colonies lointaines où il est difficile et souvent impossible aux pères de familles d'envoyer leurs enfants en Europe pour leur éducation et que l'accroissement de la population de ces îles, que les améliorations qu'exige le Lycée devant y multiplier le nombre des élèves, il devient indispensable etc., etc.

Cette proclamation composée de huit articles ne contient point non plus des dispositions exceptionnelles, mais l'article III, porte :

" Les vingt-quatre élèves seront choisis parmi les enfants créoles des établissements français à l'est du Cap de Bonne Espérance, dont les familles seront jugées avoir le plus besoin de ce secours, en raison de leur situation de fortune et en être en même temps les plus dignes...... "

Puisque nos enfants sont créoles, cet article leur est applicable, sans nul doute. Mais continuons.

Peu après la prise de l'île, le gouverneur Henry Warde s'occupa de l'organisation générale pour le Lycée, et le 21 août parut une proclamation qui dispose qu'un comité d'administration générale sera chargé de la surveillance de l'administration du Collège Royal, et de tout ce qui a rapport à l'instruction publique en cette colonie ; les articles de cette proclamation ne contiennent aucune disposition exceptionnelle à l'égard des enfants de couleur.

Le 27 janvier 1815, proclamation de son Excellence le gouververneur Farquhar qui fixe définitivement l'organisation du Collège Royal ; le préambule de cette proclamation porte :

" Son Excellence le gouverneur ayant reçu du Très Honorable Lord Bathurst, ministre de sa Majesté, des dépêches portant confirmation de l'établissement du Collège colonial, comme école publique sous la protection spéciale du Prince, accompagnée des marques de la munificence de S. A. Royale envers cette institution et des assurances de l'appui important du gouvernement à l'égard de toutes les mesures qui pourraient contribuer à la prospérité et au perfectionnement de cet établissement, si intéressant sous tous les rapports.

Maintenant tirons nos conséquences :

Si le Collège Royal est destiné à l'instruction des enfants des habitants de Maurice sans exception ; si cet établissement est considérée comme une institution publique et coloniale, nous avons le droit d'y mettre nos enfants.

On n'a pas pu, sans commettre un acte arbitraire, bannir nos enfants de cet établissement public et colonial. Si le gouvernement Britannique, en confirmant les dispositions prises à l'égard du Collège Royal, le considère comme une école publique, il s'empressera de reconnaître que nous avons le droit d'y mettre nos enfants. Mais les colons de la population blanche, si puissamment intéressés au maintien des préjugés résisteront infailliblement à l'autorité ; ils lui feront pressentir des désordres, des abus ; en un mot, ils accumuleront chimères sur chimères, et fantômes sur fantômes ; tout est perdu, diront-ils, si la jeunesse de couleur est admise au Collège Royal, parcequ'il en résultera nécessairement l'écroulement de notre édifice social. Nos intérêts les plus chers, diront-ils, nous commandent impérieusement de défendre le système colonial, de défendre ce système qui, en fermant à la population de couleur la route des emplois lucratifs, lui ferment aussi celle des richesses ; enfin, diront-ils, si cette population cesse d'être ignorante et pauvre, alors plus de préjugés, plus de sûreté pour nous.

L'autorité prêtera-t-elle une oreille attentive à ces clameurs ? Non, non ; elle n'examinera même pas des prétentions que repoussent la morale et l'humanité. Cette autorité s'empressera donc, comme nous venons de le dire, de reconnaître le droit que nous avons de mettre nos enfants au Collège Royal .....

Mais, d'ailleurs, ces colons blancs pourront-ils persister dans ce système d'opposition, puisqu'ils viennent de reconnaître, dans une adresse qu'ils envoyèrent au Parlement, en 1789 et années suivantes, ils nous accordèrent des privilèges fort étendus, privilèges qui nous furent ravis plus tard par un gouvernement absolu.

N'est-ce pas consacrer que le gouvernement paternel qui nous régit devrait nous rendre les privilèges et les droits qu'un gouvernement despotique nous a enlevés ?...

L'ordre en Conseil est publié ; appartient-il encore au préjugé le droit de repousser avec ignominie nos enfants du Collège Royal ?

L'ordre en Conseil nous a ouvert toutes les carrières, et le préjugé voudrait que nous restassions toujours courbés sous le joug de l'ignorance ! Et comment pourrions-nous nous rapprocher, de plus en plus, des principes d'une civilisation éclairée et tourner au profit de la chose publique nos facultés, si l'ignorance doit être toujours notre partage... Mais non ; ce ne sont pas de vaines alarmes ; le préjugé n'obtiendra pas un semblable triomphe, parcequ'il aurait pour résultat l'anéantissement de l'ordre en Conseil de Sa Majesté. Si le gouvernement nous a recommandé de travailler au développement de nos facultés, c'est parcequ'il a conçu le noble projet d'aplanir tous les obstacles qui s'opposent à ce développement.

Nous vous offenserions, Excellence, si nous doutions un seul instant du succès de nos réclamations, puisqu'elles ont pour objet l'entière exécution de l'ordre en Conseil de Sa Majesté et l'abolition de plusieurs usages qui en rendent la publication insignifiante pour nous ; nous attendons avec autant de confiance que de respect votre décision.

Nous avons l'honneur d'être,
Excellence,
Vos très humbles et très obéissants serviteurs,

(Signé) J. Maingard, Jn Cantin, J. J. Dioré,
H. Dupuy, A. Icery, A. Gouges,
B. Nayna.

Port-Louis, Ile Maurice,
cinq Mars 1830.

La population de couleur n'avait pas seulement à subir le mauvais vouloir de la population blanche ; il fallait se livrer entièrement aux caprices du gouverneur Sir Charles

Colville, dirigé par les autorités françaises de l'époque 1830, 31, 32......

Ce gouverneur a employé tous les moyens possibles pour empêcher que l'ordre en Conseil concernant la population de couleur eût son plein effet. C'est le motif pour lequel nous donnons les pièces authentiques des deux parties.

Nous les donnons telles qu'elles ont été écrites en manuscrits.

A Son Excellence Sir Charles COLVILLE,
Gouverneur et commandant en chef
de l'Ile Maurice et ses dépendances,
&c., &c., &c.

Excellence,

Messieurs J. Maingard, Jn Cantin, J. Js Dioré, H. Dupuy, Ate Icery, B. Nayna, et A. Gouges, ont reçu la lettre de Votre Excellence sous la date du 15. Ils se sont empressés d'en donner une communication générale le 18, et il a été arrêté, unanimement, qu'on aurait l'honneur de répondre à cette lettre de la manière suivante, afin que votre Excellence pût avoir sous les yeux la preuve que nous nous sommes fait un devoir de ne point nous écarter du véritable *sens* des passages de votre lettre auxquels nous répondons.

LETTRES DU GOUVERNEUR

Le 20 Mars dernier, je me suis adressé verbalement à vous, lorsque vous vous êtes présentés comme composant le comité de la population de couleur qui dans le mois d'Août précédent m'avait remis un mémoire.

RÉFUTATIONS

Messieurs J. Maingard, J. Cantin, J. Dioré, H. Dupuy, A. Gouges et B. Nayna ne formaient pas, le 26 Mars un comité représentant la population de couleur.

Ils ne se rendirent à l'hôtel du gouvernement que pour

La dernière fois, le 26 Mars
de cette année, j'ai témoigné le
désir de savoir les résolutions
qui avaient été prises par la
majorité des signataires de
ce mémoire, relativement aux
questions qui y sont traitées et
qui sont essentiellement liées à
leurs intérêts, malgré la publication de l'ordre en Conseil de
Sa Majesté qui a affranchi leur
classe de toutes les incapacités
locales auxquelles elle était
assujettie.

Et, particulièrement, ce qu'on
l'avait fait, relativement au Collège Central, dont on avait selon
toutes les apparences proposé et
désiré si sincèrement l'établissement en Juin 1826, et auquel
mon prédécesseur avait non
seulement promis la protection

obtempérer à la réquisition de
Votre Excellence du 22 Mars.
Mais choisis par elle pour une
communication, ils ont pensé
pouvoir être dans une semblable
circonstance les organes de
leur population.

Puisque Votre Excellence
reconnaît que l'ordre en Conseil
de Sa Majesté a affranchi notre
classe de toutes les incapacités
locales auxquelles elle était
assujettie, Elle s'empressera de
reconnaître aussi que les questions traitées dans le travail qui
nous a été présenté, ne peuvent
plus être *essentiellement liées* à
nos intérêts politiques, attendu
que ces intérêts et nos droits
civils sont aujourd'hui les
mêmes que ceux de la population blanche. Nous n'avons
donc plus à nous occuper de ces
questions.

Le travail dont parle Votre
Excellence contient la preuve
que nous avions renoncé au
projet d'établir sur les bases
arrêtées en 1826, un Collège
Central destiné exclusivement à
la jeunesse de couleur, projet
qui fut soumis à votre prédéces- .

du gouvernement ; mais a voulu
encore contribué par une souscription personnelle.

seur en Juin de la dite année.
Nous désirâmes effectivement
avec ardeur la réalisation de ce
projet qui alors entrait dans nos
vues ; mais il nous devenait
impossible d'y persister, puisque nous n'avions obtenu que
l'approbation verbale du gouverneur et d'une souscription
personnelle de 100 piastres du
chef de la colonie.

Quant à ce projet de 1826,
Votre Excellence a dû remarquer qu'il n'y est parlé de l'établissement d'un Collège pour
notre population, que d'une
manière vague et indéterminée :
il eût été donc dérisoire de nous
occuper d'un semblable projet,
après la promulgation de l'ordre
en Conseil de Sa Majesté......

Au lieu de répondre directe-
ment à ces questions, il me fut
fait un discours sur de prétendus abus qui n'avaient pas
encore été réformés, non par un
ancien père de famille et riche
propriétaire de votre population, mais par un jeune homme.

Si nos réponses et nos réclamations dans cette circonstance
furent   transmises   à   Votre
Excellence , non par un des
anciens pères de famille et
riches propriétaires de notre
population, mais par un jeune
homme, c'est parce qu'il a un
caractère bien respectable
(ainsi que le reconnaît Votre
Excellence même) et que nous

avons pensé qu'appelé par elle à la convocation du 26 Mars il était digne, sous tous les rapports, de porter la parole pour ses concitoyens. Nous nous empressons donc de reconnaître, ici, qu'il a été le fidèle interprête et de nos sentiments et de nos vœux.

Dans un tel état de choses, j'ai témoigné ma désapprobation.

Nous sommes profondément affligés d'avoir encouru la désapprobation de Votre Excellence dans une occasion où nous ne voulions que lui signaler des abus non réformés, abus qui rendent la publication de l'Ordre en Conseil insignifiant pour nous.

Et j'ai demandé, par écrit, ce qui venait de m'être allégué, sur quoi on me remit un mémoire."

Nous allons tout à l'heure expliquer à Votre Excellence comment les personnes requises par Elle se trouvaient dépositaires de ce mémoire qui contient, en effet, tout ce que M. Auguste Icery avait eu l'honneur de lui exposer verbalement.

Je vous renvoie ce mémoire 1o parceque je ne considère pas qu'il contienne un exposé fidèle des faits qui y sont relatés ;

Notre mémoire contient des faits sincères, vrais et incontestables, ainsi que nous allons le démontrer à Votre Excellence bientôt.

2o Parceque je ne trouve pas qu'il soit revêtu des signatures de ceux qui devraient être les représentants de ce qu'on appelle la population de couleur ;

3o Parceque le mémoire qui ne m'a été remis que le 26 Mars porte la date du 6 de ce mois, ce qui m'autorise à croire que des personnes auxquelles il aurait été présenté n'ont pas voulu le signer ; quoi qu'il en soit, ce délai semble démontrer que ce mémoire ne contient point les sentiments spontanés et authentiques, non équivoques de la majorité, mais que c'est l'œuvre de quelques personnes qui s'en seraient occupées, sans

Si ce mémoire n'était point revêtu des signatures de ceux qui devaient être nos représentants, lorsqu'on la remit à Votre Excellence, le 26 Mars, c'est parce qu'après sa confection, nous décidâmes qu'on ne le signerait qu'au besoin.

Après la réquisition de Votre Excellence, il ne fut pas encore question de lui soumettre ce travail et on ne prit ce parti que plus tard.

Il devint alors impossible d'obtenir les signatures de tous ceux qui avaient concouru à la rédaction de ce mémoire et celle de la masse qui l'approuvait.

Maintenant, nous pensons pouvoir renvoyer ce mémoire à Votre Excellence, 1o parce que nous allons lui prouver qu'il contient un exposé de faits sincères ; 2o parceque ce mémoire étant aujourd'hui revêtu de toutes les signatures souhaitées par Votre Excellence, elle aura la preuve que personne n'a refusé de le signer ; 3o parceque cette circonstance seule convaincra Votre Excellence que ce mémoire contient des senti-

y être autorisées, et auxquelles il n'a pas été facile de refuser des signatures.

J'ai dit que ce mémoire ne contient point un exposé fidèle des faits, par ce qu'en vous plaignant de ce que le clergé Romain n'accompagne pas de vos demeures à l'Eglise les dépouilles mortelles de vos proches, vous ne dîtes point la raison qui vous en a été donnée par le chef de cette Eglise ; savoir : que le nombre des éclésiastiques était tout à fait insufffisant.

ments spontanés, authentiques et *non équivoques* de la ci-devant population de couleur, et qu'il n'est point conséquemment la production du petit nombre de personnes qui l'aurait rédigé, sans le concours de la majorité des premiers signataires.

Tout ce que nous venons de dire explique comment les personnes requises par Votre Excellence le 25 Mars se trouvaient dépositaires du mémoire dont il s'agit.

Nous avons passé sous silence le motif allégué par le chef du clergé, parceqn'il est inadmissible ; et pour le démontrer, il nous suffira de poser en fait, 1o que, jusqu'en 1830, l'Eglise de la ville de Port Louis n'était desservie que par un prêtre, et que cependant les convois des personnes de la population blanche se faisaient avec la même pompe qu'aujourd'hui : 2o que depuis 1820, le clergé est composé d'un Vicaire apostolique et de quatre prêtres desservants ; 3o enfin que de ces deux points ainsi établis

LETTRES DU GOUVERNEUR

RÉFUTATIONS

découle cette conséquence simple et naturelle, que le clergé de la ville de Port Louis ayant été considérablement augmenté, depuis 1820, pourrait suffire au surcroit de devoir qu'on exige de lui.

Nous osons nous flatter que Votre Excellence est maintenant persuadée que le motif donné par le Vicaire apostolique est inadmissible, et que nous ne pouvions pas raisonnablement nous y arrêter un instant. Mais pourquoi le chef ecclésiastique persévère-t-il dans un système si diamétralement opposé au caractère sacré dont il est revêtu ? Pourquoi ? Parcequ'il est imbu de préjugés absurdes—et Votre Excellence trouvera la preuve de cette inculpation : 1o dans les distinctions révoltantes qu'il a établies à l'occasion de la communion ; 2o dans sa persévérance à maintenir deux registres à l'Eglise, au mépris de la proclamation de Votre Excellence du 16 Décembre 1829; 3o dans ces paroles qu'il a adressées sur le seuil de la porte de son

Palais Episcopal, à deux personnes qui réclamaient le transport du clergé. Vous dites que vos dépouilles mortelles sont avilies; vous êtes dans l'erreur : C'est le clergé qui s'avilirait, s'il agissait différemment......

Dans une pareille conjoncture, nous devons donc persister à réclamer le transport du clergé; d'ailleurs Votre Excellence ne doit pas perdre de vue que nous demandons l'abolition d'une Ordonnance.

Et que le gouvernement de Sa Majesté, ne voudra jamais consentir à en augmenter le nombre.

Nous partageons positivement l'opinion de Votre Excellence ; c'est-à-dire que nous pensons que le gouvernement de Sa Majesté ne devrait jamais consentir à augmenter le nombre des prêtres composant le clergé de la ville de Port Louis, puisque le nombre actuel est suffisant, mais aussi plus de motifs pour maintenir une distinction scandaleuse et sans exemple.

De sorte qu'à tout évènement vous voulez priver les anciennes familles blanches, jouisant de la première considération dans la société, d'une cérémonie à

Si les anciennes familles blanches jouissant de la première considération dans la société, attachent beaucoup d'importance à une cérémonie

laquelle elles attachent beaucoup d'importance.

qui nous est refusée, nos anciennes et respectables familles y attachent pareillement
autant d'importance et la dé-
sirent avec ardeur. Quel est
l'être religieux et sensible qui
ne trouvera pas naturel que
nous éprouvions une vive douleur, en voyant les dépouilles
mortelles du dernier savetier
blanc, et celle de la femme
blanche sans mœurs et sans
conduite à l'église avec autant
de pompe que de décence,
l'orsque les dépouilles mortelles
de nos épouses et celles de
nos mères de familles les plus
recommandables sont déposées,
précipitamment dans l'église
pour éviter à leurs parents la
honte de les voir exposées
pendant des heures entières
sur deux pierres. Non ! Nous
ne pourrons jamais endurer
silencieusement cette cruelle
humiliation ; ainsi nous déclarons respectueusement à Votre
Excellence que nous persistons
formellement et positivement
à demander l'anullation de
l'Art : 6 de l'Ordonnance du 6
Février 1783.

Quant à votre sépulture, vous parlez d'une chose qui a eu lieu depuis tant d'années que tout le monde doit l'avoir oubliée, excepté les malveillants.

Et vous rapportez le discours d'un Juge qui, lui-même, n'est plus.

Mais j'ai appris que vous n'avez pas cherché dans une seule occasion à vous prévaloir du droit que vous avez obtenu, de faire inhumer vos morts dans l'ancien cimetière qui jus-

Si au sujet de notre sépulture nous sommes revenus sur un fait passé depuis plusieurs années, c'est parcequ'il rappelle un acte arbitraire et un abus de pouvoir que nous avions un grand intérêt à mettre sous les yeux de Votre Excellence.

Ce n'est point *le discours d'un juge* décédé que nous citons dans notre mémoire, c'est l'extrait d'un arrêt rendu par la Cour Suprême de Maurice. Cet extrait ne contient donc pas l'opinion d'un seul Magistrat, mais celles de tous ceux qui composaient cette Cour à cette époque et plusieurs de ces Magistrats sont encore les dispensateurs de la justice ; il était conséquemment très important pour nous de faire connaître à Votre Excellence leur opinion.

Pour répondre à ce paragraphe de la lette de Votre Excellence nous citerons deux faits :

1er FAIT.—Dans le courant du mois de Février l'enfant

LETTRE DU GOUVERNEUR

qu'alors était exclusivement servé aux blancs.

d'une demoiselle Bussac meurt, La mère et le père, un sieur Robinson, recommandent de le faire mettre dans la tombe de son grand père, inhumé dans le cimetière des blancs. On arrive au cimetière, le gardien s'oppose à l'inhumation de l'enfant, attendu, dit-il, qu'il a reçu de M. le Commissaire en Chef de la Police Générale, l'ordre de ne point laisser inhumer les corps des personnes de couleur dans la partie du cimetière destinée aux blancs, sans son autorisation. Une des personnes composant le convoi écrit au père pour lui apprendre cet obstacle ; le père répond qu'il lui est impossible de faire aucune démarche auprès des autorités et prie la personne qui lui avait écrit de faire enterrer son enfant dans le cimetière de la population de couleur. La volonté du père est respectée et l'enfant est enterré dans le cimetière de sa population.

2me FAIT. — Une personne appartenant à l'une de nos

familles les plus honorables meurt le 4 juin. On décida qu'elle sera inhumée dans le cimetière des blancs. Mais le gardien s'y oppose formellement ; et déclare qu'il lui faut une autorisation du Commissaire en Chef de la Police Générale. Les parents de la jeune personne décédée persistent, le gardien, de son côté, résiste ; enfin les premiers cèdent, par respect pour le lieu où ils se trouvent.

Il résulte de ces deux faits que plusieurs tentatives ont été faites pour inhumer nos morts dans la partie du cimetière destinée, jusqu'ici, aux blancs, mais qu'elles ont été toutes infructueuses. Cette circonstance suffira, sans doute, pour prouver à votre Excellence que nous sommes véridiques et conséquents dans nos réclamations.

Mais vous faites tout de suite entendre des clameurs contre l'existence de ce mur.

Ce ne sont point des clameurs que nous faisons entendre ; mais c'est l'expression vrai d'un sentiment aussi louable que délicat. Si nous nous sommes élevés avec force contre l'existence du

LETTRE DU GOUVERNEUR

RÉPUTATIONS

mur de séparation, c'est parceque nous avons voulu rendre
sensible cette odieuse ligne de
démarcation qui existe encore...

Sans avoir égard au temps,
à la dépense, aux arrangements
des convenances, pour ne pas
heurter la sensibilité des autres
en touchant aux monuments
qui y sont adossés.

Nous sommes trop pénétrés
de respect que l'on doit aux
monuments funèbres pour réclamer la démolition de ce mur,
sans reconnaître la nécessité
de faire des dispositions préa-
lables pour éviter la chute où
la destruction des monuments
qui y sont adossés ; mais nous
verrons toujours avec douleur
ce mur qui nous rappelle des
faits bien humiliants ; celui-ci
par exemple : il suffisait que le
lieu de notre sépulture fût
séparé, pour qu'on décidât que
tous les suppliciés seraient in-
humés avec nous ; et votre
Excellence sait que toutes les
nations civilisées repoussent les
restes de ceux que le glaive de
la loi a frappés. Conformément
à cette disposition, le premier
blanc, Maurice Provost, qui
porta sa tête sur l'échafaud, fût
inhumé dans notre Cimetière...

Ainsi ce mur épais sépare nos
dépouilles mortelles de celles

Quant aux refus, dites-vous, qu'on vous fait de vous donner une autre qualification que celle usitée envers vos esclaves, je dois vous dire que, dès le principe, il a été donné des ordres pour que vous fussiez placés sur les registres de l'Etat Civil aussi favorablement que l'admet la loi, et il devra m'être inutile de dire qu'en France et encore moins en Angleterre on ne distingue les individus, dans les actes judiciaires, que par leurs noms, surnoms et professions.

de nos pères, lorsqu'une fosse sépare, peut-être, à peine, le corps de l'homme de couleur respectable de celui du blanc dont la tête est tombée sous la hache du bourreau......

En réclamant contre la qualification de nommé qui nous est donnée en commun avec nos esclaves, nous disons positivement que nous devons recevoir, dans tous les actes civiles et judiciaires, les qualifications de Sieur et de Madame. Ainsi, nous pensons que, d'après les ordres donnés par votre Excellence, nous recevrons à l'avenir ces qualifications, car nous ne pouvons être placés sur les listes civiles que dans la même catégorie que les blancs, attendu que l'ordre en Conseil de notre bien aimé monarque n'admet plus d'autres distinctions que celle de population libre et esclave, et que cet acte a aboli toutes les incapacités locales qui nous frappaient.

Quant à la loi, elle sera naturellement en harmonie avec cette disposition, parce que sa

LETTRE DU GOUVERNEUR

RÉFUTATIONS

forme, son esprit et son essence repoussent ces distinctions injustes qui favorisent plutôt une classe de la société que l'autre.

Quant à ce qui se pratique en Angleterre et en France, relativement à la manière de désigner les personnes dans les affaires judiciaires, Votre Excellence nous permettra de lui faire observer qu'à Maurice non seulement les personnes de la population blanche ne sont pas ainsi désignées dans les affaires judiciaires ; mais qu'elles reçoivent dans les actes les plus insignifiants le qualifications de monsieur, de madame, et de demoiselle ; ces qualifications ne sont refusées qu'aux personnes de la population de couleur. Et ce sont les magistrats, les chefs de départements et les commissaires civils qui leur refusent ces qualifications.

Le commissaire de la ville de Port Louis, qui avait bien compris l'ordre en Conseil, nous a donné d'abord les qualifications de sieur, de dame et

de demoiselle ; mais, ensuite,
il a non seulement supprimé
ces qualifications dans ses actes,
mais, encore, il nous a désignés,
de nouveau, homme de couleur,
femme de couleur. Il n'a cessé
ces qualifications qu'après la
réception d'une lettre de MM.
Florens frères, contenant des
réclamations à ce sujet. Et
actuellement cet officier de
l'état civil nous a déclaré que,
conformément aux ordres qu'il
a reçus de Mr le Procureur
Général, il ne nous donnerait
point les qualifications de dame,
de demoiselle et de monsieur,
dans aucun des actes faits à
son commissariat ...... Irions-
nous trop loin, si nous disions
que c'est une violation manifeste de l'ordre en Conseil ?
Non, assurément, puisque cet
acte dispose : Que toutes lois,
statuts, ordonnances ou proclamations et toutes dispositions générales ou dispositions
particulières de toutes lois,
statuts, ordonnances ou proclamations en force de loi
dans la dite île et ses dé-

pendances, et en vertu desquels toutes personnes de naissance ou d'origine indienne ou africaine sont soumises, quoique libres à des incapacités ou restrictions civilles &c., &c.

Et c'est un Magistrat qui, par la nature de ses fonctions, est préposé pour faire exécuter les lois et les faire respecter, qui donnent des ordres qui rendent muette une lois empreinte du sceau suprême !...

Dans cet état de choses, il nous semble que toutes les personnes appartenant à la population libre devraient être désignées de la même manière : toutes dispositions générales et uniformes seront respectées par nous ; mais nous réclamerons avec persévérance contre toutes dispositions exceptionnelles, parceque l'ordre en Conseil de Sa Majesté les proscrit toutes.

Si nous ne faisons aucune mentions de ce projet, c'est parceque nous y avions renoncé depuis longtemps, ainsi que nous l'avons déjà dit à votre Excellence. Mais encore parce-

A l'égard des moyens de procurer à vos enfants une éducation libérale, j'observe que vous passez entièrement sous silence votre première proposition, qui me paraît vous être infiniment avantageuse, celle d'établir un Collège Central.

Et vous donnez carrière à une suite de réflexions qui ne forment, tout au plus, qu'une série d'arguments négatifs sur la possibilité qu'il y avait dès longtemps de les admettre au Collège Royal.

que nous n'avons plus à nous occuper que de l'admission de nos enfants au Collège Royal. Lorsque nous étions frappés d'incapacités, lorsque nous étions courbés sous le joug des préjugés, nous avons pu concevoir le projet d'établir un Collège Central, afin de nous isoler d'une classe qui possédait toutes les prérogatives, et tous les privilèges. Nous ne reviendrons point volontairement consacrer une ligne de démarcation qui nous ferait retomber, en quelque sorte, dans l'état abject duquel notre Auguste Monarque a daigné nous retirer.

Bien loin de reconnaître avec Votre Excellence que nos arguments sont négatifs, et qu'ils ne veulent qu'approuver la possibitité qu'il y avait depuis longtemps d'admettre nos enfants au Collège Royale, nous nous permettrons, au contraire, de dire à Votre Excellence, que nous restons convaincus, plus que jamais, que ces arguments sont solides, concluants, et qu'ils établissent positive-

ment le droit que nous avons
toujours eu de faire admettre
nos enfants au Collège Royal.

Nous pourrions entrer, ici·
dans quelques développements
qui établiraient encore mieux
ce droit, mais il nous semble
que ces dévloppements seraient
superflus : le droit existe, cela
suffit, et l'autorité Suprême
seule pourrait la détruire. Mais
nous ne redoutons pas une
décision de cette nature, parceque cette autorité juste et
paternelle, qui nous a relevés
de toutes les incapacités qui
étaient notre partage s'empressera infailliblement de conso-
lider un droit qui est parfaitement en harmonie avec un acte
qui émane d'elle.

Lorsque votre Excellence
pense que ce ne pourrait être
que parmi les élèves d'une moralité bien reconnue et les plus
recommandables d'un tel collége, que l'on pourrait choisir
alors des sujets pour les classes
supérieures du Collège Royal,
elle ne se rappelait plus sans
doute que le Collège Royal

Pour moi, je pense que ce ne
pourrait être que parmi les élèves d'une moralité bien connue
et des plus recommandables
d'un tel Collège que l'on pourrait choisir de temps à autre
des sujets pour les classes supérieures du Colège Royal. Et
jusqu'à ce que vous n'en ayez
établi un, je ne pourrai croire

que vous êtes réellement de
bonne foi, dans vos efforts pour
vous concillier les anciennes
familles de la colonie et m'éviter
ainsi de plus en plus, &c., &c.

étant une école Publique, l'enfant blanc, sans exception de
classe y commence et y achève
ses études...

Pourquoi !... donc l'enfant
de couleur ne pourrait-il pas,
comme l'enfant blanc, recevoir
dans ce Collège les premiers et
les derniers bienfaits de l'éducation ?

Ces anciennes familles blanches, dont parle votre Excellence, devraient approuver nos
anciennes familles pour faire
admettre leurs enfants au Collège Royal...

Elles devraient enfin faire
tous leurs efforts pour se fami-
liariser avec une résolution
préparée et voulue par notre
Gracieux Souverain. Pourquoi
ces anciences familles blanches
persistent-elles à repousser nos
enfants du Collège Royal ?
L'enfant blanc et l'enfant de
couleur ne peuvent-ils pas être
assis sur le même banc dans
une maison d'éducation ? Quels
déshonneur et quel avilissement pourrait-il en résulter
pour l'enfant blanc ?

RÉFUTATIONS

D'ailleurs, depuis longtemps,
ne voyons nous pas des enfants
de couleur étranger admis au
Collège Royal ? N'avons-nous
pas vu aussi des blancs qui
avaient épousé des femmes de
couleur hors de la Colonie, faire
admettre leurs enfants sans
objections parmi les élèves du
Collège Royal ; plusieurs de
ces enfants ont-ils changé
d'origine ou de couleur ? Non,
certainement ; mais c'en est
assez : tout ces faits ne peuvent
rien ajouter à notre droit. Nous,
nous en référons d'ailleurs au
Chapitre IX, contenu dans le
mémoire que nous avons l'honneur de renvoyer à votre Excellence...

Maintenant que nous avons prouvé à votre Excellence
que notre mémoire contient un exposé de faits sincères,
nous attendons, de nouveau, avec autant de confiance que de
respect, sa décision ; mais si, pas impossible, votre Excellence
ne pouvait pas prendre sur elle de faire droit aux réclamations consignées dans ce mémoire, nous la supplions
instamment de le faire parvenir au pied du Trône de Sa
Gracieuse Majesté......

Nous osons nous flatter d'avance que nous trouverons
les protecteurs et des défenseurs dans le Parlement, dans

ce corps illustre qui sut dans tous les temps défendre les libertés des citoyens et la cause de l'humanité......

Si Sa Seigneurie, Sir Georges Murray, Ministre des Colonies, fit entendre naguère sa voix en faveur des hommes de couleur de la Jamaïque, nous espérons qu'il n'hésitera pas à faire entendre encore cette voix éloquente, lorsqu'il s'agira de nos intérêts. S'il a reconnu qu'il était impolitique de refuser aux hommes de couleur les mêmes privilèges et les mêmes prérogatives qui sont le partage de ceux qui jouissent de la plus grande immunité politique, il reconnaîtra aussi qu'il serait impolitique de nous refuser les privilèges et les prérogatives que nous reclamons ; privilèges et prérogatives qui d'ailleurs ne peuvent plus nous être contestés, depuis la promulgation, à Maurice, de l'Ordre en Conseil de Sa Majesté.

Nous avons l'honneur d'être, de votre Excellence,

Les très humbles et très obéissants serviteurs.

Suivant les signatures......

On doit comprendre que des pièces authentiques, comme celles que nous venons de mettre sous les yeux de tous les partis politiques, valent mieux que toutes les considérations auxquelles le meilleur historien aurait pu se livrer : c'est là la vérité dans son essence.

Le gouverneur Sir Charles Colville aurait pu, peut être, administrer Maurice à une époque de paix, de tranquillité ; mais en 1830, 31, 32, époque des plus grands troubles dans notre Colonie, ce gouverneur, d'un esprit borné, était incapable de prendre une résolution. Le parti français le dominait entièrement, quoique ce parti fut divisé, lui même, chose assez étrange.

Le grand parti français avait pour chefs les frères D'Epinay. Ils avaient avec eux tous les colons d'origine française et même beaucoup d'hommes de couleur n'ayant aucun sentiment de leur dignité d'hommes. Pour le malheur de cette population de sang mélés, leur situation de fortune était si déplorable que l'on ne pouvait leur imputer à crime les actes méprisables qu'ils commettaient.

En 1830, le Procureur Général était M. Prosper D'Epinay ; l'homme le plus éloquent que nous ayons eu au Barreau de Maurice. C'était un homme grave, sérieux, fort honnête ; d'un abord froid, mais incapable d'aller jusqu'à la rudesse. Son seul défaut, c'en était un bien grand dans une Colonie comme la nôtre, où il y a tant de populations différentes, était dans l'orgueil de sa caste, qu'il plaçait si haut, qu'il disait à M. Jn. Fs. Dioré, un de ses clients qui lui avait donné plus de trente mille piastres dans une affaire où un de ses neveux blancs, venant de France, voulait le faire déclarer esclave pour avoir toute la fortune de M. Jn. Fs. Dioré, homme de couleur son parent.

Vous venez de me faire connaître toute la joie que vous éprouvez, sachant que votre population a été relevée de ses incapacités politique ; que les mariages auraient lieu entre les personnes des deux populations de Maurice—Ne l'espérez pas, Dioré, ne l'espérez pas ; cela n'arrivera jamais ; cela n'est pas possible.

C'était là l'opinion de l'homme le plus considérable de Maurice ; de celui qui était considéré comme un oracle.

C'était un savant jurisconsulte, un grand orateur, un parfait honnête homme ; mais il était tellement imbus de préjugés de Castes, qu'il ressemblait à ce pauvre talapoin qui avait la conviction qu'il n'y avait rien en dehors de ses croyances religieuses. Voilà où conduit l'homme le plus méritant, lorsqu'il est l'esclave d'un méprisable préjugé, qui le rend entièrement aveugle.

Cet ordre en Conseil du 22 Juin 1829, publié, ici, le 9 Décembre de la même année, était un évènement trop important, trop remarquable pour qu'il ne causât aucun trouble dans toute la colonie.

Si la population blanche faisait tous ses efforts, depuis plus de vingt ans. pour le maintien des mœurs, usages coutumes et de toutes les immunités, comme attachées à la caste blanche, la population de couleur, de son côté, ne négligeait rien pour obtenir de la métropole l'anéantissement de toutes les lois restrictives qui la maintenait dans un dur esclavage.

Si les blancs, dans l'intérêt de leurs enfants, intérêt égoiste, cependant, pouvaient être exonérés des principes subversifs qu'ils mettaient en pratique ; les hommes de couleur avaient cent fois plus raison qu'eux de vouloir de la liberté pour tous.

Mais de ces deux volontés, si opposées et si énergiquement soutenues, sortirent des difficultés qui ont entravé, pendant plus d'un quart de siècle, la marche de la liberté. Et c'est fort malheureux pour la colonie que dans ces moments de trouble, de 1825 à 1840, le pays a eu pour gouverneur deux hommes ennemis du peuple, Sir Lowry Cole et Sir Charles Colville, et un vieillard malade, chétif, faible de corps et d'esprit, Sir William Nicolay.

Les deux premiers soutenaient ostensiblement la population blanche dans son opposition contre toutes les mesures du gouvernement de la métropole et contre des ordres en Conseil qu'ils auraient dû respecter et soutenir.

Mais ces Anglais, qui paraissaient si fiers de leur nationalité, se laissaient dominer par les autorités françaises du pays, des hommes sans prévoyance de l'avenir qui n'avaient pour eux que de la subtilité dans l'esprit, mais sans grand jugement.

Au moment où toute la population de couleur se trouvait aux prises avec le gouverneur Sir Charles Colville, à propos de l'ordre en Conseil qui venait d'être publié, beaucoup de sujets occupèrent l'esprit public.

D'abord, ce fut un travail émanant de tous les colons français, sur l'émancipation des esclaves qu'ils voyaient arriver avec une anxiété fébrile. Puis de l'arrivée d'une brochure de M. Jérémie, brochure dans laquelle son auteur fait connaître son désir d'arriver au plutôt à l'émancipation des esclaves, moyennant indemnité aux possesseurs d'eslaves.

Son arrivée, ici, comme procureur et avocat général à la place de M. P. D'Epinay; aussi d'une pétition ayant pour objet d'avoir une milice formée de volontaires pour maintenir la tranquilité publique, si elle venait à être troublée......

On s'occupa d'une souscription pour l'envoi d'un député à Londres, pour exposer les besoins du pays; demander l'introduction de certaines amélioratios dans les lois de la constitution et l'administration de la colonie.

Se figure-t-on l'occupation de nos politiciens de 1830 à 1835 ! Les efforts qu'ils ont été dans l'obligation de faire pour écarter de si nombreuses difficultés ?

On n'a pu rien obtenir, quant à l'Ordre en Conseil, réglant les droits et les devoirs entre maîtres et serviteurs : cette ordonnance a eu immédiatement force de loi dans notre colonie. Quant à la brochure de M. Jérémie, concernant l'émancipation des esclaves et l'indemnité à donner aux maîtres de ces esclaves, ceux qui l'ont eue entre les mains l'ont falsifiée en lui donnant une portée qu'elle ne pouvait avoir. Mais il fallait dénaturer le travail d'un homme que l'on voulait à tout prix tenir éloigné de la colonie ; un homme qui venait dans une colonie pour occuper une des places les plus importantes du pays, place qui était occupée par celui qui était considéré comme le chef du parti français et qui jouissait de la plus haute considération à Maurice : ses paroles étaient des lois ; tout ce qu'il désirait et voulait se faisait sans opposition par le parti français. Les colons français crurent devoir envoyer un travail sur l'émancipation des esclaves, lorsqu'ils eurent la conviction que l'émancipation allait être prochainement proclamée ; mesure intempestive, sans prévoyance, dont ils auraient dû s'abstenir. Toutes ces questions sur la liberté des castes, à cette époque surtout, avait aveuglé tellement les colons français de Maurice, qu'ils faisaient faute sur faute. *

Ils se réunirent en assemblée générale, pour pétitioner le Gouverneur Chs Colville ; pétition ayant pour but de se former en un grand corps de volontaires pour réprimer les désordres qui pourraient éclater parmi les esclaves ; c'était une crainte chimérique que l'on mettait en avant pour obtenir ce que l'on voulait : un corps de volontaires, pouvant effrayer,à un moment donné,le Governement local, lui-même.

Pendant cette époque néfaste de l'histoire de Maurice, le Gouverneur Sir Charles Colville était trop faible et trop niais pour tenir d'une main ferme les reines du gouvernement. C'étaient les autorités françaises qui le dirigeaient. Ce pauvre gouverneur était incapable de prendre la moindre résolution ; ainsi les troubles allèrent en s'augmentant.

Aprés s'être entendu avec tous les chefs du parti français sur la manière de se conduire, ici, à l'arrivée de M. Jn Jérémie qui allait avoir lieu dans quelques mois. M. Adrien D'Epinay partit d'ici le 10 Octobre 1830. Ce premier voyage eût du succès dans plusieurs demandes que l'on fit au

ministre,Lord Goderich. M. A. D'Epinay obtint la formation
d'un nouveau Conseil Législatif plus approprié, disait-on,
aux besoins de la colonie. Et la liberté de la presse qui,
reconnaissons-le, n'était pas peu de chose dans la situation
où se trouvait le pays, au moment d'une révolution dans la
politique coloniale.

Lorsque nous serons arrivés en 1832, à la première publication du journal " Le Cernéen, " créé par M. A. D'Epinay
son fondateur, nous nous étendrons un peu sur cette liberté
de la pensée que le ministre a cru devoir octroyer aux
habitants de Maurice, qui se trouvaient dans une situation
peu propre pour la tranquillité du pays.

Mais quand on réfléchit quelque peu, on se rend compte
de cette puissance mise entre les mains de ceux qui étaient
déjà trop puissants par leur position et leur fortune.

Après le départ de M. A. D'Epinay,on se tint prêt pour
la réception de M. J. Jérémie.

On devait tout faire pour l'empêcher de prêter serment
au Conseil : les rassemblements devaient être permanents,
devant la porte du Gouvernement ; les affaires devraient
cesser ; les cours de justice devraient être abandonnés ; le
marché central, devra être sans provision ; toutes les boutiques devront être fermées; de toutes les parties de la colonie,
des pétitions devront être envoyées pour demander l'expul-
sion de M. Jérémie.

Tout se trouva prêt, comme il avait été calculé, à l'arrivée de M. Jérémie, le 14 Juin 1831. Le lendemain même,
malgré l'opposition la plus violente, M. Jérémie prêta le
serment d'office et fut admis au Conseil. Dès ce moment la
ville fut si troublée par les rassemblements de toutes sortes
qui eurent lieu, que l'autorité supérieure fixa le 22 Juin
pour son installation à la Cour, comme Procureur et Avocat
Général.

Le Chef Juge Blackburn annonça qu'il allait assembler son tribunal à cet effet. Mais personne ne se rendit à l'appel du Chef Juge Blackburn, que le Greffier Canet, qui se refusa de rédiger le procès-verbal, prétextant, avec raison, que tout ce qu'il ferait serait nul.

Le 22 de Juin, entre dix et onze heures, M. Jérémie, accompagné par le Secrétaire privé du Gouverneur seulement, se rendit à la Cour, non pas par la grande porte du Gouvernement, mais par la porte du Jardin.

A l'entrée du Gouvernement, il y avait une foule si compacte que M. Jérémie jugea qu'il ne lui aurait pas été possible de se frayer un passage pour arriver au tribunal.

Dans le parcours du Gouvernement au tribunal, de la petite porte de derrière de l'Hôtel du Gouvernement, il n'y avait que fort peu de personnes ; aussi M. Jérémie et l'aide de-camp qui l'accompagnait purent parcourir ce trajet sans encombre— Mais, rendus presque dans la cour du tribunal, des coups de sifflets, des cris : à bas Jérémie ; un tumulte effroyable s'annonçait : C'était tout ce monde qui attendait la sortie de M. Jérémie du Gouvernement qui arrivait, comme une avalanche. Dès ce moment on fut forcé d'avoir recours à la garnison pour protéger M. Jérémie— qui fut assailli de tous côtés à la sortie du tribunal, où il n'avait pas pu être installé comme Procureur et Avocat Général— on a été si loin, dans cette journée du 22 Juin, qu'on lui a enfoncé le chapeau sur la tête et qu'on l'a pris au collet. Il n'y a pas de doute que si les soldats de la garnison n'eussent pas fait un mouvement en faveur de M. Jérémie, que des insensés l'auraient foulé sous les pieds. Croira-t-on que des hommes de couleur se soient trouvés au nombres de ces perturbateurs qui voulaient attenter au jour d'un des défenseurs de leur race— C'était vraiment de la démence de leur part. Quelques-uns, parmi eux, furent blessés ; ils reçurent des coups de bayonnette ; c'était justice.

En présence de pareils faits, les Anglais de l'époque montrèrent plus que de la faiblesse : ils eurent peur.

Le Gouverneur, Sir Charles Colville, perdit la tête, et n'eût qu'une seule volonté, celle du parti français qui lui dicta la conduite qu'il avait à tenir—malgré tout ce que les esclaves attendaient des Anglais et de M. Jérémie, ils étaient plus enclins au parti français qu'au parti anglais. Il n'y avait que les hommes de couleur fortement trempés, comme ceux qui se montrèrent de 1832 à 1840, qui seuls, par leur fermeté, ont su maintenir la paix et la tranquillité dans notre colonie, et en dépit de tous, ici, Anglais, Français et hommes de couleur très mal disposés. Quant aux pauvres esclaves, il faut leur rendre justice, ils étaient incapables de faire le moindre acte en faveur de leur liberté. L'ignorance, c'est la dégradation de l'humanité.

Après cette émeute du 22 Juin, une proclamation de Sir Charles Colville fut affichée par toute la ville.

Croira-t-on que toute son indignation n'a eu que l'homme de couleur pour objet ; que c'est sur ces pauvres parias de Maurice que retombe toute sa colère.

On reconnaît que si beaucoup de ces malheureux formaient une grande partie de l'émeute, c'est qu'ils étaient, pour ainsi dire, forcés par la situation qu'ils occupaient : C'étaient des employés, des commis, des ouvriers sous la férule de leurs employeurs, tous de la population blanche.

Ce gouverneur, si piètre administrateur, ne trouvait des coupables que dans les hommes de couleur. Aussi les hommes de cette population furent châtiés dans cette proclamation—Aidé par son conseil, il ordonna le renvoi de M. Jérémie qui s'effectua le 29 de Juin.

Voici la traduction de la proclation de Sir Chs Colville, à propos de la reception de M. Jérémie à notre Cour d'appel.

Donné à l'Hôtel du Gouvernement le 26 Juin 1832.

Son Excellence ayant sous les yeux le rapport de tous les désordres qui ont eu lieu, Vendredi dernier à la Cour de justice, croit de son devoir de faire connaître à la population égarée le tort qu'elle s'est fait ; de la prévenir, en même temps, du danger de tels procédés, en lui rappelant que la pleine vengeance de la loi suivra tout attentat commis dans le but de troubler la tranquillité publique ; ceux qui étaient présents à cette infâme acte de désordres doivent être prévenus que c'est grâce à la parfaite discipline et la modération des troupes que leur offense n'a pas reçu une punition méritée sur le champ.

Dans tous les pays civilisés la juridiction d'une Cour de justice est considérée comme sacrée ; il a été réservé aux habitants de Maurice, de professer d'autres sentiments et au grand mépris de la loi, menacer la vie d'un officier supérieur de cette Cour dans son enceinte même.

Son Excellence a appris avec un regret poignant que les auteurs les plus marquants de cette scène d'outrage étaient des hommes de la population de couleur. Le gouverneur veut bien croire que la partie respectable de cette population n'a pris aucune participation à cette conduite honteuse, car c'eût été un bien pauvre témoignage de leur reconnaissance au gouvernement anglais qui leur a conféré la pleine possession de leurs droits et privilèges de sujets libres anglais, de les voir résister, les premiers, à l'autorité du Roi et insulter le siège de la justice.

Que la population de couleur jette un regard dans le passé et considère la situation dans laquelle elle était, avant la capitulation ; elle verra l'état d'asservissement et de dégra-

dation dans lequel elle a été retirée par la gracieuse considération de Sa Majesté.

Qu'elle veuille se souvenir de cette faveur accordée par
le Roi, et elle ne manquera pas d'avoir cette gratitude et
cette loyauté envers la puissance souveraine, l'obéissance
aux lois, et par l'accomplissement de leurs devoirs comme
sujets anglais.

Quant à ceux qui appartiennent à la classe élevée de la
colonie, ceux qui ont influencé et égaré leurs compatriotes,
les moins éclairés, le gouverneur doit les prévenir du
danger dont ils s'environnent, et de s'abstraire à temps,
dans l'intérêt de leur situation. Ils ne peuvent plaider pour
excuse, cause d'ignorance ; ils doivent être convaincus que
c'est par leurs procédés récents qu'ils ont mis ouvertement
en péril la paix et la prospérité de la colonie, et ce dans un
but individuel et pour leur propre avantage.

Si le Gouvernement ne s'occupait pas des intérêts des
habitants et de leur tranquillité, ou, du moins, se disposait
à négliger la paix du moment et de l'avenir des habitants,
on aurait vu la colonie dans un état désespéré et exposé à
toutes les misères d'une querelle domestique et à une complète
destruction.

Le gouverneur recommande instamment à tous les
habitants en général de se retirer des associations secrètes et
de ne pas assister à des meetings d'une légalité contestable,
qui ne peuvent que les conduire à un résultat fatal et aux
crimes les plus graves et d'une nature sérieuse pour l'état."

Cette proclamation du Gouverneur Sir Charles Colville
n'avait qu'un seul but: mettre en évidence, pour la flétrir, une
population qui déplorait avec amertume tous les désordres
que l'on commettait pour repousser M. Jérémie de notre
colonie.

C'était une grande faute que le gouvernement local commettait ; c'était montrer une pusillanimité qu'il ne devait pas afficher aux yeux de ses administrés. Aussi des résultats fort malheureux furent les fruits de cet acte de faiblesse. Rien de ce qui était arrivé n'eût eu lieu, si un autre gouverneur se fut trouvé à la place de Sir Charles Colville.

Après le départ de M. Jérémie, ceux qui étaient à la tête du Gouvernement occulte de la colonie, se mirent en devoir d'organiser le corps des volontaires, sous le prétexte d'empêcher les esclaves de se soulever. Il n'y avait rien de plus faux que ce bruit menteur, que l'on faisait circuler que les esclaves n'ont qu'une idée : se révolter. Jamais les esclaves ne se sont montrés plus soumis, assurés qu'ils étaient de leur liberté.

Mais comme il fallait un prétexte pour se mettre en corps et s'armer, les noirs en révolte, pour obtenir leur liberté plus promptement possible, devint ce prétexte.

Il était certain, pour tous les esprits sages et éclairés, que le gouvernement de la métropole renverrait M. Jérémie à Maurice. Mais les meneurs, ici, n'eurent rien de plus pressé que de former le corps des volontaires pour se rendre maîtres du pays.

Comme la maxime de Pope Hennessy n'était pas encore mise en exercice, ici, on nomma un français chef de notre corps de volontaires.

Il y avait cependant plusieurs créoles qui avaient postulé cette haute distinction.

Monsieur H. Adam, négociant français de notre place, fut choisi par le parti français. Dès cet instant, sa belle maison située rue Desforges, devint le siège du Gouvernement ; le chef des volontaires prit l'administration des affaires de Maurice. Le Colonel H. Adam était certes le régulateur de

toutes les affaires politiques de notre colonie. Rendons grâce
à ce choix : un autre, à cette place, un vaniteux, un ambitieux, n'eût pas eu la modération nécessaire pour apaiser les
désordres que l'on voulait commettre. M. H. Adam eût le
bon esprit de réfléchir sur son élévation, et de voir que la
haute situation qu'on lui avait faite, allait le conduire droit à
une mine d'or, qu'il faudrait savoir exploiter. Son esprit de
modération, son bon sens, et, disons le, son habileté ne lui ont
pas fait défaut, dans les circonstances difficiles où il s'était
souvent trouvé.

En excellent pilote, il a évité tous les écueils qui étaient
sur sa route ; et il est arrivé à bon port en voyant se réaliser
toutes ses prévisions : la grandeur de sa maison de commerce après la tempête !......

Les négociants Anglais, qui sont si habiles dans le
commerce et qui ont le bon sens pour eux, voyant dans le
Colonel Adam, non le Français mais bien l'élu de la population, n'eurent rien de mieux à faire que d'entrer en relations d'affaires avec lui. Allons nous parler des relations
commerciales de la maison d'affaires de Messieurs Pipon,
Adam & Cie avec la Maison Reid Irving & Cie ?..... Lorsque nous parlerons de l'indemnité allouée aux propriétaires
d'esclaves, nous aurons l'occasion de faire connaître les
avantages que la Maison Pipon, Adam & Cie a retirés d'a-
voir eu pour chef le Colonel Adam, chef habile et modéré...

En 1832, après le départ de M. Jérémie, et après la
formation du corps de volontaires, toute l'administration se
trouva entre les mains des autorités françaises ; on n'était
pas maître chez soi ; malade, il fallait faire la patrouille le
jour comme la nuit, et se rendre au corps de garde de votre
circonscription, si non vous subissiez toute espèce de tribulations. Et afin d'éviter les épithètes les plus injurieuses

et d'être poursuivis de huées partout, on se trouvait dans l'obligation de faire bonne contenance et d'être satisfait de toutes les injustices qu'on se permettait de faire.

Ces prétendus corps de garde n'étaient que des lieux de bambôches pour beaucoup.

Les hommes de la population blanche, qui avaient toujours de l'argent dans les poches, se donnaient là tous les plaisirs, chaque soir. Aussi c'était presque des fêtes continuelles pendant tout le temps qu'a duré ce corps des volontaires.

Si l'on n'avait que des faits semblables à reprocher à ceux qui étaient à la tête d'une pareille milice, nous n'en eussions rien dit. Mais les pauvres esclaves étaient traqués et chassés de partout ; pendant un an environ, ils ont été les martyrs de ceux là mêmes qui avaient tant souffert de leur sort qui touchait presqu'à la servitude.

Ce corps des volontaires a causé des maux incalculables dans nos milieux, par les calomnies dont beaucoup de personnes respectables ont subi les atteintes. Les politiciens de 1830, aussi niais que ceux de nos jours, ne savaient plus ce qu'ils voulaient, en traitant les malheureux esclaves comme des bêtes fauves, à moins de les pousser au désespoir, mais ils se trompaient. Les esclaves de Maurice composés de malgaches, mozambiques, et d'indiens étaient incapables de s'entendre dans une seule et même pensée. Et, puis, est-ce à la veille où ils devaient être libérés qu'ils eussent commis des désordres !...

La vanité était pour beaucoup dans tout ce qu'ils faisaient ; mais dans l'étroitesse de leur esprit, nos politiciens étaient si pretentieux, qu'ils avaient dans la pensée que beaucoup d'imminutés leur seraient accordées, en voyant

leur influence sur toutes les populations de Maurice. Ils se
sont trompés sur beaucoup de points.

M. Adrien D'Epinay, de retour de son premier voyage
d'Angleterre en 1832, ayant obtenu du ministre Lord Goderich, deux des principales réclamations de colons français,
voulut faire usage, le premier, de la liberté de la presse. Il
fonda le journal Le Cernéen, dont le premier numéro parut,
comme nous l'avons déjà dit, le 14 Février 1832. Jusque là
tout ce qui s'imprimait dans deux de nos vieux journaux de
la colonie, ne se publiait qu'avec l'approbation du Secrétaire
Colonial.

De la Liberté de la Presse à Maurice.

La liberté de la presse n'était pas encore connue à
Maurice jusqu'en 1832, où parut pour la première fois, Le
Cernéen, fondé à cette époque par M. A. D'Epinay, l'homme
politique qui avait succédé à M. Thomi Pitot, comme le
leader de la population blanche.

Dans le voyage qu'il fit en Angleterre, comme agent de
la colonie en 1830, pour demander les améliorations dans les
lois constitutionnelles, ainsi que dans toute l'administration
de la colonie, il obtint la liberté de la presse.

Le premier numéro du Cernéen parut le 14 Février 1832.
Une et deux années après parurent Le Mauricien, autre
organe de la population blanche, et le journal La Balance,
organe de la population de couleur.

Il y a bien longtemps que tout a été dit pour et contre
la liberté de la presse, aussi nous n'en dirons rien, si ce
n'est que la puissance de ce nouveau levier est irrésistible,
surtout dans des moments de trouble et de révolution.

Elle est aussi la sauvegarde des institutions et des libertés de la noble Angleterre. Et, chose inouie, elle est

presque l'effroi de tous les gouvernements qui se sont succédé dans cette belle et magnanime France.

L'esprit Anglais froid, méthodique, exercé au calcul
de la raison, examine soigneusement une question avant de
l'élever à la hauteur d'un principe. Puis, la question de
dynastie ne vient pas troubler les meilleures têtes, en leur
montrant des ambitions à satisfaire ; car les Anglais regar-
dent, peut-être, avec raison, la forme de leur gouvernement
comme ce qu'il y a de plus parfait jusqu'ici. L'attachement
qu'ils montrent pour toutes les institutions, la liberté dont
ils jouissent, partant le bonheur qu'ils trouvent dans leur
constitution, les justifient pleinement, croyons-nous ; ils ne
doivent tous ces bienfaits qu'à ces mille et une publications
quotidiennes qui sont la gloire de l'Angleterre.

Il n'est point ainsi de l'esprit français. Quoique sage et
généreux, il est trop vif et trop prompt à s'enflammer ; et
la sympathie que ces modernes Athéniens ont pour le
changement et les idées nouvelles ; les sentiments qu'ils
éprouvent presque toujours en faveur d'un des nombreux
prétendants éloignés du trône français par l'exil en terre
étrangère, font comprendre aisément les désordres qui naî-
traient de la liberté de penser et écrire, sans aucun doute.
L'unité politique sans discussion ne peut exister là où s'al-
lume des passions aussi vives que celles du peuple français ;
mais le triomphe de la majorité serait celui du pays tout
entier, si la forme du gouvernement était acceptée de tout
le peuple, sans arrière pensée de dynastie.

Oui, c'est de là que proviennent tous les malheurs de la
France ; comment concilier les sentiments extra libéraux des
républicains avec les tendances rétrogrades des légitimistes ?
Comment mettre en présence, les uns des autres, les Orléan-
mistes et les Bonapartistes ? Alors, ce ne sont plus des

questions conservatrices des libertés du pays ; mais bien des questions dynastiques qui viennent troubler l'ordre et la paix, sans aucun avantage ni pour les institutions qui doivent diriger le gouvernement et la nation, ni même pour les intérêts de ceux qui poussent aux désordres.

Nous le répétons, la liberté de la presse, pour un pays si divisé dans la forme de son gouvernement, est un fléau, puisqu'elle compromet chaque jour, la vie des citoyens et la fortune publique. Il appartenait au gouvernement de la France de 1856, de rétablir le boulevard des libertés publiques ; il ne manquait donc que cette fleur de la liberté à l'immortelle couronne de la France à cette époque.

Nous n'entrerons pas plus avant dans cette question de la liberté de la presse, pour ce qui concerne l'Europe. Nous allons l'examiner sous le point de vue coloniale, en constatant ses bienfaits, quoiqu'elle soit une source de divisions pour les colonies, par rapport aux préjugés de castes qui ne s'éteignent dans le cœur de beaucoup d'hommes qu'avec la vie...

La liberté de la presse n'a été octroyée par le gouvernement impérial aux colonies, qu'après le décret sur l'affranchissement des classes secondaires, classes dites infimes de la société coloniale, et, chose digne de remarque, cette demande à la liberté de la pensée par les privilégiés coloniaux et la sanction donnée par la métropole, ont été une double erreur. D'abord, par les pétitionnaires qui, aveuglés par l'esprit de caste, croyaient pouvoir dominer longtemps encore par la puissance morale, en semant de difficultés la marche tortueuse du gouvernement local, tout en apportant des entraves à l'exercice des droits dont voulait jouir librement la classe de couleur ; classe intermédiaire, mais intelligente, mais nombreuse, qui ne pouvait cependant ni s'unir ni s'entendre pour opposer une digue aux volontés et aux exigences de l'aristocratie des colonies.

Puis par le ministre Anglais qui croyait et voulait se montrer fort et libéral, sans doute ; mais sa pensée dominante était qu'il environnerait le gouvernement local et les classes souffrantes de plus de garantie. Double erreur de cette époque, avons-nous dit, mais dont les résultats définitifs, il faut le reconnaître, ont été magnifiques pour la cause de l'humanité et de la civilisation.

La liberté de la pensée ne peut être bien comprise dans les colonies. La différence des castes, les passions ardentes de ceux qui représentent les factions populaires, la camaraderie qui existe dans chacune des trois populations ; la coterie des hommes à idées étroites sur le libéralisme ; enfin une position à conserver par le parti blanc et une position à occuper par le parti de couleur semblent multiplier toutes les difficultés que les journalistes viennent encore compliquer, en y mêlant leur amour propre désordonné et leur intérêt pécuniaire dans cette question si épineuse du journalisme.

La publicité de la pensée, quand la pensée est raisonnable, grave, logique ; quand elle est consacrée par les hommes réunis en assemblées, enfante l'opinion, cette Reine du monde, capricieuse et tyrannique quelquefois, mais toujours honorée et respectée.

C'est l'opinion qui marque de son doigt de feu le front du juge prévaricateur et le fait descendre du piédestal où il croyait devoir se hucher par les flatteries de ses séides. Mais pour que l'opinion devienne cette puissance souveraine, il faut qu'elle naisse du sentiment raisonné, réfléchi, non seulement des esprits cultivés, mais de la masse presque toujours douée de l'instinct du juste et du vrai......

Pour ne parler que de Maurice, notre pauvre colonie, n'était-elle pas en 1856-57, la proie des quatre journaux qui dévoraient beaucoup plus qu'ils ne digéraient ? Ne sont-ce pas les habitants, en général, qui souffraient cruellement de toutes les divisions qui occupaient notre presse coloniale. Nos quatre grands journaux ont-ils été d'accord avec cette grande mesure législative qui a changé entièrement la face de nos tribunaux ? s'entendaient-ils dans cette intéressante question de l'immigration ?

Pouvaient-ils jamais s'entendre, relativement aux institutions libérales que la colonie devait réclamer de la mère patrie ?

Pouvaient-ils s'entendre dans une seule et même pensée sur la question sanitaire et la quarantaine ? Si dans toutes ces questions vitales pour le pays, questions d'utilité générale où les intérêts des castes doivent disparaître entièrement, ils n'ont jamais pu s'entendre, comment espérer de l'union, de l'harmonie, de la bonne foi même dans ces questions irritantes de castes traitées si mal par l'esprit d'aveuglement des partis ?

L'être de raison qui a nom *Cernéen,* occupait sans constestation une situation prépondérante et fort délicate en 1855, 56, 57, surtout. Représentant du parti conservateur français, il avait d'importantes obligations à remplir, pour faire triompher le principe qu'il défendait alors, et qu'il croit devoir encore défendre. N'est-il pas le défenseur accrédité des lois françaises, de la langue française, de la suprématie d'origine, des regrets du passé, enfin du culte des souvenirs ?

En un mot, le *Cernéen* était alors, et comme aujourd'hui, le représentant de l'ancien parti français, ici, à

Maurice, et, à tort ou à raison, il était et il est encore un des organes les plus considérés de la colonie.

Est-ce à dire que nous lui donnons raison, que nous le justifions, que nous l'approuvons ? nullement.

On le prend pour ce qu'il est : l'organe du parti français, depuis sa fondation, 14 Février, 1832 jusqu'à nos jours, sans dévier d'une seule ligne de sa grande marche politique. Aussi ses nombreux partisans l'ont-ils soutenu jusqu'ici avec une conviction religieuse.

La liberté de la presse a causé beaucoup de désordres, ici, dans nos populations ; mais comme les avantages qui en sont résultés peuvent être considérés comme des bienfaits inappréciables, soyons reconnaissants à celui qui a pris l'initiative de cette demande au Ministre Goderich, qui a parfaitement compris que la liberté de la presse ferait beaucoup de mal ; mais qu'en définitive c'est le boulevard des institutions d'un pays livre......

Après le départ de M. Jérémie qui s'effectua le 29 Juillet 1832, le gouvernement local n'eût presque aucune autorité entre les mains ; le Colonel Adam et ceux qui formaient sa cour était, pour ainsi dire, les seuls autorités du pays.

Les hommes les plus modérés du pays, ceux qui montraient le plus de bons sens et qui donnaient l'exemple de la paix et la tranquillité dans la famille, ceux là étaient considérés comme des fauteurs de désordres, des pertubateurs du repos public ; on les qualifiait du nom de " quatre oreilles " ; et plusieurs parmi eux avaient été mis sous la surveillance de la police, parcequ'il ne voulait nullement se mettre dans les rangs de ceux qui commettaient des désordres tous les soirs, dans les patrouilles qui se faisaient, nuit et jour, sans parler des débauches qui avaient lieu dans les corps de garde.

Il est certain que si ceux qu'on appelait " quatre oreilles ", n'étaient pas, à cette époque de 1832, comme un obstacle aux désirs de ceux qui étaient désignés par les noms de quatre mains et de sans oreilles, ils eussent été châtiés, sans aucun doute ; mais ils eussent essayés dans des émeutes à renverser le gouvernement local. Les insensés ! se sont les " quatre oreilles " auxquels le pays d'alors doit de n'avoir pas eu de sang répandu et de soulèvements à déplorer.

Monsieur Jérémie partit de Maurice le 22 Juillet 1832, et M. Adrien D'Epinay s'embarqua pour l'Angleterre le 27 Février 1833 ; cette mesure fut prise, lorsque l'on apprit que M. Jérémie allait retourner à Maurice accompagné de deux régiments pour faire face aux volontaires. Et surtout, lorsqu'on vit le gouverneur, Sir Williams Nicolay, nommé à la place de Sir Charles Colville.

. Pour nous résumer sur l'administration de Sir Charles Colville, nous n'aurons qu'à faire connaître les opinions et les sentiments des deux partis en présence, pendant la longue période de cinq ans. S'il faut ajouter foi dans les sentiments professés et exprimés par ses partisans, les conservateurs de l'époque, Sir Charles Colville était un excellent gouverneur, ayant sauvé deux fois la colonie. Bon, doux, juste, modéré, il avait toutes les qualités d'un gouverneur libéral et toutes les vertus d'un bon citoyen.

En écoutant toutes les classes secondaires, autrement dit, le peuple ; c'était un gouverneur vain, orgueilleux, peu soucieux du bien être de tous ceux qu'il considérait comme appartenant à la classe du petit peuple, qu'il qualifiait de populace, de " mob ".

Dans les colonies, toutes les choses étaient poussées à l'extrême, surtout à cette époque ; par exemple, qu'un portuguais, partout en Europe, dans une rixe provoquée par un Hollandais, eût frappé celui-ci, et lui eût fait une grave blessure, tous les Portugais n'auraient pas été considérés comme des assassins. Qu'un Hollandais eût trompé un Portuguais dans un achat quelconque ; tous les Hollandais n'auraient pas été considérés comme des voleurs. Mais, ici, à l'époque dont nous parlons, l'injustice était tellement à l'ordre du jour et les passions en jeu, que ce qui convenait aux uns, déplaisait souverainement aux autres.

Disons ce qui est vrai : les aspirations des deux populations étaient bien loin d'avoir pour objet la liberté et encore moins l'égalité. L'homme de couleur, qui réclamait sa place au soleil, était considéré comme un révolutionnaire, un assassin qui voulait tout mettre à feu et à sang ; et le blanc, qui n'entendait pas céder un pouce de terrain relativement à ses priviléges de caste, partant aux préjugés qu'il caressait, préjugés qui établissaient sa supériorité, était considéré par sa population comme un excellent patriote, et par la population rivale comme un misérable.

Nous reconnaissons, et c'est avec sincérité que nous constatons le fait, qu'on daigne y croire, la population blanche de cette époque formait un tout compacte, agissait avec un ensemble admirable ; elle était dans l'erreur, sans doute, encore ; mais elle tirait aussi sa source, non seulement d'une pensée pleine de vanité, d'un sentiment plein d'orgueil, mais encore d'un égoïsme qui fait la honte de l'humanité. On n'abdique pas la place supérieure que l'on occupe sans y être forcé ; l'on ne partage pas les bénéfices d'une position acquise de gaîté de cœur : sa fortune, son bien être, l'avenir de ses enfants, les liens sympathiques qui

vous unissent étroitement avec ceux que l'on considère
comme étant de même nature que soi. On ne renonce pas
à tous ces avantages, sans peine et sans regrets. Toutes ces
considérations logiques, puissantes, incontestables, donnent
raison, jusqu'à un certain point, aux hommes qui jouissaient
de toutes les immunités attachées à la population coloniale privilégiée. Comme hommes politiques, ils ont employé tous les
moyens qui leur étaient donnés comme citoyens; ils n'ont cédé
que lorsque la loi qu'ils repoussaient, promulguée en faveur
de leurs antagonistes, les forçait à des nécessités auxquelles
ils ne pouvaient échapper publiquement. Quant aux lois
sociales, disaient-ils, elles seront toujours respectées : nul ne
pouvant s'asseoir à notre foyer intime, s'il n'a pas les qualités
que nous désirons trouver en lui : origine, talent, fortune.
Ce n'est pas nous qui trouverions à redire à ceux dont
l'amour propre blessé, dont les sentiments froissés au vif se
rejettent en arrière, en s'enveloppant de leurs toges ? Non.

Nous donnons notre pleine adhésion à ces sentiments
qui trouvent jour partout, qui peuvent avoir leur raison
d'être. Mais nous repoussons le mensonge, et nous nous
révoltons contre ceux qui affichaient un libéralisme menteur,
par le défaut de sincérité que nous trouvions aussi partout.

Quant aux hommes de couleur, ils étaient bien divisés
dans leurs sentiments et sont encore dans toutes leurs hésitations habituelles. Les hommes de couleur de Maurice sont
presque tous d'origine française et africaine ou asiatique;
un très petit nombre a pour père, des Anglais. Eh bien,
les uns chérissent l'Angleterre, les autres adorent la France.
D'autres encore sont, disent-ils, par souvenir, français, mais
se considèrent comme de véritables sujets Anglais.

Ces sentiments de nationalités si contraires, si opposés
et si bien connus des Anglais est un obstacle presque in-

surmontable à l'assimilation des institutions que la Colonie désire et demande avec celles de la mère patrie.

Ce n'est pas, ici, le lieu de parler des institutions électives (1835) ; nous y arriverons.

Le plus grand malheur de l'homme de couleur, à Maurice, ne se trouve pas dans le sentiment plus ou moins prononcé qu'il éprouve en faveur de la France ou de l'Angleterre. Nous aimons et chérissons notre mère, non pas seulement parce qu'elle nous a portés dans son sein, mais parce que c'est la loi de la nature, à laquelle nul ne peut se soustraire, ni volontairement, ni involontairement. Mais, autrepart, n'avons nous pas des devoirs aussi chers à remplir, à soutenir, respecter le père qui nous aime, qui nous rend heureux ? Ainsi la dispute est close en deux mots.

Le plus grand malheur des hommes de couleur à Maurice, c'est leur désir absurde de cesser d'être soi : de vouloir se faire passer pour blanc ; c'est de s'oublier et de renier, en public, ses frères, ses sœurs, ses amis, et, chose incroyable, sa mère, quand cette mère, qui devrait être adorée, porte le cachet de son origine sur son teint doré. Pauvres gens, qui ignorent que c'est le mépris le plus grand qu'ils puissent avoir pour leur personne ; pauvre gens qui ne voient pas qu'ils sont la honte des uns, leur population ; un objet de ridicule pour les autres, la population blanche ; l'opprobre de tous, c'est-à-dire des uns et des autres ! Voilà la lèpre de Maurice, le cancer qu'il faut extirper, le fléau qui empêche la liberté de porter ces beaux fruits pour la possession desquels l'on perd son âme ici bas.

Et quand on pense que tous ces hommes de couleur n'inspirent que le mépris général et qu'ils sont considérés comme des gens sans cœur, sans courage, sans dignité, l'indignation fait place à un fou rire qui vous remet en mémoire le *vanitas. vanitatum*, etc., etc., de l'Eclésiaste.

Que les uns et les autres, blancs et hommes de couleur, jettent le manteau ridicule qui les couvre ; qu'ils réunissent, dans un suprême effort, toute leur liberté d'action, pour obtenir du gouvernement de la métropole toutes les institutions libres, dignes d'une colonie aussi avancée que Maurice ; l'on peut être certain que l'Angleterre, ce pays de la liberté, se rendra à la demande de tous les Mauriciens, si la demande était faite par eux collectivement, mais à cette seule condition.

À l'arrivée du gouverneur Sir W. Nicolay, on le vit prendre certaines mesures, comme s'il débarquait dans une colonie contre laquelle il fallait prendre des mesures militaires. Il fit publier, en même temps, un ordre en Conseil, pour ordonner, sous peine de mort, la dissolution du corps des volontaires. On apprit, presqu'en même temps, que le procureur général Jérémie allait revenir avec des pouvoirs plus étendus et accompagné de deux régiments.

Pendant quelques mois, on se trouvait dans un état de perplexité difficile à peindre : ni commerce, ni transaction, ni confiance, ni relation d'affaires. On était dans une attente qui était pire que le mal lui-même.

Le gouverneur Sir W. Nicolay, s'était parfaitement présenté à son début ; on croyait qu'il avait dans le caractère tout ce qu'il fallait pour rétablir l'ordre et la tranquilité dont la colonie était privée depuis bien longtemps. Ce pauvre gouverneur, vieux avant l'âge, n'avait aucune mesure dans ce qu'il faisait ; tantôt, il allait au delà de ce qu'il avait à faire, et, tantôt, il restait en deçà. C'est en constatant ce qu'il faisait qu'on lui donna le surnom de " vieille femme "—*old maid*.

Les autorités françaises cherchaient un prétexte pour

justifier la formation du corps des volontaires qui était en pleine exercice.

Les dénonciations faites contre Messieurs Roch Buttié, son beau frère, Victor Amédée, Fourose, Casalin, et plusieurs autres arrivèrent à propos.

On se saisit des trois principaux prétendus révolutionnaires, qui furent emprisonnés en Décembre 1832, jusqu'en Mars 1833, les preuves manquant entièrement, au grand déplaisir de ceux qui voulaient trouver des coupables dans ceux qui leur étaient opposés. Il est certain que si l'on avait pu trouver la plus petite preuve, on eût trouvé des juges pour les condamner, quoique innocents jusqu'au bout des ongles. Ces trois hommes subirent une prison préventive, pendant trois mois. Roch Buttié sortit de la prison bien malade et ayant subi de grandes pertes dans ses affaires.

Si les autorités judiciaires crurent devoir se relacher de leur sévérité à l'égard des accusés Buttie, Victor Amédée et autres, c'est parce que M. Jérémie était attendu avec des pouvoirs bien étendus, disait-on.

Il était temps que M. Jérémie arrivât d'Angleterre pour mettre fin à la situation pénible où la colonie se trouvait. Il arriva, ici, le 29 Avril 1833. La situation avait bien changé. La tranquilité qui y régnait ressemblait à la stupeur. Et si M. Jérémie eût montré de la modération dans tous ses actes, et qu'il eût exercé sa justice, comme dans beaucoup d'affaires qui lui avaient été soumises, M. Jérémie n'aurait pas été rappelé par la métropole, et il eût été une des plus grandes figures de la magistrature coloniale.

Mais une seconde affaire du " Grand Port ", celle là n'était pas un soulèvement d'esclaves contre les maîtres, suscité par des hommes de couleur ; non. C'était une dénonciation faite contre les habitants de la population du

Grand Port, dont les chefs étaient : MM. Brodelet, Keating, Fenouillot et Grandmange. Ces messieurs avaient été accusés d'avoir voulu attaquer la garnison qui se trouvait à Mahébourg, devant se rendre à la ville de Port-Louis.

Certes, il y avait beaucoup de vérité dans les accusations portées contre les accusés ; mais ils n'étaient pas plus coupables que des centaines de niais qui avaient partagé les idées ridicules et absurdes qu'ils ne mirent pas en pratique, fort heureusement pour eux-mêmes, car ils auraient été châtiés par la garnison commandée par le Capitaine Bowes qui avait pris toutes les mesures de sûreté pour préserver ses soldats de toute surprise.

Nous sommes étonné de l'acte de poursuite de M. Jérémie, contre les quatre accusés du Grand Port. Il devait être certain que dix fois plus coupables qu'ils ne l'étaient véritablement, ils eussent été absous par nos juges, tout aussi coupables que les accusés. Ces juges se disaient, tout bas : si ces accusés sont coupables, nous le sommes tous, car nous pensons comme eux. Un esprit aussi juste, aussi supérieur que celui de M. Jérémie, aurait dû comprendre que des poursuites, dans les conditions où toutes les parties se trouvaient, n'auraient pour résultat que l'acquittement des accusés—ce qui eût lieu.

Ce procès, qui coûta tant d'argent au trésor, fut un triomphe pour les ennemis de M. Jérémie. Et ses amis reconnurent que, dans cette circonstance, leur héros a entièrement manqué de tempéramment.

Ce fut à déplorer, car la paix, la tranquillité, le droit, la justice, tout renaissait sous la protection de M. Jérémie, de cet homme à qui les classes souffrantes des colonies doivent leurs libertés !......

M. Jérémie devrait être considéré comme le bienfaiteur

de toutes les classes secondaires des colonies : les Wilber-
force, les Clarkson, les Lushington, les Buxton, les Canning
et tant d'autres encore n'ont suivi que l'impulsion donnée
par M. Jérémie, et par son travail sur l'esclavage.

Ce bienfaiteur de l'humanité devrait avoir dans toutes
les colonies sa statue ; il le mérite à tous égards.

De Mai 1833, à Septembre 1834, seize mois, beaucoup
de choses importantes se passèrent, ici, à l'avantage de la
classe des hommes de couleur, qui avaient été humiliés dans
toutes les circonstances où ils se croyaient appelés à jouir
des immunités attachées aux sujets de la Grande Bretagne.

Avant l'arrivée de M. Jérémie, vingt affaires surgirent
où la population de couleur a été foulée aux pieds des
hommes de la population blanche.

Sur ces vingt affaires, nous n'en citerons que cinq ou
six. D'abord l'affaire de Dorval Letord, au spectacle. Celle
des frères Demarne, Janson, Lisis Letord et autres au café
Cognet.

Les refus obstinés des autorités à admettre les enfants
de couleur au Collège Royal et dans les autres pensions de
la colonie.

La réception de M. Jean Baptiste Labonté au sein d'un
comité public composé des politiciens blancs de cette époque.

Le refus d'enterrer les morts de la population de couleur dans le cimetière des blancs.

Ces faits importants feront connaître ce que la présence
de M. Jérémie a fait pour arrêter tous ces actes qui allaient
crescendo pour le malheur du pays.

1er FAIT.—Dorval Letord était un homme de couleur,
comme il y en a beaucoup ; très blanc de teint, yeux bleus,
cheveux blonds, et tous les traits à l'avenant. C'était un des
fameux contrebandiers de l'époque.

Et comme il connaissait parfaitement tous les attéris-
sages de la colonie, il fut pris par le Capitaine Moresby
comme officier pratique à bord de sa frégate. Un soir de
sortie, Dorval Letord et trois officiers du bord, qui se pro-
menaient par la ville, passèrent devant le théâtre, un soir
de représentation. Les quatre officiers allèrent au parterre ;
à peine avaient-ils pris place sur un banc, qu'on cria : dehors
le nègre, dehors le nègre ! Letord savait parfaitement que
ces mots lui étaient adressés. Mais pouvait-il décemment
quitter ces compagnons et sortir du théâtre ? Ces cris re-
doublèrent et, au même moment, un officier de Police et
deux gardes se saisirent de Letord, chacun par un bras et
le conduisirent au département de la Police qui était alors
situé à quelques pas du théâtre. Retenu par les deux
gardes en présence de l'officier de Police, quelques jeunes
gens de la population blanche lui administrèrent des coups
de cannes sur la tête et sur le dos. Et ce fut avec beaucoup
de peine qu'on le remit en liberté.

Lorsque Dorval Letord sortit de la Police, il était tout
en sang.

Il voulait poursuivre non la police, mais ceux qui l'avait
accompagné à coups de cannes, mais il ne trouva aucun
témoin. Les officiers Anglais n'avaient pas bougé du
théâtre ; du reste, ils ne pouvaient connaître aucun de ceux
qui avaient frappé Letord.

Passons à l'affaire Cognet. Ce caffetier avait sa boutique vis-à-vis du théâtre ; mais cette boutique était séparée
en deux appartements ; l'un aux blancs, l'autre aux hommes
de couleur.

Comme on savait la démarcation que l'on avait établie,
les jeunes gens de couleur voulaient la faire disparaitre.
Cinq ou six jeunes gens se présentèrent au café ; on voulut

les recevoir, mais pas dans l'appartement où se trouvaient des blancs. Ces jeunes gens persistèrent à entrer là où on ne voulait pas les recevoir, sous le prétexte que cet endroit était réservé aux blancs. De là, tumulte, et des coups furent donnés. L'autorité poursuivit quatre ou cinq jeunes gens qui avaient été reconnus, au correctionnel. Aucun des avocats de cette époque ne voulut se charger de cette affaire. C'est un homme de couleur qui se chargea de défendre ces jeunes gens, au tribunal de Première Instance, comme défenseur officieux ; cet homme était Henry Bruils, qui avait été un employé au Greffe pendant plusieurs années.

C'est à cette audience de première Instance, présidée par le président Lefèvre, que survint un incident mémorable. Bruils faisait ressortir dans la défense de ces jeunes gens, dans un langage net, précis, plein de force dans les expressions, mais respectant toutes les formes du langage, le bon droit des accusés.

Il n'y avait pas un quart d'heure qu'il parlait, lorsque M. Adrien D'Epinay fit son entrée dans la salle d'audience ; à peine avait-il aperçu Bruils que, s'adressant au Président Lefèvre : Qu'est-ce que c'est ? le petit commis du greffe au banc des avoués ! Il ne manquait plus que cela pour mettre le comble à tout ce qui arrive à Maurice. De quel droit vient-il se mettre sur le banc des avoués, comme défenseur officieux, lui, ce petit commis du greffe ?...

Je le déclare, quand un de ces gens viendra s'asseoir sur le banc des avoués, il ne nous restera qu'une seule chose à faire : nous envelopper de notre toge et nous laisser assassiner comme " César ". Du doigt montrant la porte à Bruils, il lui cria : à la porte, à la porte !

Cet homme, qui était le chef du parti français de 1822 à 1835, qui était un homme habile, qui avait montré du

jugement dans beaucoup de circonstances, perdait toute
modération et toutes les notions du juste et du sens commun, quand il s'agissait d'hommes de couleur !

C'est là le fruit des préjugés de caste et d'origine : qui
en mange est empoisonné, et devient aveugle.

Après la publication de l'ordre en Conseil, ici, Décembre 1829, il ne pouvait y avoir de prétextes pour ne pas
admettre des enfants de la population de couleur au Collège
Royal.   Eh bien, c'était d'une difficulté telle que beaucoup
de pères de famille de couleur s'abstinrent d'envoyer leurs
enfants au Collège Royal. Croira-t-on que des pères de
famille blancs s'entendirent pour fonder des maisons d'éducation, afin que leurs enfants fussent entièrement séparés
des enfants de couleur.

Ce n'est qu'en 1840, époque où un lauréat du Collège
Royal était envoyé en Angleterre, pour achever son éducation et prendre une profession libérale, que les écoles
secondaires disparurent.

On doit se souvenir des paroles des deux Commissaires
d'enquête, Blair et Colbroock, aux hommes de couleur qui
avaient été en députation à propos de leurs pétitions pour
être relevés de leur incapacité politique :

" Non seulement vos enfants seront reçus au Collège
Royal ; mais s'ils répondent à la confiance que l'on a conçue
de leur intelligence, ils jouiront de grandes immunités.   Ce
n'est donc que dans dix ans que vos enfants pourront lutter
avec les enfants de la population blanche, n'ayant pas reçu
l'instruction nécessaire pour entrer en compétition avec eux.
Seulement, ne négligez rien pour l'éducation de vos enfants,
lorsque le Collège Royal leur ouvrira ses portes. ''

Grâce à la présence de M. Jérémie, ici, de grandes
difficultés ont été applanies,

Que ceux qui peuvent le faire,se procurent les collections
du *Cernéen* et de la *Balance* de 1834 et 35 ; c'est là où ils
verront les difficultés que l'on suscitait pour empêcher les
enfants de couleur d'entrer au Collège Royal.

De 1830 à 1832, 33, il n'y avait pas de meetings publics;
mais il y avait des assemblées privées ou des conciliabules,
où nos politiciens de l'époque disposaient de l'autorité
publique. A la réunion dont nous nous occupons, il s'agissait
de former un corps assez puissant pour repousser l'acte de
l'abolition des esclaves à Maurice. C'était de la folie ; mais,
enfin, c'était la prétention de ceux qui étaient à la tête du
mouvement.

Après les discours les plus emphatiques sur la liberté
et sur les sentiments de libéralisme des Mauriciens, le
Président de l'assemblée appelait tous les assistants à signer
un engagement qui avait été rédigé d'avance. M. J. B.
Labonté, l'homme de couleur qui doit être considéré comme
le fondateur des libertés des hommes de couleur de Maurice,
savait ce qui allait se passer à cette réunion ; il ne
craignait pas d'y aller, pour empêcher ses compatriotes de
couleur de se rendre complices d'un acte odieux, criminel,
qui allait à jamais entâcher leur existence. Messieurs,
leur disait-il, de sa voix pleine et sonore, ce que vous faites,
ici, est tellement répréhensible qu'il peut être considéré
comme un acte de rebellion—faisons valoir nos droits, comme
propriétaires d'esclaves ; unissons nous pour demander à
notre gouvernement une indemnité à la perte que nous
allons subir en perdant le service de nos serviteurs, rien de
mieux ; nous restons dans la légalité ; nous marchons dans
la voie de la justice. Nous réclamons ce qui nous appartient ; nul ne pourrait nous blâmer, en faisant pareille
demande de l'autorité supérieure ; mais ce que vous faites,

ici, est tellement contraire au droit, à la justice, à la raison, que tous les signataires de cet engagement seront considérés comme des criminels—vous serez...........

Il ne put achever sa phrase ; tous les blancs se levèrent comme un seul homme, chaises et fauteuils à la main. Heureusement que plusieurs de ses amis, qui ne le quittaient jamais seul dans de semblables réunions, François Terrière, Jacmin, Rouchon l'entrainèrent dehors ; sans cela il eût été mis en pièces.

C'était un homme de génie que ce M. J. B. Labonté ; homme éloquent, s'il en fut—A l'entendre, on aurait dit qu'il avait fait de fortes études, tant sa parole était facile et abondante.

C'est à Labonté que la population de couleur est redevable des premières pétitions présentées à la Métropole pour obtenir leur liberté politique. C'est à Labonté que beaucoup de pères de famille de couleur se sont rangés sous la direction de l'Eglise indépendante du Respectable Jean Lebrun qui a fait tant de bien à Maurice.

Un homme respectable de la population de couleur avait demandé à être enterré auprès de son père blanc, dans le cimetière consacré à la population blanche, la publication de l'ordre en conseil ayant détruit toutes les distinctions de castes. Le corps de M. Charles Abrard, suivi de beaucoup de personnes, fut porté dans ce cimetière ; mais le gardien ne voulut pas permettre qu'on l'enterrât dans ce cimetière. Beaucoup de difficultés surgirent. Pendant ce temps, le gardien du cimetière fit prévenir la Police Générale de ce qui se passait à propos de l'inhumation de ce corps.

La Police avait alors pour chefs deux anglais, MM. John Finniss et le Capitaine Lay. Ce dernier vivait maritalement avec une demoiselle de couleur, du nom de Amélie Dassonville, charmante personne, mais de teint basané.

Ce fut ce dernier, député de la Police, qui arriva, bride abattue, sur son cheval ; et après avoir entendu le gardien du cimetière, il se mit à cheval sur le cercueil, défiant tous les assistants d'y toucher—faisant brandir la cravache qu'il avait à la main.

C'était une honte pour le gouvernement local d'avoir à son service des anglais aussi méprisables.

Ce sont des centaines de faits semblables auxquels la présence de M. Jérémie vint mettre un terme.

FIN DU PREMIER VOLUME.

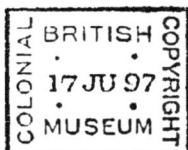

TABLE DES MATIERES

Farquhar — Les hommes de couleur en conférence avec le gouverneur Farquhar — Le révérend J. Lebrun missionnaire — Dénonciation de Laïzaf contre Ratsitatane — Condamnation de Ratsitatane et de ses complices — Arrivée du gouverneur Sir Lowry Cole — Sir Hudson Lowe — Sir Charles Colville — Réclamations de la population de couleur à Sir Chs. Colville.

Opinions de M. Prosper D'Epinay, à propos d'unions entre les deux populations — Efforts faits par les deux populations, en sens inverse, sans grands résultats — Préjugés des hommes de couleur entr'eux — Absurdité de leurs principes — Arrivée de Sir William Nicolay — Arrestation de Mrs. Roch Buttié, Victor Amédée, Fonrose Casalin — Retour de M. J. Jérémie. — Seconde affaire du Grand Port — Accusation contre les habitants de ce district ayant pour chefs Mrs Brodelet, Keating, Fenouillot et Grandmange — Erreur de jugement de M. Jérémie — Déclaration publique de M. Adrien D'Epinay, au tribunal de Première Instance, contre la population de couleur — Assemblée publique où Jn. Bt. Labonté a manqué d'être assommé — Le Capitaine Lay, Député de la Police Générale.

FIN DE LA TABLE DES MATIÈRES.

Lightning Source UK Ltd.
Milton Keynes UK
UKHW051030250822
407764UK00013B/593

9 780274 632671